Le Monde *diplomatique*

Vol. 190 Juillet · 2024

Article de couverture

**미국 정부의 감시에 맞서 싸운
신좌파와 블랙 팬더스**

글 · 르노 랑베르

최근 프랑스에서는 정보기관들의 사찰 활동으로 인해 사회운동가들, 특히 환경운동가들이 기소되는 일이 빈번하게 발생하고 있다. 1960년대 초 미국에서는 '신좌파'에 대한 정치적 감시를 둘러싸고 치열한 논쟁이 벌어졌지만, 그 뒤로 이 문제는 정치 영역 밖으로 밀려났다.

10면 계속▶

Editorial

Focus

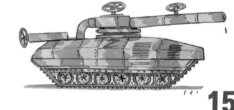

15

Histoire

Société

59

29

방향잃은 2024 파리올림픽

46

Reportage

Mondial

87

Culture

르디플로 2024 이스탄불 편집회의

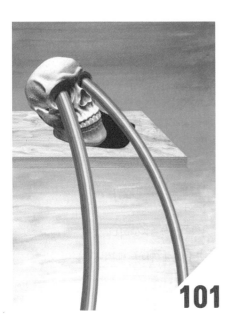

101

Corée

이스탄불의 발자취…
평화가 손에 잡힐듯했던 순간

브누아 브레빌 | 〈르몽드 디플로마티크〉 프랑스어판 발행인

소 러시아에 관한 "비밀문서"를 그토록 좋아하던 프랑스 기자들과 논설위원들은 대체 무엇을 하고 있나! 민주주의 사회의 결속을 무너뜨리는 러시아의 "비밀 계획"을, 국가 기관에 잠복해 있는 러시아 "스파이"를 추적하느라 바쁜 것인가? 4월 27일, 독일 보수 일간지인 〈디 벨트〉는 동유럽에서 있었던 비밀 프로젝트를 특별 공개했다. 전쟁 초기에 우크라이나와 러시아가 합의한 평화 협정의 마지막 초안이었다. 이 협정이 채택되었다면 2년간의 전쟁과 수십만 명의 죽음을 막을 수 있었던 중요한 문서였다. 프랑스 언론은 이 내용을 거의 다루지 않았다.(1) 서방 세력이 전쟁을 부추기는 주된 역할을 하고 있다는 사실을 깊이 파고들지 않으려고 피한 것은 아닐까.

2022년 3월 29일, 튀르키예 이스탄불, 러시아와 우크라이나 대표들이 새로운 협상을 하기 위해 모였다. 전쟁을 개시한 러시아가 첫 패배를 맛보고 군 상황이 불안정한 가운데 한 달 만에 이루어진 일곱 번째 만남이었다. 논의의 끝에 각 진영은 "큰 의미 있는" 진전을 보았고 상황은 긍정적이었다. 우크라이나는 중립적 지위를 지키려는 쪽으로 기울었고 러시아는 휴전을 제시했다. 그러나 논의는 중단되었고, 아직도 그 이유가 논란의 대상이다. 〈디 벨트〉 기사에는 이에 관한 세부 사항 몇 가지가 드러났다.

공식적 발표에 의하면, 4월 초 우크라이나 부차에서 벌어진 러시아군의 학살이 폭로되면서 판도를 바꿨다고 한다. 이 일로 인해 볼로디미르 젤렌스키 우크라이나 대통령은 "민족 학살자들"과는 더 이상 협상할 수 없다고 마음을 돌렸다는 것이다. 그러나 사실 양국의 대화는 부차 학살이라는 전쟁 범죄가 드러난 이후에도 진행됐고, 약 2주 뒤인 4월 15일까지 화상 회의가 이루어졌다. 이 2주 동안 물밑에서 이루어진 대화 덕분에 이스탄불에서 정했던 큰 틀은 17페이지 분량의 상세한 문서로 탈바꿈하게 되었다. 이 문서를 읽다 보면 양 진영의 우선순위가 무엇인지, 양국이 전쟁을 멈추기 위해 내놓은 중재안의 범위가 어느 정도인지 알 수 있다.

러시아는 영토 정복보다 국경 안보를 보장받길 원했고, 우크라이나의 "영구적 중립"을 첫 번째 조건으로 제시했다. 이를 위해 우크라이나가 모든 군사 동맹을 포기하고, 외국 군대의 주둔을 금지하며, 군비축소를 요구했다. 그 대신 우크라이나가 유럽연합에 가입할 가능성을 열어두었다.

그 대가로, 러시아는 2022년 2월 24일부터 점령한 지역에서 군대를 철수하고 더는 우크라이나를 공격하지 않겠다고 약속했다. 그뿐만 아니라 러시아는 우크라이나가 요구한 지원 메커니즘을 보장하는 것에 동의했다. 우크라이나가 공격받으면 유엔 안전보장이사회 회원국들이 나서서 우크라이나를 방어해 준다는 약속이다.

부차 학살 사건 이후에도 계속 대화를 이어가던 우크라이나가 평화가 손에 잡힐듯한 상황에서 결국 협상 테이블을 떠난 이유는 무엇일까? 지난 2년간의 상황을 지켜본 결과 미국과 영국에 책임이 있는 것으로 보인다. 러시아 패배를 너무 확신한 나머지 협상가들이 고안한 보호 장치를 단호하게 거부했다는 것이다.

최근 우크라이나 협상 대표단장인 다비드 아라크하미아는 "우리가 이스탄불에서 돌아왔을 때, 보리스 존슨 영국 총리가 (4월 9일에) 우크라이나 수도 키이우에 도착했다. 그리고 그는 '우리는 (러시아와) 그 어떤 것에도 서명하지 않을 것이다, 계속 싸우자'고 말했다"고 밝혔다.(2) 이 이야기는 당사자에 의해 부인되었으나 〈월 스트리트 저널〉의 조사 결과 사실로 밝혀졌다.(3)

이런 와중에도 프랑스 언론은 한눈만 팔고 있다. lD

크리티크M 9호
『불온한 자들의 예술』
권 당 정가 16,500원

글·브누아 브레빌 Benoît Bréville
<르몽드 디플로마티크> 프랑스어판 발행인

번역·이정민
번역위원

(1) <르 피가로(Le Figaro)>는 이 폭로를 한 컨소시엄에 참석했고, <디 벨트(Die Welt)> 기사 번역본을 자사 웹사이트에 게시했다. 그 외 <미디 리브르(Midi Libre)>, <라 데페슈 뒤 미디(La Dépêche du Midi)>, 그리고 <르 파리지앵(Le Parisien)> 웹사이트에서 간략하게 이 내용을 게재했다.
(2) Olena Roshchina, 'Head of Ukraine's leading party claims Russia proposed "peace" in exchange for neutrality', <Ukrainska Pravda>, 2023년 11월 24일, www.pravda.com.ua
(3) Yaroslav Trofimov, 'Did Ukraine miss an early chance to negotiate peace with Russia?', <The Wall Street Journal>, 2024년 1월 5일.

대통령의 페르소나

성일권 | 〈르몽드 디플로마티크〉 한국어판 발행인

공과 사를 구별해야 하는 것은 동서고금을 막론하고 위정자의 필수 덕목이다. 로마 시대 연극에서 배우들이 배역에 맞는 페르소나(가면)를 쓰고 무대에 오른 것은 배역에 충실하기 위함이고, 중국의 경극과 월극, 우리나라의 탈춤 역시 역할에 맞는 가면을 쓰고 열연을 했다.

배우들은 자신의 얼굴에 씌운 페르소나의 배역에 맞춰 근엄한 왕 노릇을 하기도 하고, 충성스러운 신하, 간교한 배신자, 가증스러운 범법자, 애욕에 불타는 연인 등의 연기에 집중했다. 얼굴에 검은 숯덩이나 하얀 횟가루를 바를지언정 맨얼굴의 연기자는 없었다. 연기자들이 자연인으로서 아무리 멋지고 개성적인 외모를 지녔을지라도, 무대에서는 각기 맡은 배역의 페르소나에 몰두해야 연극이 성공을 거둘 수 있다.

서구 법정에서 법을 다루는 법관들이 하얀 가발을 뒤집어쓰고 재판을 진행하는 것과, 우리 법정의 경우 가발을 쓰진 않지만 검은 법관복을 입는 것은 개인의 사감(私感)을 떨치고, 법관으로서의 공적인 페르소나에만 집중하겠다는 의지의 표현이다. 만일에 검사와 판사, 변호사같이 법을 다루는 자가 사감과 사욕에 사로잡혀, 공정과 정의의 저울추를 제멋대로 결정한다면 그건 공적인 페르소나를 포기하는 것이다. 만약 정의의 페르소나가 없는 법조인이라면, 우리 사회의 '건강성'을 위해, 국민 앞에 머리 숙이고 '가짜' 법복을 벗어야 할 것이다.

검사 출신의 대통령이 나온 뒤 우리 사회에는 자신들의 페르소나를 망각한 법관들이 유독 많다. 죄인을 심문하고, 증거주의에 입각하여 기소해야 할 검사들은 최고 권력자의 '적들'에 대해선 무소불위의 막가파식 수사와 기소를 남발하고, 권력자와 그 가족에 대해선 송곳 드릴로도 뚫을 수 없을 철벽 쉴드를 쳐주며, 판사들은 상식선에서 납득하기 힘든 판결 방망이를 휘두른다(상식에 어긋난 판결이 너무 많지만, 여기서는 지면상 언급하지 않으련다).

검찰총장이라는 자(者)는 명품가방을 수수한 최고 권력자의 배우자 김 여사에 대한 소환조사 여부를 묻는 말에 "법 앞에 예외도, 특혜도, 성역도 없다"라고 답했지만, 수년 전부터 김 여사가 연루된 도이치모터스 주가조작 의혹에 대한 수사를 차일피일 미뤄온 걸 보면 그저 여론에 떠밀려 대충 버무리는 언어의 유희로 들린다. 국민권익위원회가 김 여사의 명품가방 수수 의혹에 대해 "대통령 배우자는 청탁금지법상 제재 규정이 없다"며 사건 조사의 종결을 결정한 것은 추후 검찰과 법원의 판단에 지침으로 작용할 것으로 보인다.

신고가 접수된 지 6개월가량 만이자, 법정 신고 사건 처리 기한(최장 90일)을 훌쩍 넘긴 116일(업무일 기준) 만에 마지못해 내놓았다. 국민권익위를 '김 여사 권익위'로 전락시킨 권익위 위원장도 한때는 공정과 정의를 내세웠던 판사와 변호사 출신이지만 자신을 임명한 최고 권력자 앞에서 공적 페르소나를 제대로 지켰는지 의문이 든다.

사회 공동체라는 '무대'에서 법관역을 맡은 자들이 배역을 제대로 소화하지 못하는 것은 극본을 쓰고, 그 배역을 부여한 총감독의 책임이 크다. 대선 당시, 손바닥에 임금 '왕(王)'자를 쓰고 TV토론에 나오다가 결국 자신의 바람대로 이 나라의 '왕'이 된 최고 권력자를 보면, 이 나라 법관들이 공적 페르소나를 망각할 수밖에 없는 필연성을 새삼 다시 확인한다.

〈르몽드 디플로마티크〉 한국어판 7월호에는 저명한 문화·예술 평론가 겸 기자인 에블린 피예에가 에른스트 칸토로비치의 『왕의 두 신체(The King's Two Bodies)』라는 고전 저작을 인용하여, 루이 16세 노릇을 하는 마크롱 프랑스 대통령의 '철'없음을 질타한다.

권력의 최고 정점에 있는 왕은 자연인의 얼굴이 아닌 역할에 맞는 페르소나를 뒤집어써야 하는 배우들이나 판검사, 공직자들과 달리, 공(公)과 사(私)의 구별이 없이 하나의 페르소나를 갖는다. 사인(私人)으로서의 몸과 공적 역할로서의 몸을 동시에 가진다는 것이 칸토로비치의 주장이다.

조선왕조실록을 작성한 사관(史官)이 왕이 자신의 실수를 적지 말라고 지시한 것까지 실록에 적은 것은 왕에게는 공과 사의 구별이 없다고 봤기 때문일 것이다. 태종 4년(1404) 2월 8일, 사관은 "(왕이) 친히 활과 화살을 가지고 말을 달려 노루를 쏘다가 말이 고꾸라짐으로 인하여 말에서 떨어졌으나 상하지는 않았다. 좌우를 돌아보며 말하기를, '사관이 이를 알게 하지 말라.'고 하였다"고 적었다.

영국의 청교도혁명 당시 혁명파가 내세운 '찰스왕의 이름으로 찰스를 벌한다'는 논리도 같은 맥락이다. 윤석열 대통령도 술 마시길 좋아하고, 어퍼컷을 날리며 농담하길 좋아하는 자연인 윤석열의 신체와 헌법이 부여한 대통령으로서의 신체가 공존한다.

하나는 개인적 페르소나이고, 다른 하나는 공적인 페르소나이지만, (그의 손바닥 글씨처럼 왕이나 다름없는) 국가 최고 권력자로서의 그는 불행하게도(?) 두 개의 신체를 동시에 갖는 바람에 공사를 따로 나눌 수 없다. 물론, 최고 권력자도 보통의 인간처럼 희로애락을 갖는다. 하지만 자신의 자연적인 '희로애락'을 위해 깜짝쇼 같은 것으로 정치를 희화화한다면 어떻게 될까?

칸토로비치에 따르면 자연적인 신체는 정치적인 신체보다 하위에 있으며, 그에 속해 있다. "왕의 인간적인 면이 왕의 신적인 면을, 그리고 필멸성이 불멸성을 압도할 때 왕은 폐위된다." 영국의 왕실이 이 책을 금서로 지정한 이유는 어쩌면 두려운 진실 때문일 것이다.

우리는 더 이상 '신적인' 왕이 존재하지 않는 민주주의의 시대에 살고 있다. 국민의 손으로 직접 뽑고, 헌법이 권력을 부여한 최고 권력자에게는 자연적인 신체와 공적인 신체의 건강한 조화가 무엇보다도 중요하다. 대통령 윤석열의 페르소나는 그래야만 한다. **lD**

크리티크M 8호
『날개를 단 웹툰적 상상력』
권 당 정가 16,500원

글·성일권
<르몽드 디플로마티크> 한국어판 발행인

PEOPLES FLAG SHOW NOV.9'70 JUDSON MEMORIAL CHURCH NYC SP7.0033

THE AME
WHO CA
A FLAG W

TO DO WITH AS THEY SEE FIT · SHOULD BE BURNED A

STUDENTS, WOMEN, THIRD WORLD PEOPLES · YOU ARE OPPRESS

JOIN THE PEOPLES ANSWER TO THE REPRESSIVE U.S. GOVT. + STATE

SPONSORED BY THE INDEPEDANT ARTISTS "FLAG SHOW" COMMIT

<국기 전시회>, 1979 - 페이스 링골드_관련기사 10면

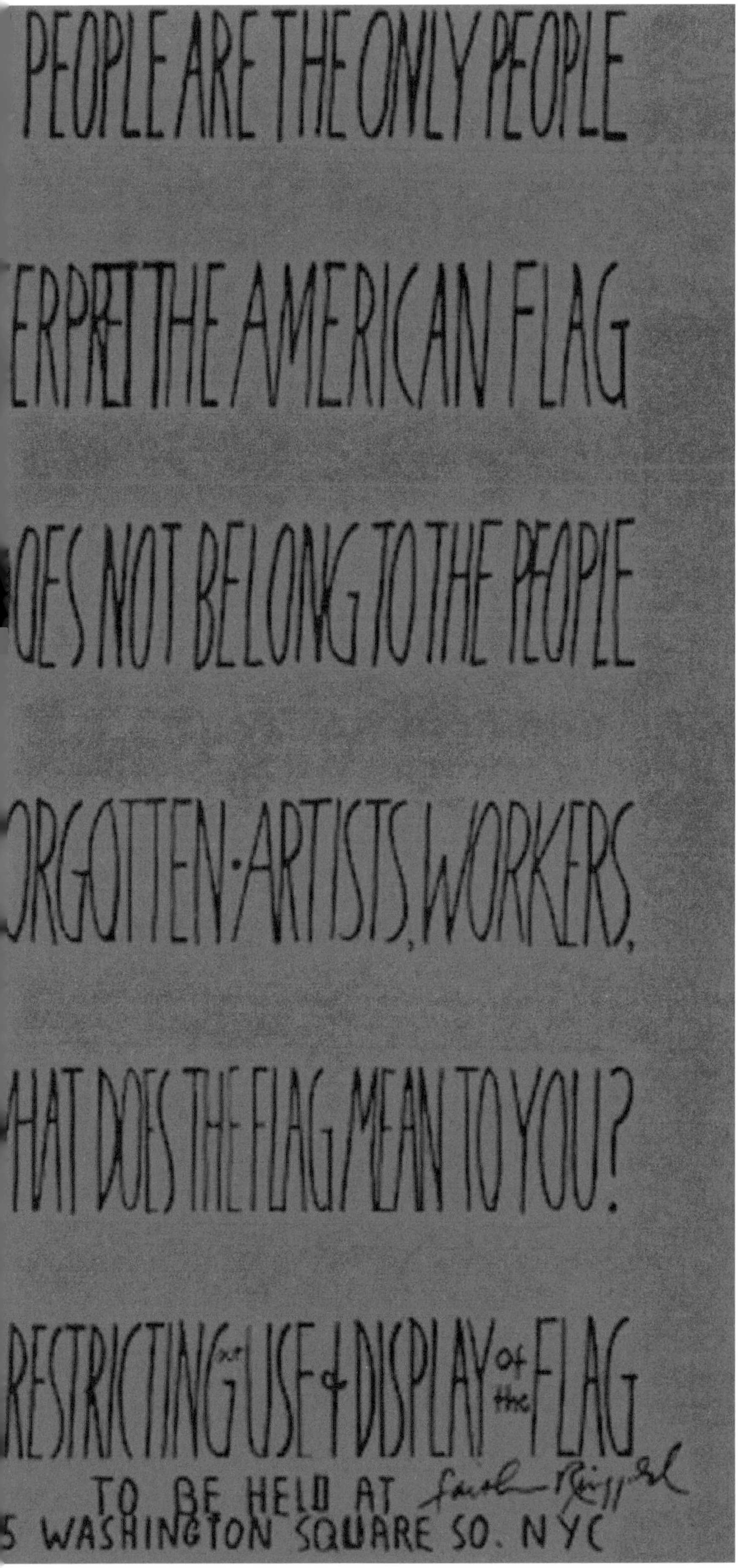

PEOPLE ARE THE ONLY PEOPLE

ERPRET THE AMERICAN FLAG

OES NOT BELONG TO THE PEOPLE

ORGOTTEN·ARTISTS, WORKERS,

HAT DOES THE FLAG MEAN TO YOU?

RESTRICTING·USE·DISPLAY of the FLAG

TO BE HELD AT

5 WASHINGTON SQUARE SO. NYC

FOCUS

포커스

미국 정부의 감시에 맞서 싸운 신좌파와 블랙팬더스

최근 프랑스에서는 정보기관들의 사찰 활동으로 인해 사회운동가들, 특히 환경운동가들이 기소되는 일이 빈번하게 발생하고 있다. 1960년대 초 미국에서는 '신좌파'에 대한 정치적 감시를 둘러싸고 치열한 논쟁이 벌어졌지만, 그 뒤로 이 문제는 정치 영역 밖으로 밀려났다.

르노 랑베르 ▌〈르몽드 디플로마티크〉 프랑스어판 기자

1968년 9월 29일, 미국 미시간주 앤아버에 위치한 미시간대학교 캠퍼스에서 밤의 정적을 가르는 엄청난 폭발이 발생했다. 다이너마이트 다섯 개가 무소불위의 중앙정보국(CIA) 비밀채용센터를 날려버린 것이다. 그로부터 2주 뒤에는 이 대학의 과학기술연구소 건물이 공격의 표적이 되었다.

경찰은 재빨리 두 사건 사이의 연결고리를 만들어냈다. 국방기밀로 분류되는 연구를 진행하는 그 연구소는 당시 미군이 베트남이나 라틴 아메리카에서 게릴라를 추적하는 데 사용할 적외선 센서를 개발하고 있었다. 앤아버시 경찰국장은 그런 공격이 "반체제 운동가들"의 소행이라고 단언했다.(1)

미시간주의 대규모 산업도시 디트로이트와 이웃해 있는 앤아버는 1960년대 미국 반(反)문화 운동의 중심지 중 하나였다. 1962년 당시 대학생이었던 톰 헤이든(Tom Hayden)이 신좌파(New Left) 운동의 주력 조직인 민주사회학생연합(SDS) 창립 선언문을 쓴 곳이 바로 이곳이다. 그 당시 대다수 청년은 미국이 인종차별적이고 권위주의적인 자본주의 사회 질서를 구현하고 있다고 보고 그 같은 사회질서에 저항하는 신좌파 운동을 펼쳤다.

1968년 봄, 마틴 루터 킹 목사와 블랙팬더스(Black Panthers)(2)의 젊은 지도자 바비 허튼(Bobby Hutton)이 암살된 후 민주사회학생연합은 블랙팬더당(BPP)의 적극적인 지지자가 되어 혁명적 목표 달성에 박차를 가했다. 1969년 민주사회학생연합의 회원은 십만여 명에 이르렀다. 앤아버 내 또 다른 주요 조직의 지도자였던 빌 아이어스(Bill Ayers)는 당시를 다음과 같이 회상했다: "우리 중 일부는 가난한 노동자 계층 지역에서 활동했고 또 다른 일부는 학교, 진료소, 직장 협동조합 같은 대항 조직을 설립했습니다. 또한 우리는 흑인 학생들도 대학에 자유롭게 지원하고 무료 교육도 받을 수 있도록 싸웠습니다."(3)

당시 미국 전체를 뒤흔든 그 같은 저항은 전후 시대의 순응주의와 이념적 고착에 익숙해진 미국 지배층 엘리트들에게는 실로 충격적인 일이었다. 그에 대응하기 위해 1967년 민주당 출신 대통령 린든 존슨은 CIA에 신좌파 그룹을 감시하고 교란할 전술 구상의 권한을 부여했다.

(1) Michael Dover, 'U of M Bombed', <Fifth Estate> 65호, 1968년 11월 13일.

(2) 1960~70년대 흑인의 지위 향상을 위해 활동한 미국의 과격 정치 단체.

(3) Bill Ayers, 『Fugitive Days: Memoirs of an Antiwar Activist』, Beacon Press, Boston, 2009.

코인텔프로 활동 확대…
'신좌파'까지 표적 감시

이미 약화한 미국 공산당 내에서 "분파주의를 조장하고, 혼란을 일으키고, 이탈을 유도"하기 위해 연방수사국(FBI)이 1956년에 개시한 '파괴 분자 대응 정보활동' 프로그램인 일명 코인텔프로(Cointelpro)는 반(反)인종주의 운동으로 확대되었다. 미국 정부는 블랙팬더스와 흑인 이슬람 종교 단체인 네이션 오브 이슬람(Nation of Islam), 마틴 루터 킹 목사가 이끄는 남부기독교지도회의(The Southern Christian Leadership Conference, SCLC) 등 FBI가 '블랙 헤이트(black hate)'로 분류한 단체들을 이 프로그램의 표적으로 삼았다. FBI는 이들 조직의 주요 인사들을 도청하거나 허위 제보자들을 이용해 밀고하게 만들었고, 이들의 활동을 방해하기 위한 거짓 정보를 유포했다.(4) 또한 1968년 10월 코인텔프로 활동을 확대해 민주사회학생연합 활동가들과 그 밖의 "신좌파"(5) 단체들까지 표적으로 삼기 시작했다.

CIA는 1967년 미국 내 반체제 인사들을 겨냥한 일련의 불법 첩보 프로젝트인 '혼돈 작전'(Operation Chaos)을 개시했다. 정보 세계의 또 다른 중요한 변화인 정보 전산화 덕분에 CIA는 그 같은 첩보 프로젝트에 더욱 박차를 가할 수 있게 되었고, 차갑고 비인격적인 무오류성에 대한 약속은 스파이들에게 희망을 불러일으켰다.

1965년에 CIA가 "장기 계획"을 수립하면서 "정보의 폭증"과 그에 따른 "분석 부족"이라는, IT만이 해결할 수 있는 과제가 야기되었다.(6) 이는 오늘날 군대 및 여러 법 집행 기관에 인공지능을 배치하는 것이 정당화될 수 있는가의 문제로 이어진다. 이 계획의

입안자들은 가까운 미래에 "상관분석 기법을 적용하면 다양한 유형의 사건과 데이터 간의 관계 구축―예를 들어, 청년들의 급진화 과정 예측―이 가능할 것"이라 전망했다. 이 방향의 여러 연구 프로젝트에는 인터넷 창시자 중 한 사람인 J. C. R. 리클라이더(Joseph Carl Robnett Licklider) 같이 저명한 과학자들도 참여했다.(7)

CIA의 무분별한 감시활동,
사회적 논란 일으켜

미국 국가안보국(NSA)은 컴퓨터 기능을 사용해 매일 수천 통의 전신을 분석하면서 전신에서 특정 성명을 자동으로 식별하는 실험을 진행했다. 1967년 여름 흑인 게토에서 일어난 봉기를 진압하고 법 집행 작전을 강화하기 위해 소집된 부대는 신좌파에 대한 광범위한 감시 네트워크 프로그램인 '코너스 인텔(Conus Intel)'을 개발했다. 일부 군인들이 평화 단체에 침투하거나 방송사 직원으로 가장해 전투 환경을 파악하는 동안 엔지니어들은 펀치 카드에 방첩기록정보시스템(Cris)을 인코딩하는 작업을 수행했다. 훗날 의회에 제출된 보고서에 따르면 방첩기록정보시스템은 "시민 불안에 대한 정보를 신속하게 추출하고 데이터와 통계를 생성하도록 설계되었다"(8)고 한다.

그런데 아쉽게도 컴퓨터는 이들의 정보화 작업에 크게 기여하지 못했다. 특히 컴퓨터만으로는 부서 간 데이터 공유를 용이하게 하는 파일 전산화에 한계가 있었기 때문이다. 따라서 1967년 FBI는 급진적인 학생들에 대한 자료 파일 디지털화 작업을 시작했다. CIA는 '혼돈 작전'의 일환으로 IBM 컴퓨터를 사용해 30만 명에 달하는 인물들의 색인을 망라한 복

(4) Cf. Thimothy D. Allman, 'Comment fut liquidée toute une génération d'opposants 저항의 시대는 어떻게 끝났는가?', <르몽드 디플로마티크> 프랑스어판, 1978년 12월호.

(5) Ward Churchill & Jim Vander Wall, 『The COINTELPRO Papers. Documents from the FBI's Secret Wars against Domestic Dissent in the United States』, South End Press, Boston, 2001.

(6) 『The Long Range Plan of the Central Intelligence Agency』, Central Intelligence Agency, 1965년 8월 31일.

(7) Jill Lepore, 『If Then. How the Simulmatics Corporation Invented the Future』, Liveright, New York, 2020.

(8) U.S. Senate, 『Military Surveillance of Civilian Politics』, A report of the Subcommittee on Constitutional Rights, Committee on the Judiciary, Washington, DC, 1973.

합데이터베이스를 호스팅하기 시작했다.

더욱이, CIA는 기관의 비밀 유지 원칙과 행정적 불투명성이라는 속성을 이용해 내부 감시 활동을 무분별하게 확대했지만, 이는 곧 논란을 불러일으켰다. 먼저, 학계 일각에서는 감시와 국가 안보를 담당하는 정부 기관이 사회 영역에 침투하는 것에 반대하고 나섰다. 1967년 2월, 신좌파가 발행하는 진보 잡지 〈램파츠(Ramparts)〉는 CIA가 공산주의에 반대하는 세계적 캠페인의 일환으로, 전국학생연합(National Student Association)이라는 학생 조직에 비밀리에 자금을 지원하고 있다는 사실을 폭로했다.

마침내 폭파된 CIA의 비밀채용센터 사무소

이 같은 폭로는 CIA가 미래의 졸업생 채용을 조직적으로 준비하고 있던 캠퍼스에 대혼란을 일으켰다. 좌파에 우호적인 학생 및 교사들은 정보과학연구센터가 군대 및 국가 기관과 협력해 오웰식 국가를 건설하려 한다고 맹비난했고 민주사회학생연합의 앤아버 지부는 CIA 비밀채용센터 주변에서 농성을 벌였다. 그리고 몇 달 후 민주사회학생연합의 활동가 두 사람이 앤아버 캠퍼스에 있는 CIA의 비밀채용센터 사무소를 폭파했다.

이 같은 반대의 물결은 곧 다른 영역으로 확대되었다. 1970년 1월 〈워싱턴 먼슬리(Washington Monthly)〉에는 컬럼비아대 법학 박사과정 학생인 크리스토퍼 파일이 쓴 CIA의 '코너스 인텔' 폭로기사가 게재되었다. 당시 볼티모어 육군정보학교의 교직을 막 그만둔 크리스토퍼 파일은 자신이 목격한 불법 감시활동을 대중에게 알리고자 했다. 파일이 쓴 기사의 여파로 미국 상원에는 미국 최초로 정보활동 조사를 위한 전문위원회가 구성되었다. 2년 후 워터게이트 스캔들이 터지자 민주당 출신의 샘 어빈 상원의원이 의장을 맡은 상원 조사위원회는 크리스토퍼 파일을 고문으로 고용하고 공공 기관 내 수십 개의 컴퓨터 감시 프로그램이 존재한다는 사실을 밝혀냈다.

1971년 3월, 'FBI 시민감시단(Citizen's Commission to Investigate the FBI)'으로 불리는 소규모 활동가 그룹이 펜실베이니아의 작은 마을에 있는 FBI 사무실에 잠입해 그곳에서 찾아낸 수많은 비밀문서를 여러 정보기관에 전달했다. 이들 덕분에 〈워싱턴 포스트〉는 코인텔프로 프로그램의 존재를 처음으로 세상에 알리게 되었다. 같은 해 6월 〈뉴욕타임스〉가 베트남 전쟁의 실상을 담은 '펜타곤 페이퍼'를 보도하자 닉슨 행정부는 〈뉴욕타임스〉를 법정에 제소하면서 베트남전 관련 비밀문서 공개를 막으려 했다. 하지만 미국 대법원은 기밀 정보를 공개할 수 있는 언론의 권리를 보장하는 역사적 판결을 내리며 〈뉴욕타임스〉의 손을 들어줬다.(9)

거대한 통신감청 시스템 '에셜론' 발각돼

그로부터 몇 달 후, 법원은 당국이 신좌파 단체를 상대로 제기한 여러 소송을 기각했고, 심지어 당국의 전화 도청이 국가 안보라는 이름으로 수행된 경우에도 사법 영장 없이 이뤄졌다면 이는 불법이라고 판결했다. '코너스 인텔' 프로그램으로 선출직 공무원 중 상당수가 감시를 받고 있던 민주당은 1972년 싱크탱크를 설립하고 정보기관의 권한을 대폭 제한할 것을 촉구하는 보고서를 채택했다.(10)

(9) Steve Sheinkin, 『Most Dangerous. Daniel Ellsberg and the Secret History of the Vietnam War』, Roaring Brook Press, New York, 2015.

(10) Richard H. Blum, ed., 『Surveillance and Espionage in a Free Society』, Praeger Publishers, New York, 1972.

국회의원, 판사, 언론인에 이어 전직 정보요원들도 당국에 등을 돌리기 시작했다. 국가안보국에서 세계 각국의 정보 청취 부서에서 일한 경력이 있는 25세의 전직 국가안보국 분석가 페리 펠웍은 샌디에이고 평화운동에 참여했고, 몇 달 후 1972년 여름에 가명으로 진행한 〈램파츠(Ramparts)〉와의 인터뷰에서 전 세계 통신감청 시스템 '에셜론(Echelon)'의 존재를 폭로했다. 펠렉은 또한 육군 정보장교 출신의 반전 반자본주의 운동가 팀 버츠와 함께 정보기관들의 악행에 맞서 싸우기 위한 조직 '정보 공동체에 대한 활동/연구 위원회(Committee for Action/Research on the Intelligence Community, CARIC)'를 설립했다.

CARIC은 "정부 첩보기관의 독립적 감시자"(11) 역할을 수행하기 위해 워싱턴에 사무실을 열고 각 기관에서 일할 인력 양성에 착수했다. 또한, 1973년 초 페리 펠웍과 팀 버츠는 위원회의 뉴스레터 〈카운터스파이(CounterSpy)〉를 창간했고, 작가 노먼 메일러를 비롯해 국가의 불법 사찰을 조사하고자 하는 수많은 언론인들이 이 뉴스레터의 발행에 참여했다. CARIC 운영진은 각 대학 캠퍼스를 돌아다니며 미국 정보기관의 "테크노파시스트 전술"을 비난하고, CIA 요원 모집 정책을 견제하거나 경찰 예산을 삭감하기 위한 지역 부서 신설을 촉구했다.

(11) Nat Hentoff, 'After Ellsberg: Counter-Spy', <The Village Voice>, New York, 1973년 7월 19일.

(12) Kathryn S. Olmsted, 『Challenging the Secret Government. The Post-Watergate Investigations of the CIA and FBI』, University of North Carolina Press, Chapel Hill, 2000.

(13) Tony G. Poveda, 'The FBI and Domestic Intelligence: Technocratic or Public Relations Triumph?', <Crime & Delinquency>, Thousand Oaks, 28권 2호, 1982년 4월.

(14) Stansfield Turner & George Thibault, 'Intelligence: The Right Rules', <Foreign Policy>, Washington, 448호, 1982년.

이들은 정부의 선전에 대응하기 위해 전직 공무원들과 라디오 토론을 벌이고 의회 청문회에서 의회 내 정보위원들의 주장을 반박했다. 이들은 또한 전 세계 미국 대사관에서 비밀리에 활동하고는 CIA 요원들의 신원을 "오픈소스" 도메인에 공개하고, 이들을 각 기관에서 축출할 것을 촉구했다.

공신력 실추된 CIA와 FBI

미국 정부는 불법 사찰 활동을 부인하거나 은폐하려 했지만 결국 '코너스 인텔', '코인텔프로', '혼돈 작전' 같은 여러 감시 프로그램을 해체해야만 했고, 국가 정보기관에 대한 신뢰는 땅에 떨어졌다. FBI에 대한 평가에서 '매우 호의적'이라고 응답한 비율은 1965년 84%에서 1973년에는 52%로 줄어들었고, 1975년에는 37%까지 떨어졌다. CIA에 대한 '매우 호의적' 평가의 비율은 1975년에 14%까지 떨어졌다.(12)

스캔들이 계속되자 미국 의회는 1975년에 2개 조사위원회를 발족시켰고, 몇 달 후 미국 정치 체제 내에서 정보기관이 수행하는 역할에 관한 체계적인 비판적 문서를 발표했다. 그러나 행정부의 획책과 주류 언론 대부분의 권력 비판에 소극적인 태도, 인플레이션으로 인한 대중의 피로감 등으로 인해 이와 같은 사태는 전환점을 맞게 된다.

그 후 몇 년간 지미 카터 대통령 행정부에서 정보법이 제정되긴 했지만, 이 법은 정보활동에 대한 해석의 여지를 폭넓게 열어두었고 무엇보다도 내부고발자를 지나치게 탄압하는 규정을 담고 있었다.(13) 1981년 로널드 레이건 대통령의 취임은 1960년대 해방 운동에 대한 신자유주의적, 권위주의적 대응의 핵심 요소였던 정치적 감시의 복귀를 의미하는 것이었다.(14) 🄓

글·펠릭스 트레게 Félix Tréguer
연구원

번역·김루치아
번역위원

금융 자립과 식량 자급 등으로 낙수효과

군사 케인스주의로 서방 제재를 극복한 러시아

서방 국가는 전례 없이 강압적인 제재를 동원하면서 러시아가 우크라이나에서 물러날 것이라 기대했다. 그러나 서방은 석유 수출로 거두는 수입이 이미 전쟁 이전 수준을 회복할 정도로 견고한 러시아 경제를 고려하지 못했다. 수입 대체 정책, 신흥국과 교역, 독립적인 금융 시스템 도입으로 러시아 경제는 도리어 튼튼해졌다.

다비드 퇴르트리 ▮시앙스 폴리티크 교수

2022년 3월 초 프랑스 재정경제부 장관 브뤼노 르메르는 "우리가 러시아 경제를 무너뜨릴 것"이라고 장담했다. 그러나 12차 제재를 단행한 후에도 러시아는 2년 연속 미국과 유럽보다 높은 경제 성장률을 기록하고 있다. IMF는 2023년 러시아 국내총생산(GDP)이 3.6% 상승했다고 발표했으며, 2024년 경제 성장률도 상향 조정하여 3.2% 상승할 것으로 전망했다. 물론 경제의 군사화, 인력 부족, 서방 기술 지원 단절이 단기적으로 러시아에 악영향을 끼칠 것이다.

러시아 경제력을 무시한 서방의 오판

그러나 여러 경제 전문가들과 국제기관들이 러시아의 경제 성장을 인정하고 있으며 서방 국가들은 놀라움을 금치 못하고 있다. 사실 프랑스의 르메르 재정경제부 장관은 조 바이든 미 대통령과 우르줄라 폰 데어 라이엔 유럽연합 집행위원장과 비슷한 견해를 가지고 있었다. 이들은 러시아가 전기 부품을 수급하지 못해 군비는 바닥날 것이고 오일달러 부족으로 자금이 고갈되어 우크라이나에서 결국 패배할 것이라는 서구 선진국들의 공통된 의견을 대변했다. 그런데 전쟁이 일어난 후 2년이 지난 지금 예상이 빗나가고 있다. 처음 기대했던 바와 너무 달라 실망스럽기까지 한 제재 정책의 결과를 어떻게 설명

할 수 있을까?

첫 번째 실수는 러시아의 경제를 무시한 것이었다. 2022년 2월 클레망 본 유럽 담당 국무장관의 "러시아의 GDP는 스페인 수준이다"라는 발언이 이를 단적으로 보여준다. 이러한 오판은 러시아를 얕본 것으로 정확하지도 않았다. 세계은행에 따르면 2022년 러시아의 GDP는 세계 8위이며(스페인은 15위였다.) 구매력평가지수를 기반으로 계산한 GDP(PPP)는 세계 5위로 독일보다도 앞섰다. 게다가 단지 경제 규모로만 국력을 정확하게 판단할 수 없다. 러시아는 석유와 가스 의존도가 높다는 취약점이 있으나 여러 전략적 분야에서 선두에 있다.

예를 들어 석유와 천연가스, 비철금속, 그리고 곡물의 세계 3대 생산국이자 수출국이다. 그리고 세계 1위 원전 수출국이며 우주 강국이다. 2023년 러시아는 무려 19번이나 위성 발사를 했지만 유럽은 겨우 3번 성공했다. 그리고 산업 역량을 측정하는 기준인 발전량도 러시아는 중국, 미국, 인도 다음으로 4위를 차지하고 있다. 이런 정보를 알고 나면 러시아가 서방 국가 전체가 생산하는 것보다 훨씬 많은 포탄을 생산하고 있다는 사실이 그리 놀랍지도 않다.

물론 부정부패와 족벌주의가 만연한 정치 환경 때문에 러시아의 엘리트는 무능할 것이라는 인식이 있다. 근거 없는 편견은 아니지만 실상은 다르다. 푸틴 러시아 대

통령은 지방 행정직부터 연방정부까지 대대적인 정치, 행정 관료 교체를 단행했다. 이때 등용된 기술관료들은 행정관리 분야뿐 아니라 민간 분야에서도 역량을 발휘했다. 이 관료 교체 정책은 세르게이 키리옌코가 관장했다. 그는 로사톰(Rosatom)을 세계 최대 원자력 기업으로 성장시킨 후 2016년 러시아 대통령 행정실 제1부실장으로 임명되었던 인물이다. 카네기 재단의 연구원 알렉산드라 프로코펜코는 <포린 어페어스>에서 러시아 상황에 대해 날카로운 시선으로 "러시아 경제는 유능한 기술관료가 이끌고 있으며 푸틴은 그들의 의견을 존중한다."라고 분석했다.(1)

성과를 내는
러시아의 위기관리 대책들

2014년 크름반도 합병 이후부터 이미 러시아는 서방 국가의 경제 제재에 대응하기 위해 경제 회복력 강화 정책을 시행했다. 그리고 '수입품 대체' 정책 덕분에 단 몇 년 만에 식량자급률 100%를 달성했다. 게다가 금융 분야에서도 성과를 보였다. 2015년 러시아 당국은 국내에서 러시아 은행이 발행한 모든 카드의 결제 기능을 보장하기 위해 국내카드결제시스템(SNPC)을 도입했다. 뿐만 아니라 러시아 중앙은행은 스위프트(SWIFT) 결제 시스템과 유사한 '러시아 금융 메신저 시스템(SPFS)'도 개발했다. 이러한 금융 정책은 2022년 러시아에서 발행된 비자와 마스터카드의 결제를 중단하는 제재가 가해졌을 때 바로 효과를 입증했다. 국내 결제 시스템이 즉각 국제 결제 시스템을 대체했고 러시아에서 발행된 비자, 마스터카드의 결제 중단 사태는 일어나지 않았다.

그리고 스위프트에서 퇴출당한 10개 대형 은행이 SPFS를 이용해서 업무를 이어갔다. 2022년 2월 르메르 프랑스 재정경제부 장관은 대대적인 금융 제재가 '금융 핵폭탄'이 될 것이라고 예상했지만 결과는 달랐다. 심지어 2022년 제재 충격을 흡수하자마자 2023년 금융 분야 수익은 330억 유로에 달해 최고치를 경신했다. 서방 국가는 해외 은행에 예치된 러시아 자산 3000억 달러를 동결했으나 러시아 중앙은행은 여전히 3000억 달러 규모의 자산(금이나 위안화로)을 융통할 수 있으며 이 금액은 독일연방은행의 전체 예치금과 맞먹는다.

(1) Alexandra Prokopenko, 'Putin's Unsustrainable Spending Spree', <포린 어페어스>, 2024년 1월 8일, http://www.foreignaffairs.com

SELÇUK

또한 러시아 당국은 여러 위기관리 방안을 추진하여 강력한 경제 제재에 맞섰다. 우선 자본 통제를 통해 루블화 가치 하락을 막았다. 그리고 무역을 일부 자유화하여 교역을 다시 시작하고 서방 기술의 '부분적 수입'을 합법화했다. 이와 함께 물류 노선을 '우호국'으로 대거 이동시켰다. 이런 조치 덕분에 특히 러시아 경제와 연방 예산에서 중요한 비중을 차지하는 석유 수출 분야에서 제재의 영향을 최소화할 수 있었다. 러시아 석유에 대한 엠바고와 배럴당 60달러로 제한한 원유 상한 가격은 러시아의 수익을 급감시킬 것이라 예상되었다.

물론 초기에 실제로 타격을 가하기는 했다. 그러나 2023년 9월부터 러시아 유가는 배럴당 80달러를 넘어서면서 서방 국가가 정한 상한 가격을 훌쩍 초과했다. 그리고 2023년 12월 초 미국 〈블룸버그〉는 러시아가 석유 수출로 벌어들이는 수입이 월간 110억 달러로 전쟁 이전 수준을 회복했다고 밝혔다.(2) 이런 성과를 거두기 위해 러시아는 중고 유조선을 대거 매입하고 러시아 석유 수출 대상국을 브릭스(BRICS)국가로 전환했을 뿐만 아니라 사우디아라비아와 결속하여 석유 공급을 감소시켰다.

군사산업단지 활성화 정책, 러시아 경제에 낙수효과

그런데 서방은 러시아 경제를 과소평가했을 뿐만 아니라 자유 무역주의와 규제 완화만이 경제 성장을 이끌 수 있다는 전제를 기반으로 제재 정책을 세우는 실수를 범했다. 그렇다면 국제 금융 시스템과 서방 국가와 교역이 단절된 나라가 어떻게 놀랄만한 경제 성장을 이룰 수 있었을까?

먼저 러시아는 군비 지출을 늘려 경제 성장을 촉진하는 군사 케인스주의를 따른다. 정부는 전력 강화를 위한 예산 지출을 대폭 늘리면서 특히 두 가지 분야에 집중했다. 첫 번째로 군사산업단지를 활성화했고 덕분에 다른 여러 경제 분야도 낙수효과를 보았다. 1990년대 이후 3차 산업 확대로 소외 계층으로 전락했던 노동자와 엔지니어들은 대규모 고용 기회를 누리고 임금도 상승했다.

두 번째로 우크라이나와 전쟁에 투입된 수십만 군인들에게 월급뿐만 아니라 각종 수당을 지급했다. 이들 급여는 평균 급여의 3배다. 러시아 군대는 주로 최빈곤 지역이나 최빈민층에서 징집한다. 부의 창출 혜택을 거의 누리지 못하면서 반(半) 자급자족하며 연명했던 계층에서 유동성이 증가하자 가계 소비가 늘어나고 건설업이 부흥했다. 그리고 완전고용을 달성하면서 2023년 실질소득이 4.8% 상승하여 빈곤율은 소련 붕괴 이후 최저수준으로 떨어졌다.

러시아에서 신흥 부자 급증하는 기현상

사실 경제 제재는 외부에서 가하는 보호주의 정책과 같은 작용을 한다. 그런데 서방 기업들의 러시아 철수는 오히려 지역 경제 주체들에게 새로운 기회를 부여했다. 게다가 러시아의 국제수지는 이미 구조적 흑자를 기록하고 있어서 외국 자본의 유입보다 원자재 수출로 벌어들인 자본의 유출을 막는 것이 관건이었다. 그런데 서구 금융권과 단절시키고 외국에 자산을 은닉하는 올리가르히를 두렵게 만드는 경제 제재는 자본 유출을 막는 역할을 했고 이 자본은 국내에 재투자 되었으며 결국 경제 부흥에 기여했다. 이

(2) 'How Russi Punched an $11Billion Hole in the West's Oil Sanction', <블룸버그>, 2023년 12월 6일, http://www.bloomberg.com

(3) 'The Contries with the most billionaires 2024', <포브스>, 2024년 4월 2일, http://www.forbes.com

러한 새로운 판도에서 지난 2년간 러시아에서 억만장자가 급증했으며 이들의 자산 규모는 2,170만 달러에서 5,370만 달러로 두 배 이상 증가했다.(3)

그리고 이 신흥 부자들은 석유 거물이나 무기상이 아니라 농산물 가공, 유통, 부동산, 운송업 기업가였다. 이는 단지 군수 산업 단지만 성장한 것이 아니라는 것을 입증한다. 주택 공급 지원책 덕분에 건축업이 8% 성장했으며 국내 관광 증가로 항공업은 10%, 숙박업은 9% 성장했다. 그리고 2022년 서방 자동차 제조 기업들이 철수하면서 타격을 받았던 자동차 산업도 점차 회복하여 상승세로 전환했다(19% 이상 성장).

사실 공식적인 국방비가 GDP의 7%나 차지하는 러시아는 부단히 노력하고 있다. 그러나 고난을 겪는 전시 경제 상황과는 거리가 멀다. GDP의 2%에 불과한 재정적자 수준과 세계에서 가장 낮은 국가 채무(GDP의 17%)가 탄탄한 경제 수준을 보여준다.

(4) 발레리 위르뱅 인터뷰, <레코>, http://www.lecho.be

오판한 서방 국가들, 국제적으로 고립돼

그런데 서방은 러시아에 대해서만 판단 착오를 한 것이 아니다. 국제 관계의 구조적 변화를 감지하지도 못했다. 제재가 실패한 이유는 러시아 내부에서 찾을 수 있지만 많은 국가가 러시아 제재를 반대했기 때문이기도 하다. 이런 불리한 힘의 관계에도 불구하고 서방 국가는 그들의 주장을 관철하기 위해 서방 경제의 힘을 과신했고 급부상하고 있는 아시아를 충분히 고려하지 않는 실수를 범했다.

그 사이 러시아는 교역 상대를 중국, 브라질, 인도와 같은 신흥국으로 교체했다. 결국 2년 만에 러시아의 대(對)인도 수출은 5배나 증가했다. 그러나 서방은 갈수록 국제법 관점에서 문제의 소지가 있는 제재를 시행했고 이는 점점 다른 국가들의 심기를 건드렸다. 러시아의 해외 금융 자산 동결은 신흥국의 불안을 야기했고 가차 없는 자산 압류는 서방의 금융 시스템과 법규에 대한 신뢰를 무너뜨렸다.

세계 최대 예탁결제기구로 동결된 러시아 자금 대부분을 관리하는 유로클리어의 CEO 발레리 위르뱅은 "자산 압류는 유로클리어 뿐만 아니라 금융시장 전체에 악영향을 미칠 수 있다. 고객이 권리를 존중받지 못하고 자산도 몰수당할 수 있다고 생각하게 된다면 이 우려는 결국 판도라의 상자를 열 것"이라고 강조했다.(4)

결국 러시아 자산 압류에 대해 합의를 보지 못한 유럽연합은 동결 자산은 건드리지 않고 이 자산에서 나오는 이자 수익만 사용하기로 결정했다. 게다가 추가 제재를 위한 달러 투입을 반대하는 목소리도 만만치 않다. 이미 사우디아라비아와 중국은 미국 국채 투자 규모를 축소했고 신흥국도 각자 외화로 거래를 할 수 있도록 제도를 마련 중이다. 서방은 러시아와 힘겨루기에 몰두하다가 그들의 정책이 다른 나라에 끼칠 수 있는 피해는 고려하지 못했다. 미국과 유럽이 러시아의 적응력과 산업 잠재력을 과소평가했고, 이 오판 때문에 서방 국가는 국제적으로 고립되었다. ID

글·다비드 퇴르트리 David Teurtrie
시앙스 폴리티크 교수. 유럽 유라시아 연구센터(CREE, INALCO) 연구원을 역임했으며, 저서에 『Russie: Le retour de la puissance 러시아, 권력으로의 복귀』(2021)가 있다.

번역·정수임
번역위원

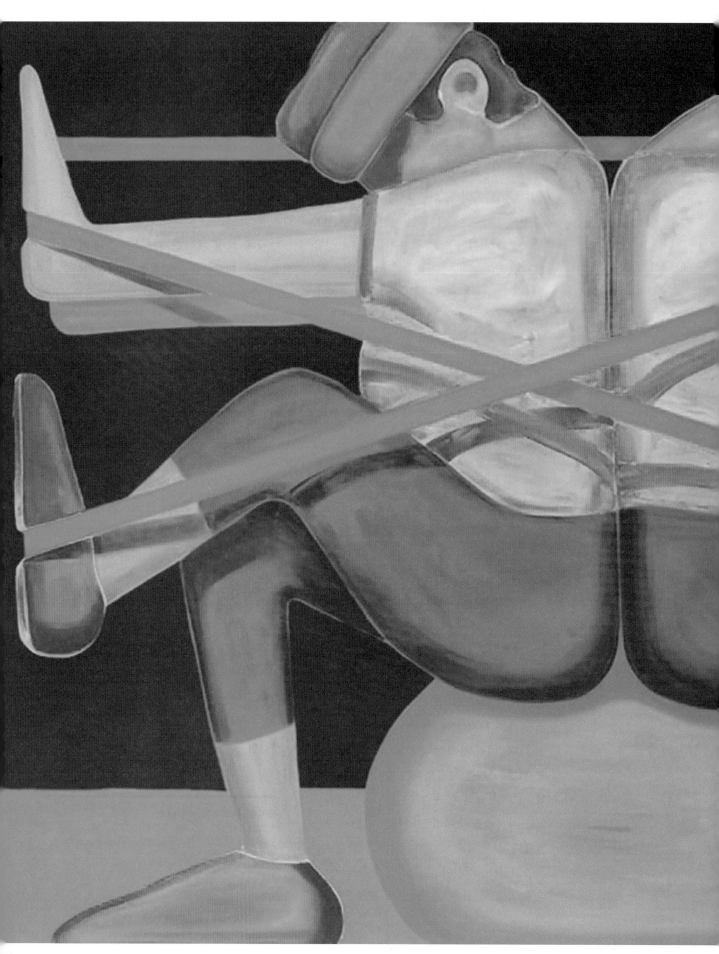

<통통 튀는 볼 위에서 서로 줄을 끄는 쌍둥이>, 2023 - 앙드레 웬드랜드 _ 관련기사 20면

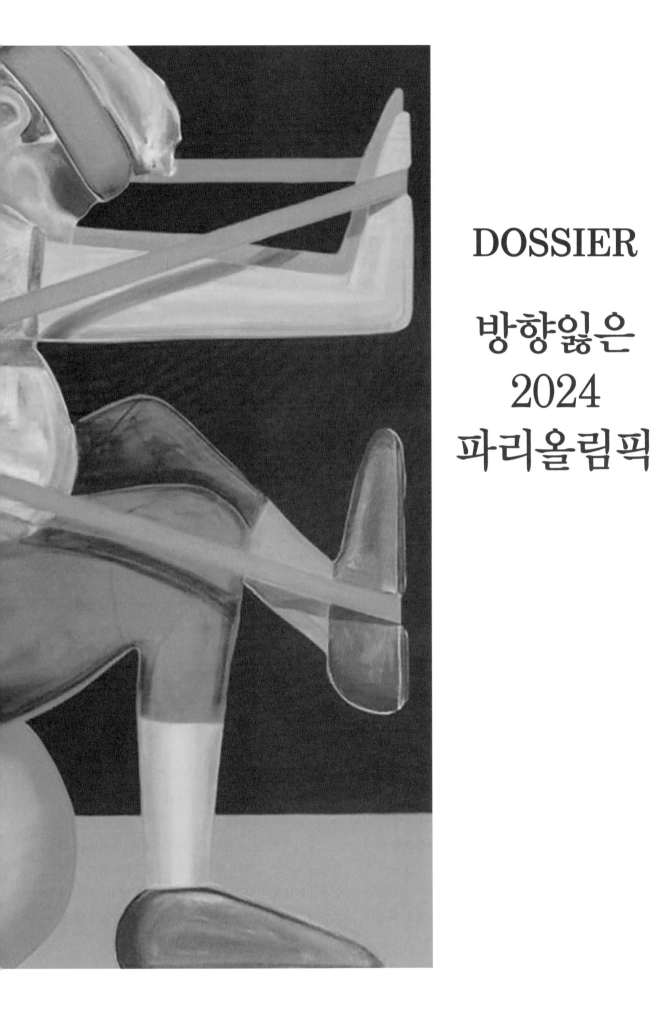

DOSSIER

방향잃은
2024
파리올림픽

존재감 없는 엘리트 스포츠의 낙수 효과

기쁘지 않은 2024 파리 올림픽

7월 26일부터 8월 11일까지 '프랑스에서 개최되는 가장 큰 대회'인 파리 올림픽에 세계에서 만 명이 넘는 선수들과 그 두 배가 넘는 기자단이 참석한다. 올림픽 폐막 후 거행되는 패럴림픽은 8월 28일부터 9월 8일까지 열릴 예정이다. 가장 큰 국제 스포츠 대회 중 하나인 올림픽을 준비하는 대회조직위원회는 4년마다 지난 대회들의 실패에서 교훈을 얻으려 한다. 그러나 환경과 사회에 대한 새로운 약속들은 검토할 필요가 있다. 정치권에서 등한시하는데 문화면에서 대중을 환호하게 만드는 일은 참으로 어렵다. 모든 것은 '승리'의 영광에 달려 있다. 스포츠의 이러한 사용법이 훌륭하다고 할 수는 없다.

필리프 데캉 ▮〈르몽드 디플로마티크〉 프랑스어판 기자

미디어가 만든 집단 이미지 속에서 이번 하계 올림픽은 '국제 종합대회'라는 특별한 위치를 차지한다. 거대한 규모 뒤에 숨는다고 해서 지키지 못한 약속 리스트가 감추어지지는 않는다. 돈이 아마추어 스포츠 정신을 파괴했다. 고대의 휴전을 대신하여, 상황별로 다른 잣대를 적용하여 러시아는 제재하고, 이스라엘은 그렇게 하지 않았다. 국가를 초월한 조직인 국제올림픽위원회(IOC)는 가장 불투명한 조직임이 드러났다. 일시적인 경제 효과를 내세우며 막대한 공공 지출을 정당화한다. 국제 안보라는 명분 아래 제재를 강요하며, 자유를 짓누른다. 스포츠 해설자들의 울부짖는 애국주의 멘트는 국가 간의 연대 정신을 물거품으로 만든다…

그런데 스포츠 자체의 관점에서 본다면 어떨까? 올림픽이 신체 활동 증가라는 긍정적인 효과를 줄 수 있을까? 예외로 출전 선수들에게는 의문의 여지가 없을 것이다. 최고가 되기 위한 선수들의 헌신은 존경받을 만하다. 그러나 메달을 따서 연금이 들어올 때, 승리의 희열은 더욱 커진다. 경쟁 압박으로 선수들을 과열 경쟁으로 밀어 넣는 것이, 과연 본받을 가치가 있는 일일까? 대형 국제 스포츠 대회가 공공 이익과 운동 열풍을 가져올 수 있을까? 프랑스의 스포츠·올림픽·패럴림픽부 장관 아멜리

우데아 카스테라는 1월 18일 〈파리지엥〉지에 "올림픽을 계기로 우리 시민들이 운동을 시작하게 될 것이다"라고 말했다. 이 스포츠부 장관은 2024년 '중대한 국가적 대의'로 운동과 신체 활동 증진을 내세우며, 국제 스포츠 대회의 '낙수' 또는 '시범' 효과 이론을 주장했다. 티에리 앙리, 마리조제 페레크, 아멜리 모레스모, 디디에 데샹과 같은 스포츠 스타들은 자신들의 경기 영상과 함께 광고에 등장하여 하루에 최소 30분 움직여야 한다는 캠페인을 벌였다. "우리의 염원대로 프랑스를 스포츠 국가로 만들 유일한 기회를 올림픽 및 패럴림픽 조직위원회와 함께 맞이했다. 스포츠부 장관은 "이번 올림픽과 패럴림픽은 운동과 그 장점을 우리 사회에 깊숙이 도입할 수 있는 최고의 기회가 될 것이다"라고 강조했다.

엘리트 스포츠 진흥만으로는
시민의 운동량 증가 어려워

움직이지 않는 생활 방식은 여전히 멸시받는 인류학적 전환점으로 인류를 인도한다. 전 세계의 비만 인구 수가 10억 명이 넘는다. 일례로 미국 남성의 42%, 페루 남성의 50%, 루마니아 남성의 40% 그리고 태평양 일부

섬에 사는 여성 80%는 비만이다.(1) 신체 활동의 부재 속에 내재된 위험성은 공공보건의 절대적인 우선 과제가 되었다. 그러나 이 사실을 확증한 국제 연구는 "비만을 방지하기 위한 노력의 대부분은 개인의 행동, 고정된 주변 환경과는 동떨어진 변화, 식이에 집중되어 있다. 이러한 노력으로는 비만 발생률을 낮추지 못한다. 소득이 낮거나, 자율성이 부족한 사람은 건강한 식이, 운동, 활동적인 생활 방식에 접근하기 어렵기 때문이다."(2)라고 결론 내렸다.

운동이 주는 건강상 장점은 익히 잘 알려져 있다. 운동을 하면 연령을 불문하여 두뇌를 포함한 모든 장기에 도움이 된다. 운동은 질병 대부분에서 벗어날 수 있는 근본적인 방법이자, 치료에도 도움을 준다. "따라서 신체 활동 증진은 증가 중인 만성질환 발생률과 그 파급 효과를 예방하기 위한 중요 과제가 되었다."라고 질환의 단계별 처방을 내리는 전문가 그룹은 진단했다.(3) 그렇지만 프랑스 여성 47%, 남성 29%는 신체를 움직이지 않는다. 그리고 11~17세의 청소년 73%는 신체 활동 권장량에 도달하지 못한다.(4) 올림픽 개최국인 프랑스는 청소년 활동량 순위에서 전체 140개국 중 119위에 올라있다.(5)

15일간 펼쳐지는 긴박감 넘치는 올림픽이 개인의 행동에 영향을 끼칠 수 있다고 생각하는 것은 환상에 불과하다. 인프라, 관광, 환경, 사회적 단결 등, 올림픽의 유산과 국제

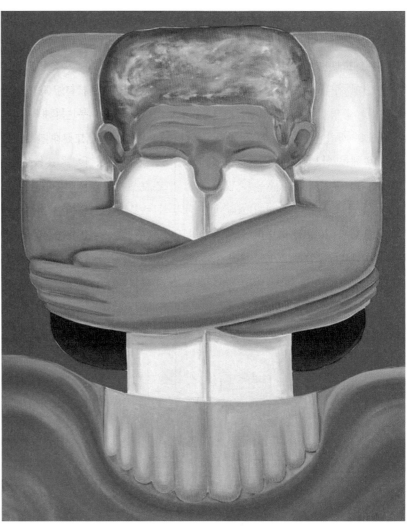

<캐넌볼>, 2023 - 앙드레 웬드랜드

대회의 효과를 얻기 위해서 여러 분야에서 많은 작업이 이루어진다. 일반적으로 지난 20여 년간 펼쳐진, 신체 활동의 효과에 관한 모든 연구에서는 "스포츠의 성공, 엘리트 스포츠 모델의 역할, 스포츠 대회 개최가 청소년이나 성인의 신체 활동의 증가에 즉각 또는 지연된 효과로 이어지지 않는다. 지역 또는 국가 차원에서도 어떤 이점도 발견되지 않았다. (...) 엘리트 스포츠 진흥만으로는 시민의 운동량을 증가시킬 수 없다. 따라서 정치 책임자와 결정권자들은

시민의 생활 방식을 활동적으로 개선하는 효과가 없다는 것을 인정해야 한다."라고 결론을 내렸다.(6)

세계적인 정크푸드 회사가 메인 스폰서라니…

바이애슬론 선수 마르탱 푸르카드 또는 2021년 구기 종목 프랑스 대표팀과 같은 어떤 특별한 선수의 성공으로 해당 종목 연맹의 가입자가 확 늘어날 수 있다. 그러나 이러한 열풍은 이미 운동을 좋아하는 사

람에게만 작용한다. 프랑스의 한 연구는 "특히 시간이 지나면 그 효과의 한계가 드러난다. 대회 개최 몇 달 후면 연맹 가입자 수는 크게 줄어든다."라고 증명했다.(7) 1964년 도쿄 올림픽을 개최한 일본의 경우, 올림픽을 함께한 일본인들은 그 다음 세대보다 더 규칙적으로 운동을 많이 했다. 그러나 시드니 올림픽(2000), 북경 올림픽(2008), 밴쿠버 올림픽(2010), 런던 올림픽(2012) 개최 이후에 실시한 조사를 보면 어떤 증거도 찾을 수 없었다. 특히 런던 올림

픽은 대회 내내 운동하기 캠페인을 벌였는데도 말이다. 더욱 놀라운 사실은 런던 패럴림픽은 장애인들에게 운동에 대한 긍정적인 동기를 전혀 주지 못했다는 점이다. 오히려 그 후 5년간 신체 활동 감소가 관찰되었다.(8)

'스포츠-건강'에 대한 프랑스 정부의 보고서는 모순적인 지침서이다. 정크푸드를 상징하는 세계적인 두 기업이 프랑스에서 개최되는 스포츠 대회의 메인 스폰서이다. 코카콜라는 올림픽의 메인 스폰서이며,

맥도날드는 향후 4년간 프랑스 프로축구 리그앙의 메인 스폰서이다. 보건 위기를 극복하기 위해서는 식품 마케팅, 특히 어린이 식품에 대한 마케팅에 반대해야 하지 않을까?

정크푸드 스폰서들 사이에서 메달을 목에 거는 것보다, 설탕을 넣은 식품에 대한 세금 부과나 광고 금지가 훨씬 더 효과적이지 않을까? 움직여야 한다는 지침서는 또한 최근 십 년간 노동의 확대와 부딪혔다. 모니터 앞에 앉아있는 자세가 일상이 되고, 25년 전부터 노동시간의 감축이 중단되었고, 게다가 은퇴 연령이 늦춰지면서 역전되었다.

'운동과 신체교육(EPS)' 수업에 대한 공권력과 언론의 무관심 속에서 심각한 모순점이 드러났다. 지난 3월 15일, EPS 과목의 교사들은 "학교에서부터 시작하자"는 시위를 벌였다. "2024년 파리 올림픽과 패럴림픽 개최가 결정된 2017년 이후 EPS 수업과 학교 체육의 입지는 프랑스에서 점점 더 나빠지기만 했다."라고 국가신체교육 노조는 청원서에서 개탄했다.

"프랑스는 스포츠 국가가 전혀 아니다"

노조는 "정부의 지침(중학교에서는 두 시간, 초등학교에서 매일 30분간의 신체 활동)은 문제 해결에 적절치 않고, 소수의 학생에게만 적용된다."라고 주장했다. 교사들은 모든 학년에서 일주일에 4시간 EPS 수

업을 해야 한다고 주장한다. 현재 고등학교에서는 2시간 체육 수업을 한다. 교사들은 또 학교 스포츠팀에 대한 투자도 요청했다. 수영 선수 플로랑 마노두는 "이런 말을 하면 나는 공적이 될지도 모르겠지만, 우리나라는 스포츠 국가가 전혀 아니다"라고 비판했다.(9)

센생드니 주의 EPS 진흥 단체는 교사들이 프랑스 정부로부터 수업에 필요한 지원을 받지 못하고 있음을 알게 되었다.(10) 올봄 교사들과 학부모들은 스타드 드 프랑스 경기장에서 '교육을 위한 긴급 계획'을 요구하며 시위에 나섰다. 센생드니 주에 갖춰진 체육 설비 규모는 프랑스 평균의 1/3밖에 되지 않으며, 전반적으로 설비들은 40년이 넘고 낙후되었다. 중1 학생의 40%는 수영을 할 줄 모르고, 클럽들은 장소 부족으로 가입을 받지 않고 있다. 이 단체는 올림픽을 위해 돈을 쓰는 만큼, EPS 수업에도 신경 써 줄 것을 요구했다.

오늘날 엘리트 스포츠의 낙수효과는 없다는 것이 확인되었다. 프로 스포츠 대회는 신체와 승리만을 숭배한다. 만성적인 부상을 과소평가하고, 더 나아가 약물을 복용하게 만드는 악순환을 불러온다. 대중 스포츠는 유희적이며 집단적인, 양립할 수 없는 요소들을 기반으로 한다. 올림픽 종목으로 채택되기 위해서 최근에는 암벽등반, 산악 스키 같은 많은 종목들이 재미, 충돌, 생소함, 예측 불능 등 본래적 특성을 포기했다. 요컨대 올림픽은 '규격화된 인공적인 환경과 대립적, 규칙적, 개인적인 문화'라는 불쾌한 틀을 강요하고 있다.(11)

"신체 활동을 위한 첫걸음은 가만히 있는 것의 유혹을 자각하는 데 있다"고 비활동의 생리적인 뿌리를 연구한 두 과학자는 강조했다.(12) '스포츠-스펙터클'은 불편, 고통, 지배, 실패를 연상시킨다. "반면 신체 활동을 하면서 기쁨, 행복 더 나아가 자부심을 느낀다면, 우리의 뇌는 신체 활동을 더 많이 하려 들 것이다. 신체 활동 중 경험한 이러한 긍정적인 감정은 노력을 최소화하려는 우리의 본능을 상쇄시킨다." 이러한 흥분된 감정은 일상에서 벗어난 비상업적인 공간, 하물며 자연 한가운데 고요한 공간에서 더욱 긍정적으로 지속된다. **ID**

글·**필리프 데캉 philippe descamps**
<르몽드 디플로마티크> 프랑스어판 기자

번역·김영란
번역위원

(1) Benoît Bréville, 'Obésité, mal planétaire 지구촌의 악, 비만', <르몽드 디플로마티크> 프랑스어판, 2012년 9월

(2) NCD Risk Factor Collaboration, 'Worldwide trends in underwight and obesity from 1990 to 2022 : A pooled analysis of 3663 population-representative studies with 222 million children, adolescents, and adults', <The Lancet>, vol. 403, n°10431, London, 2024년 2월 29일

(3) 『Activité physique. Prévention et traitement des maladies chroniques 신체 활동. 만성질환의 예방과 치료』, Institut national de la santé et de la recherche médicale (Inserm), EDP Sciences, Les Ulis, 2019년

(4) <Les chiffres clés 핵심 수치들>, Observatoire national de l'activité physique et de la sédentarité, https://onaps.fr

(5) Regina Guthold, Gretchen Stevens, Leanne Riley et Fional Bull, 'Global trends in insufficient physical activity among adolescents : A pooled analysis of 298 population-based surveys with 1.6 million participants', <The Lancet Child & Adolescent Healthy>, vol. 4, n°1, London, 2019년 11월 21일

(6) Alexis Lion, Anne Vuillemin, Florian Léon, Charles Delagarelle et Aurélie van Hoye, 'Effect of elite sport on physical activity practice in the gereral population : A systematic review', <Journal of Physical Activity and Health>, vol. 20, n° 1, Champaign(Illinois), 2023년

(7) Mathys Viersac et Michaël Attali, 'Discuter l'héritage social et culturel des grands événements sportifs. Une revue de littérature internationale 국제 스포츠 대회의 문화적 사회적 유산을 토론하자. 국제 문학 검토', <Staps>, n° 134, Brest, 2021년

(8) Pengfei Shi et Alan Bairner, 'Sustainable development of olympic sport participation legacy : A scoping review based on the PAGER framework', <Sustainability>, vol. 14, n° 13, Bâl, 2022년 7월 1일

(9) <France 2>, 2023년 11월 11일

(10) Collectif permanent de défense et de promotion de l'EPS, du sport scolaire et du mouvement sportif en Seine-Saint-Denis 센생드니 주 스포츠, 학교 체육, EPS의 증진 및 지지 단체

(11) Pierre Parelebas, 'Jeux olympiques, jeux éducatifs? Les sports de Rio 2016 올림픽은 교육 올림픽? 2016년 리오 올림픽', dans Frédéric Viale (sous la dir. de), 『Paris JO 2024. Miracle ou mirage? 2024년 파리 올림픽은 기적일까 환상일까?』. Libre & Solidaire, Paris, 2018년

(12) Boris Cheval et Matthieu Boisgontier, 『Le Syndrome du paresseux. Petit précis pour combattre notre inacivité physique 게으름 신드롬. 신체 활동 부재를 물리치기 위한 개요』, Dunod, Malakoff, 2020년

'사회적 파급 없는' 파리 올림픽, 성과는 글쎄?

2024 파리 올림픽 조직위원회는 올림픽 역사상 최초로 지속가능하고, 포용적이며, 연대적인 올림픽을 준비하겠다는 포부를 밝혔다. 올림픽 시설 대부분이 건설된 센생드니 주(州)에서 노동 조건과 경제·사회적 파급효과에 대한 파리 올림픽 조직위원회의 약속은 그 성과뿐만 아니라 한계도 같이 드러냈다.

마르고 에므리슈 ▮기자

2023년 9월 23일, 파리 올림픽 사회헌장 모니터링위원회 공동 위원장 자격으로 생드니의 시테 뒤 시네마에 마련된 무대에 오른 베르나르 티보 전 프랑스 노동조합총연맹(CGT) 위원장은 "모범적이지는 않더라도 사회적 책임을 다할 수 있음을 증명했다"라고 소감을 밝혔다.

같은 시각, 무사 H.는 퇴근을 하는 길이었다. 그 역시 시테 뒤 시네마를 잘 알고 있었다. 몇 달 전부터 바로 옆 올림픽 선수촌 공사 현장에서 불법 근로자로 일했기 때문이다. 가을 햇살 아래 우리와 마주 앉은 무사는 여유로워 보였다. 말리 출신으로 2008년 프랑스에 도착한 그는 이제 막 유효기간 1년의 체류자격을 취득했다.

"그동안 두려움에 떨며 살았다. 퇴근 후 저녁에 집에 있을 때조차 체포될까 봐 두려웠다." 그동안 그는 체류증 없이 일을 해왔다. "15년 동안 3개월 이상 일을 쉰 적은 한 번도 없다. 건설 현장에는 항상 불법체류자들을 위한 일자리가 있다." 올림픽 시설 건설 현장도 예외는 아니다. 항상 지갑에 넣고 다니는 건축·토목(BTP) 노동자 신분증 덕분에 그는 생드니 센 강변에 새롭게 조성된 플레엘 지구 중심부에 있는 선수촌 건설 현장에 매일 출입할 수 있었다.

올림픽 건설 현장을 점거한 불법 외국 노동자들

그는 1,000~2,000유로의 아주 적은 자본금으로 회사를 설립했다 청산하는 건설 하청업체에 가명 직원으로 고용됐다. "임시직 소개 사무소가 아니라 입소문을 통해

<역도를 하는 메리>, 2023 - 앙드레 웬드랜드

고용된 것이다. 문자나 왓츠앱(WhatsApp)으로 서류를 보내면 다음날 바로 일할 곳의 주소를 알려준다. 진짜 신분증이 맞는지 아무도 신경 쓰지 않는다." CGT 보비니 상설 사무소에 따르면 올림픽 시설 건설 현장에서 일한 불법체류 외국인 노동자 수는 최소 100여 명으로 약 2,000만 시간의 노동시간이 투입된 것을 감안하면 전체 인력에서 차지하는 비중은 매우 낮았다.(1)

2022년 6월, 노동감독 조사에서 올림픽 시설 건설 현장 내 불법체류 외국인 노동자의 존재가 밝혀진 후 보비니 검찰은 예비 조사에 착수했다. 몇 달 후, 무사를 비롯한 10명의 불법체류 외국인 노동자는 건설·토목 대기업 빈치(Vinci), 에파주(Eiffage), 스피 바티뇰(Spie Batignolles), GCC와 하청업체 8곳의 노동 착취 행태를 노동재판소에 고발했다.

이 사건으로 25명의 노동자가 정규직으로 전환됐다. 40대의 무사는 "우리는 고용 계약이나 급여명세서 없이 일했다. 휴가나 초과근무 수당은 더욱 없었다"라고 호소했다. 작업화나 안전장비도 지급받지 못했다. "안전모와 일주일 동안 사용해야 하는 장갑 한 짝이 전부였다."

건설 현장에 고용된 불법체류 외국인 노동자는 벽돌쌓기, 착암기, 청소, 거푸집 해체 등 무엇이든 할 준비가 되어 있어야 한다. 무사는 "매일 아침 팀장이 어떤 작업에 투입되는지 알려준다. 거부하면 해고된다. 우리에게는 생존이 걸린 문제다"라고 한숨을 쉬었다.

2018년 6월, 5개의 대표적인 노동조합과 고용주 단체는 사회헌장에 서명하고 이를 자축했다. 파리 올림픽 유치 단계에서부터 작성된 사회헌장은 유치 캠페인의 논거로 활용되기도 했다. 사회헌장 서명 직후 모니터링위원회가 수립됐고 베르나르 티보와 도미니크 카르라크 프랑스 경제인연합회(MEDEF) 부회장이 공동 위원장을 맡았다.

파리 올림픽 시설 건설·납품을 책임지고 있는 공공기관 솔리데오(Solideo)는 2021년 3월 4일 보도 자료를 통해 "불법 노동, 반경쟁적 관행, 차별을 근절하고 더 나아가 양질의 노동 환경을 보장해 올림픽 시설 건설 현장이 사회적 모범이 되도록 감독"할 것을 약속했다.

장파스칼 프랑수아 CGT 건설노조 사무총장은 솔리데오의 사회헌장에도 불구하고 관행은 쉽게 바뀌지 않았다고 설명했다. "헌장의 존재는 분명 도움이 된다. 하지만 노조가 압력을 가하지 않으면 의향서 단계에 지나지 않을 것이 분명하다. 게다가 약속과 달리 공사 참여에 많은 어려움을 겪었다."

"체류증 없이는 올림픽도 없다"

그 이유는 계단식 하도급과 원청의 책임 입증이 어려운 구조 때문이다. 필리프 세르발리 '그랑 파리 일드프랑스 건축업연맹' 회장은 "결국 가격의 문제이다. 종합건설사는 하청을 주고 마진을 남긴다. 그런데 중간 단계를 많이 거칠수록 '손'이라고 부르는 하청업체에 돌아가는 돈이 줄어든다. 그래서 하청업체는 속임수를 쓰는 경향이 있다"라고 설명했다. 앙투안 뒤 수이슈 '솔리데오' 전략·혁신 이사는 말리 출신 외국인 노동자들의 고발 사건 후 "실제로 건축·토목 업계에서 매우 흔히 벌어지는 일이지만 올림픽 공사 현장은 이러한 관행을 허용하지 않는다. 우리가 모범이 되겠다는 것은 이러한 관행을 변화시키겠다는 뜻"이라고 못 박았다. 노동감독관들은 1,000건이 넘는 조사를 실시했다. 그러나 몇 달 후인 2023년 10월, 100여 명의 불법체류 외국인 노동자들이 라 샤펠 지구의 아레나 실내 경기장 건설 현장을 점거했다.

올림픽 참가를 막았던 제재, 그 사례

제1차 세계대전이 끝난 후 처음 열린 1920년 올림픽은 헝가리의 부다페스트에서 벨기에의 앤트워프로 개최지가 변경됐다. 패전국 독일, 헝가리, 오스트리아, 오스만제국, 불가리아는 초청받지 못했다. 독일은 이후 1924년, 1948년 런던 올림픽에서도 제외됐다. 일본과 러시아는 앤트워프 올림픽에 불참했다.

1962년에는 인도네시아가 국제올림픽위원회(IOC)로부터 올림픽 출전 정지 제재를 당했다. 자국에서 열린 아시안게임에 대만 선수단 참가를 거부했기 때문이다. 남아프리카공화국은 인종차별정책(apartheid) 때문에 1964~1992년 동안 올림픽 출전이 금지됐다. 2014년 소치 올림픽에서 '국가 주도의 조직적 도핑'이 폭로된 후 러시아 선수들은 이후 개최된 올림픽에서 러시아 국기를 달고 출전할 수 없게 됐다. 우크라이나 전쟁으로 러시아 선수들에 대한 제재는 이어졌다. 파리 올림픽에는 우크라이나 침공을 지지하지 않는 러시아 선수만 참가할 수 있다.

최초의 성화봉은 나치독일 무기업체가 만들어

그리스 올림피아드에서 점화되어 올림픽 개최도시까지 이어지는 성화 봉송은 1936년 베를린 올림픽 당시 나치 정권이 시작한 관행이다. 성화 봉송은 군중의 열광적인 반응을 이끌어내고 히틀러 정권과 올림픽 사이에 연결고리를 창출하는 역할을 했다. 최초의 성화봉은 나치독일의 대표적인 무기 제조업체 크루프(Krupp)가 제작했다.

메달

메달 순위 상위권을 차지하는 국가의 비결은 무엇일까? 초기 연구에 따르면 1인당 국내총생산(GDP)과 메달 수 사이에 밀접한 상관관계가 있는 것으로 드러났다. 그런데 이는 노르웨이나 미국의 경우에는 사실이지만 1970~1980년대 시상식 단골 국가였던 독일민주주의공화국(GDR, 동독)과 소련에는 해당하지 않는 사실이다. 이후 계량경제학적 측면에서

전국노동자총연맹(CNT-SO)의 지원을 받은 이들은 "체류증 없이는 올림픽도 없다"라는 구호를 외치며 합법적인 체류자격 부여를 요구했다. 12월, 이들은 또다시 현장을 점거하고 10월 시위에 참여했다 해고된 노동자들의 복직을 요구했다.

집계에서 제외되는 현장 사고들, 무리한 작업 강행

2024년 초, 사회헌장 모니터링위원회는 올림픽 공사 현장에서 총 167건의 산재 사고가 발생한 것으로 확인했다. 이 중 27건은 심각한 사고였지만 다행히 사망자는 없었다. 장파스칼 프랑수아 CGT 건설노조 사무총장은 "올림픽은 전 세계 미디어의 이목이 쏠리는 행사이기 때문에 사고 예방 및 근로자 보호를 위한 조치가 시행됐다. 하지만 올림픽 공사장에서 도로 하나만 건너면 나오는 다른 공사 현장들에서는 사망 사고가 속출한다"라고 설명했다. 올림픽 조직위는 그랑 파리 엑스프레스 역사 건설이나 센강 수질 개선사업 현장에서 발생한 사고와 사망자 수는 집계에서 제외했다. 일례로, 고용연계 프로그램을 통해 채용된 21세의 세이두 포파나는 2023년 4월 콘크리트 슬래브 추락으로 사망했다. 같은 해 7월, 51세의 아마라 디우마시는 소형 트럭에 치여 사망했다. 프랑수아 사무총장은 "그런데 이 현장들은 올림픽에 맞춰 공사를 마무리하기 위해 조금 무리하게 작업을 진행한 측면이 있다"라고 덧붙였다.

홍보 요란한 지역 활성화 효과, 성과는 글쎄?

사회헌장이 노동 환경 개선과 함께 가장 중점을 둔 부분은 지역 경제 활성화다. 솔리데오는 올림픽 시설 공사 계약 금액의 25%, 약 5억 유로에 해당하는 계약을 영세기업, 중소기업, 사회연대경제(SSE) 단체에 할당하기로 약속했다. 이러한 경제 활성화의 혜택은 대부분의 경기가 열리는 센생드니 주민들에게 가장 먼저 돌아갈 것으로 기대됐다. 2019년 4월, 입찰 관련 정보를 통합하고

영세 및 중소기업과 사회연대경제 단체를 지원하기 위해 2개의 온라인 플랫폼, 'Entreprises 2024'와 'ESS 2024'가 개설됐다.

그로부터 4년 후, 니콜라 페랑 솔리데오 대표는 "공사는 정해진 일정, 주어진 예산, 설정된 목표에 맞게 순조롭게 진행 중"이라고 자랑스럽게 밝혔다. 언뜻 보면 사회헌장의 목표를 초과 달성한 듯하기도 하다. 지난 12월 기준, 2,241개의 영세 및 중소기업과 119개의 사회연대경제 단체에 총 7억 8,000만 유로의 계약이 돌아갔다. 하지만 지역 경제 활성화 효과는 미미했다. 작년 7월 기준, 센생드니 현지 업체가 체결한 계약 금액은 전체의 5.5%에 해당하는 1억 300만 유로에 불과했다.

필리프 세르발리 '그랑 파리 일드프랑스 건축업연맹' 회장은 "사람들은 1억 유로가 넘는 올림픽 수영경기장 공사를 중소기업에 맡길 수는 없다고 생각한다. 하지만 현지 중소기업이 충분히 감당할 수 있는 부차적인 공사도 있다. 그런데 중견기업, 즉 직원 수천 명을 거느린 국영기업에 우선권을 주기 위해 여러 건의 계약을 한 데 묶어 입찰을 공고한 것을 발견했다"라고 유감을 표했다. 일드프랑스 건설경제협회(CERC-IDF)가 실시한 연구에 따르면 영세 및 중소기업에 돌아간 계약의 비중은 마감 공사의 경우 33%였지만 구조공사에서는 14%에 불과했다.

솔리데오가 구체적인 수치로 설정한 두 번째 목표는 노동시간의 10%를 고용시장에서 소외된 구직자나 정책적 우선 지역 주민 고용에 배분하는 것이다. 이 목표는 2023년 12월 말 목표치를 108.8% 초과 달성하며 큰 성공을 거둔 것으로 보인다. 마티외 아노탱 생드니 시장은 "해당 인력의 절반 이상이 현지 출신이기 때문에 두 배로 의미있는 성과"라고 강조했다.

서류상으로 보면 알라주(Halage)협회는 예상치 못한 성공 스토리의 주인공처럼 보인다. 30년 전 일생드니에 설립된 이 고용연계단체는 현재 130명의 직원을 거느리고 있다. 이 중 90명은 녹지 개발 및 도심 유휴지 재개발 분야 고용연계 프로그램을 통해 일하고 있는 직원이다. 알라주협회는 3년 사이에 다수의 식물 재배 및 올림픽 시설 녹화 사업 계약을 따냈다.

솔리데오와 직접 체결한 계약도 있고, '전통적인' 기업과 공동으로 체결한 계약도 있으며, 일부 구획을 담당하는 하청업체 형태로 체결한 계약도 있다. 스테판 베르둘레 알라주협회 공동회장은 "우리를 인정한다는 증거다. 심지어 우리의 존재가 입찰에서 유리한 작용을 했다고도 말할 수 있다"라고 기뻐했다. 그는 "그동안 외면당했던 고용연계 프로그램 참여자들이 존엄성을 회복하는 계기가 됐다"라고 덧붙이면서도 입찰에 실패한 경우와 그 과정에서 맞닥뜨린 몇몇 난관에 관한 이야기를 들려줬다.

"가장 실망감이 컸던 경험은 비옥토 생산 계약에서 우리보다 수십만 유로 낮은 가격을 제시한 회사와 경쟁했던 일이다. 경제적 약육강식 논리가 적용됐다. 우리 같은 단체가 올림픽 관련 사업 계약을 따내려면 여러 단체가 모여 컨소시엄을 구성해야 한다. 그런데 입찰 기한이 매우 짧아 어려움이 많다. 그리고 이러한 계약 때문에 기존 주요 고객을 잃는 일은 없어야 한다."

오히려 쓴 경험이 된 고용연계 프로그램

고용시장에서 소외된 이들에게 고용연계 프로그램과 사회적 지원을 제공하는 단체 레지 드 카르티에(Régie de quartier, 이하 RQ)의 생드니 지부 직원들은 올림픽으로 이미 쓰라린 경험을 했다. 마티외 글레만 생드니 RQ 대표는 "부동산 개발업체 이카드(ICADE)는 6~7차례 회의 끝에 선수촌 13개 동 건설 사업 입찰에서 우리를 언급했다. 4년간 20만 시간의 노동시간에 해당하는 도장작업을 수주하게 될 줄 알았다. 하지만 결국 우리 RQ의 500명 직원들은 단 한 시간도 일하지 못했다!"라고 목소리를 높였다. 2019년 11월, 실제로 솔리데오는 올림픽을 대비한 선수촌 건설과 올림픽 사용 이후 주거 건물로 변경하는 사업에서 D 블록을 담당할 컨소시엄을 선정했다. 이카드, 예금금고(CDC), 예금금고의 부동산 임대 자회사인 CDC 아비타(CDC Habitat)로 구성된 컨소시엄은 토지 양도 직후 스피 바티뇰과 건물 12개 동 건설 계약을 체결했다. 불법 고용 및 불법 체류 외국인 노보다 심층적인 연구가 실시됐고 정부의 엘리트 스포츠 지원 지출의 중요성이 밝혀졌다.

선거 친화성

올림픽에서 메달을 획득한 많은 전직 운동선수들이 프랑스 정부나 국회에 입성했다. 엘리트 운동선수들의 정치적 성향은 확연하게 우파로 기운다. 이는 '최고'를 숭배하는 문화와 인류에 대한 계층적 시각 그리고 의지만 있으면 모든 것을 성취할 수 있다는 믿음 때문이다. 하지만 무엇보다 사회학적 측면에서 그 이유를 설명할 수 있다. 엘리트 운동선수들은 평균을 월등히 상회하는 소득을 올리기 때문이다.

특례

IOC는 올림픽·패럴림픽 조직위원회(COJOP)를 통해 절대 권력을 행사한다. 파리 올림픽의 경우 IOC와의 계약은 개최도시 파리의 세금, 도시계획, 환경 관련 법규에 저촉되는 조항들을 포함하고 있었지만 2018년 3월 의회를 통과한 일명 '올림픽' 법에 의해 승인됐다. 특히 안전 보장을 위해 국가가 조직위의 전반적인 책임에 관여한다. IOC가 지급하는 금액은 상황에 따라 변하는 것이 아니라 항상 고정돼 있다.

소유권

올림픽은 공유 재산이나 국제기구가 아니라 1894년 설립된 IOC의 독점 자산이다. IOC는 헌장에 근거해 올림픽 운동을 지휘하며 "올림픽에 관한 모든 권리를 보유"하고 있다. 이를 바탕으로 IOC는 개최국 조직위를 좌지우지하고 TV 중계방송을 비롯한 모든 미디어 판권을 협상할 권한을 갖는다.

빚잔치로 끝난 올림픽들, 그 '애물단지' 사례

1976년 개최된 캐나다의 몬트리올 올림픽 주경기장은

동자 고용으로 고발당한 전적이 있는 스피 바티뇰은 결국 생드니 RQ에 도장작업을 맡기지 않기로 결정했다. 글레만 생드니 RQ 대표는 "모두가 안타까워하는 듯했지만 이카드도, 솔리데오도, 시 당국도 할 수 있는 일이 없었다"라고 한탄했다.

니콜라 페로네 ESS 2024 대표는 "안타깝게도 흔히 벌어지는 일이다. 시행사는 입찰 단계에서 허황된 약속을 남발하며 RQ와 같은 단체를 언급하지만 실제로는 여러 가지 제약 요소와 건설사의 입장 때문에 이러한 약속이 지켜진다는 보장은 없다"라고 인정했다.

앙투안 뒤 수이슈 솔리데오 전략·혁신이사는 "유감스러운 일이다. RQ를 도장업체로 선정하는데 있어 이카드가 건설사와 합의에 도달하지 못한 것이 사실이다"라고 인정했다. 솔리데오는 또한 고용연계 프로그램 노동자 채용 불이행 시 1시간의 노동시간당 60유로의 벌금을 도입했다고 답변했다. 이에 대해 글레만 생드니 RQ 대표는 "기업들이 이 비용을 계약 금액에 포함시킨다는 것은 공공연한 사실이다"라고 설명했다.

수영경기장 도장작업과 현장 청소 계약에서도 같은 일이 벌어졌다. 글레만 대표는 "전자의 경우 우리는 시간당 요율을 직원 1인당 25유로로 낮추는 데 동의했지만 부이그(Bouygues)는 이조차 너무 비싸게 여겼다. 후자의 경우 정말 계약을 따낼 수 있을 것으로 믿었다"라고 말했다. 이 계약은 결국 5,000유로로 더 낮은 금액으로 "더 나은 서비스를 제안"한 SP3에게 돌아갔다. SP3는 센생드니 현지 사업체가 아니다.

고용연계 프로그램에 할당된 노동시간을 달성한 나머지 경우는 주로 임시직파견회사(ETTI)(39%)와 견습 계약(14%) 덕분이다. 고용연계 프로그램 및 기존의 계약직 고용을 통한 노동시간은 각각 8%와 6%에 불과했다.(2) 엥세르에코93(Inser'Eco93)에서 대관(對官) 업무를 담당하는 앙리 바일은 "ETTI와 비교했을 때 RQ는 고용에서 더 소외된 사람들을 지원한다"라고 설명했다. 하지만 '고용연계' 프로그램을 선택하는 기업들이 선호하는 것은 ETTI다. 센생드니의 ETTI는 4개에서 11개로 늘어났다. 이 중에는 전국에 걸쳐 다수의 사무소를 보유한 곳도 있다. 아데코(Adecco) 그룹의 자회사 위만도(Humando)가 대표적인 예다.

대기업이 포용성 요건을 충족하면서도 계약을 따내기 위해 사용하는 또 다른 전략은 비영리단체와 민간 기업을 합친 사회적 합작회사를 설립하는 것이다. 2019년 10월, ID'EES 그룹은 서로 이웃한 두 지역인 발드마른 주(州)와 오드센 주(州)에서 각각 바세오(Baseo)와 빈치(Vinci)건설, 트리데브(Tridev)와 유로비아(EuroVia)로 구성된 합작회사를 설립했다.

파리 올림픽·패럴림픽 조직위원회(COJOP)는 솔리데오와 달리 목표를 수치화하는 대신 27억 유로에 달하는 계약에 관한 입찰자 선정 규범을 수립했다. 마리 바르사크 조직위 '영향력·유산' 이사는 "우리는 모든 계약에서 순환경제, 탄소발자국 제한, 고용 창출, 지역 내 파급효과에 대한 기여도를 업체 선정 기준에 반영했다"라고 설명했다. 또 다른 방법은 계약을 분배하거나, 현지 업체들이 제안하는 서비스에 상응하는 계약을 공고하는 '리버스 소싱(reverse sourcing, 전통적인 소싱 방식을 뒤집는 전략적 접근방식)'을 시행하거나, 고용연계단체 및 장애인 고용연계단체와 직접 계약을 체결하는 것이다.

올림픽 폐막 이후가
더 걱정되는 사회적 파급효과

센생드니와 파리 남부의 9개 단체로 구성된 컨소시엄은 이러한 시스템을 통해 선수촌 세탁실 운영권을 따냈다. 올림픽 기간 동안 선수들이 이용할 11개의 세탁실을 매일 오전 5시부터 오후 10시까지 운영하는 내용으로 2개월에 170만 유로가 넘는 계약이다. 고용연계단체 에네르지(Energie)의 퀴뮈르 귀네슬리크 대표는 "최대 400명이 투입될 예정이다"라고 설명했다.

팡탱 소재 기업인 레몬 트리(Lemon Tri)도 성공 사례로 자주 언급된다. 쉬에즈의 대규모 폐기물 처리장과 붙어있는 이 분리수거 업체의 창고에는 폐박스가 쌓여있

다. 고용연계 프로그램 인증 업체인 레몬 트리는 2021년 말 올림픽 실내 경기장과 수영 경기장 관중석 좌석 제작용 코르크 마개 수백만 개를 수거해 재활용하는 업체로 선정됐다.

레몬 트리는 또한 최근 코카콜라로부터 모든 올림픽 시설에서 플라스틱병을 수거하는 대규모 계약을 따냈다. 오귀스탱 자클랭 레몬 트리 공동창업자는 "중소기업, 사회연대경제기업, 현지 업체라는 세 기준을 충족한 우리는 이상적인 후보였다"고 웃으며 말했다. 하지만 그는 입찰을 망설인 계약도 있었다고 털어놓았다. "단기간에

<사각형공>, 2022-앙드레웬드랜드

대량의 서비스를 제공해야 하는 계약을 할 때는 경제적 효과에 대한 확신이 있어야 한다. 계약의 규모가 너무 크면 실행 능력이 뒷받침되지 않은 업체에게는 진입 장벽으로 작용할 수도 있다. 확실한 이익 창출 보장이 없었다면 50명의 인력을 고용하고 수백만 유로의 장비에 투자하지 않았을 것이다."

니콜라 페로네 ESS 2024 대표는 마이크로 크레디트(Microcredit) 창시자이자 2006년 노벨 평화상 수상자

1987년이 되어서야 비로소 완공됐다… 개최지 퀘벡 주민들이 투자금을 상환하는 데는 30년이 걸렸다. 프랑스에서는 생니지에뒤무셰로트의 스키 점프대, 알프 뒤에즈의 봅슬레이 경기장을 비롯해, 1968년 그르노블 올림픽을 위해 지어진 많은 시설은 현재 방치 또는 거의 사용하지 않는 상태다. 다른 많은 올림픽 개최국의 상황도 마찬가지다. 특히 그리스는 2004년 아테네 올림픽 개최를 위해 진 부채로 국가 재정이 파탄났다.

남녀 평등? 쿠베르탱은 남성우월주의자!

2024 파리 올림픽은 참가 선수의 남·녀 비율을 1:1로 맞춰 성평등 올림픽을 이룩한다는 야심찬 계획을 세웠다. 1896년 아테네 올림픽에서는 여성 선수가 한 명도 초청되지 않았다. 전체 참가 선수 중 여성 선수의 비율은 1924년 파리 올림픽에서 4%에 불과했고 1972년 뮌헨 올림픽에서도 14%에 머물렀다. 근대 올림픽의 창시자 피에르 드 쿠베르탱은 남성 우월적이고 식민주의적인, 심지어 파시스트 정권에 동조하는 많은 글을 남겼다. 1912년 7월, 그는 〈르뷔 올림피크(Revue olympique)〉에 "성대한 남자 올림픽 옆에 초라한 여자 올림픽이 무슨 의미가 있는가?"라는 글을 기고하기도 했다. 그는 한 술 더 떠 자신이 생각하는 올림픽이란 "국제주의를 근간으로, 충성심을 수단으로, 예술을 바탕으로, 여성의 박수갈채를 보상으로, 주기적이고 성대하게 남성 스포츠를 고양하는 대회"라고 설명했다. 올림픽 주최국들은 여성 스포츠 고양을 위해 고심하고 있지만 여성 스포츠는 주로 남성 종목을 모방하는 방식이며 남녀 혼성 종목 비율은 여전히 1%에 불과하다.

올림픽에 맞섰던 대항마

올림픽에 대항하는 다른 스포츠대회를 조직하려는 시도는 수차례 있었다. 주로 노동운동이 이러한 시도를 주도했다. 사회주의 노동자 스포츠 인터내셔널(노동당)은 1925년(프랑크푸르트), 1931년(비엔나), 1937년(앤트워프) 노동자 올림피아드를 개최했다. 적색 스포츠 인터내셔널(공산당)은 1928년(모스크바), 1931년(베를린) 스파르타키아드(Spartakiad)를 조

인 무하마드 유누스의 주도로 센 강변에 설립된 유누스 센터 접견실에서 우리를 맞이했다. 그는 처음부터 올림픽을 사회연대경제 기업들에 개방하는 전략을 지지했다.

"쉽지만은 않았다. 주요 계약 결정권자들을 설득해야 했다. 기술이 필요한 대규모 서비스를 소규모 업체 한 곳에 맡기거나 무수히 많은 소규모 업체에 동시에 맡기는 것은 불가능했다. 사회연대경제 기업의 이점을 인정하는 일부 부서와는 순조롭게 계약이 성사됐다. 하지만 행사를 비롯한 다른 담당 부서들이 중시한 것은 무엇보다 성대한 개막식을 연출하는 것이었다. 하지만 우리의 목표는 새로운 모델을 제시하고 이 모델이 파리 이후의 올림픽까지 이어져 하나의 표준으로 자리 잡게 하는 것이다."

"진짜 도전은 올림픽 이후 벌어질 것"

조직위는 기존 공공사업의 경우 업체 선정 기준에 입찰가를 60% 반영하지만 올림픽 시설의 경우 30~40%밖에 반영하지 않았다고 강조했다. 하지만 내부적으로는 현지 업체, 고용연계업체, 장애인 고용연계업체들은 비용과 기한이라는 올림픽의 필수 조건에 가로막히는 경우가 많았다는 사실을 모두 인정했다.

그럼에도 고용연계 프로그램 노동자 채용 불이행 시 부과하는 벌금의 성격과 액수 공개를 거부한 조직위에 따르면 "약속에 부합하는, 일부 경우 심지어 약속을 뛰어넘는 성과"를 거뒀기 때문에 벌금을 부과한 경우는 없었다. 이는 올림픽 관련 전체 서비스의 거의 절반을 제공하면서도 조직위가 설정한 목표의 제한을 받지 않은 오랑주(Orange), 코카콜라, 알리안츠(Allianz), 소덱소(Sodexo) 등의 10여 개 파트너사를 고려하지 않은 해석이다.

"시장으로서 나는 긍정적인 방향으로 유도하는 것이 우리의 역할이라고 생각한다. 나는 우리 지역의 강점을 보여주기 위해 최선을 다하고 있다. 하지만 각자 맡은 책임이 다르다. 우리는 조직위가 아니다. 따라서 나는 선택을 강요하고 싶지도 않고, 이미 결정된 일을 통제할 능

력도 없다. 나중에 전반적인 평가가 이뤄질 것이다"

계약 할당 과정에서 자신의 역할을 회피했던 아노탱 생드니 시장 겸 9개 소도시 연합체 플렌 코뮌(Pleine Commune) 대표는 올림픽 폐막 후 이번 대회가 남긴 유산을 둘러싼 문제가 더욱 거세게 제기될 것을 잘 알고 있다. 그중 가장 먼저 제기될 문제는 센생드니 주민들에게 돌아가는 장기적인 사회·경제적 파급효과다.

아노탱 시장은 "올림픽이 창출한 일자리가 모두 영구적인 것은 아니다. 올림픽 사업에 고용된 이들이 이러한 일자리를 거치며 직업적 역량을 강화해 올림픽이 끝난 후 고용 적격성을 강화할 수 있는 길을 강구해야 한다"라고 설명했다. 플렌 코뮌 소속 오베르빌리에, 에피네쉬르센, 릴생드니, 라 쿠르뇌브, 피에르피트쉬르센. 생드니, 생우앵쉬르센, 스탱, 빌타뇌즈의 시장들은 지역의 변화를 위해 힘을 쏟고 있다.

이들의 목표는 이 지역을 "브랜드 이미지를 높여 일드프랑스 지역을 대표하는 관광지"로 만드는 것이다. 아노탱 플렌 코뮌 대표는 "이를 위해서는 관광서비스업을 발전시켜야 한다. 관광서비스업은 타 지역으로 이전이 불가능하기 때문에 지역주민에게 오롯이 혜택이 돌아간다"라고 역설했다.

공공주택 비율이 52%를 차지하고 4개의 지하철 신규 노선이 들어선 변화는 생드니의 주택 가격 및 접근성에 영향을 미칠 것이다. 6월 24일, 빈치는 선수촌 북쪽의 아포제 레지던스 내 아파트 174채 분양에 착수했다. $1m^2$ 당 평균 7,000유로(센생드니 주(州) 내 다른 지역의 경우 2,000~4,000유로)의 분양가가 책정됐다. 생드니 현 주민 대부분은 자신들은 이곳에 살 수 없을 것을 알고 있다. 2017년 파리가 올림픽 유치에 성공했을 때 베르나르 티보 2024 파리 올림픽 사회헌장 모니터링위원회 공동위원장은 "진짜 도전은 올림픽 이후에 벌어질 일"이라고 경고한 바 있다. **ᴸᴰ**

직했다.

이러한 행사들은 대규모 인원을 동원한 공연으로 힘을 과시했다. 프랑크푸르트에서는 4만 명의 체조선수가 단체 율동을 선보였다. 앤트워프에서는 2,000명이 동시에 낚시 경기에 참여했다. 1936년에는 인민 올림피아드가 바르셀로나에서 개최될 예정이었지만 프란시스코 프랑코 장군의 쿠데타와 스페인 내전 발발로 취소됐다.

제2차 세계대전 이후 노동자들의 스포츠대회가 다시 열렸다. 1963년, 수카르노 대통령이 통치하던 인도네시아는 비동맹 또는 친소련 51개국 선수단을 초청해 신흥국경기대회(GANEFO)를 개최했다. 1965년에는 북한과 캄보디아에서 GANEFO 아시아 대회가 개최됐다. 1967년 카이로에서 열릴 예정이었던 GANEPO의 두 번째 세계대회는 끝내 빛을 보지 못했다. 미국은 1980년 모스크바 올림픽에 대항하기 위해 리버티 벨 클래식(Liberty Bell Classic) 육상대회를 비롯한 여러 대회를 개최했다. **ᴸᴰ**

글·마르고 에므리슈 Margot Hemmerich
기자

번역·김은희
번역위원

(1) Vincent Biausque & Cécile Le Fillâtre, 'Plus de 45 millions d'heures de travail pour livrer les ouvrages olympiques 올림픽 시설 완공에 4,500만 시간 이상의 노동시간 투입', <Insee Analyses Île-de-France>, n° 179, Saint-Quentin-en-Yvelines, 2023년 12월.

(2) Stéphane Mazars & Stéphane Peu, 'Rapport d'information en conclusion des travaux de la mission d'information sur les retombées des Jeux olympiques et paralympiques de 2024 sur le tissu économique et associatif local 2024 파리 올림픽·패럴림픽이 지역 경제단체들에 미치는 파급효과에 대한 진상 조사 결과 보고서', 2023년 7월 5일, www.assemblee-nationale.f

메달리스트들만 예찬하는 프랑스의 반(反)올림픽 정신

프랑스 정부는 국위선양, 경제 효과, 쿠베르탱이 남긴 유산 승계, 국민 사기 진작 등을 앞세워, 파리 올림픽이 프랑스를 위한 기회라고 선전한다. 하지만 올림픽 열기는 저절로 생성되는 것이 아니다. 사전 준비를 통해 조직적으로 형성된다.

프레데리크 비알 ▌법학 교수

모든 국민이 대형 스포츠 행사에 전적으로 찬성하는 것은 아니다. 국민투표를 통해 시민의 의견을 물으면(함부르크, 스위스의 시옹) 올림픽 개최가 좌절되는 경우가 많다. 때로는 국민투표 가능성이 제기되는 것만으로도(부다페스트), 다른 경우에는 시민들의 반대 시위(보스턴)나 혹은 시의회 선거의 영향으로 개최 의사가 철회되기도 한다.

프랑스도 여론조사 결과 올림픽 개최 지지자가 점차 줄어들고 있음이 확인됐다. 특히 수도권 지역(일드프랑스)의 반대 여론이 유독 높았다. 2024년 3월, 비아보이스가 실시한 여론조사에서, 전체 조사대상자 가운데 57%가 올림픽 제전에 별다른 감흥을 느끼지 못한다고 응답했다.

문화계에 러브콜 보내는 프랑스 정부

프랑스 정부는 올림픽에 대한 관심을 환기하기 위해 문화계에 러브콜을 보내고 있다. 올림픽에 문화적 기품을 더해 스포츠 행사를 대하는 시민들의 태도를 바꿔보겠다는 생각에서다.

그 일환으로 2021년 프랑스 문화부 장관은 2024년 파리 문화 올림피아드 행사를 출범시켰다. 공식 사업으로 지정된 "다양한 문화계 및 스포츠계 인사들이 이끄는" 프로그램들에 재정을 지원하겠다는 것이다. 이를 위해

프랑스 정부는 2,000만 유로, 파리 올림픽·패럴림픽조직위원회(COJOP)는 1,190만 유로의 지원금을 제공한다.

문화 올림피아드란 개념이 처음 구상된 것은 1992년 바르셀로나 올림픽 때였다. 문화 올림피아드는 고대 그리스인들이 열었던 올림피아 제전에서 영감을 얻었다. 당시 올림피아 제전에서도 예술 경연(시, 수사학, 음악, 조각 등)이 함께 조직됐다. 1912~1948년까지 올림픽이 개최될 때마다, 그 이후로는 간헐적으로, 일회적이든 영구적이든 모든 종류의 작품 창작이 올림픽 개최와 함께 동반됐다. 2024년, 이번에는 비록 문화예술을 겨루는 대회는 없지만, 올림픽 개최에 앞서 행사의 매력도를 높이기 위한 각종 문화 행사가 개최될 예정이다.

"탁월성, 사회통합, 문화다양성, 보편성 등 예술과 스포츠 사이에 서로 공통된 가치"가 존재한다는 사실을 보여주려는 것이 주요 취지다. 하지만 정작 어떻게 '탁월성'이 '사회통합'과 짝을 이루는지, 그리고 19세기 이후 전 세계에 강요되고 있는 자본주의 경제체제의 고유한 특성인 경쟁 지향적인 성격을 띠는, 서구에서 탄생한 한 스포츠 행사 속에서 어떻게 '문화 다양성과 보편성'이 어우러지는 모습을 발견할 수 있다는 것인지 전혀 설명하지 않는다.

하지만 그런 것들은 중요하지 않다. "각종 대규모 만남의 장이 예술 창작을 통해 더욱 숭고한 스포츠와 문화 간 대화를 촉진"해 줄 것이니 말이다.

〈로프를 끌어당기는 페기〉, 2023 - 앙드레 헤드벤드

문화 올림피아드는 오는 6월까지 파리 샤틀레 극장을 비롯해 정부 지원을 받는 여러 대형 극장과 더불어, 마리오네트 국립센터(CNMa) 인증을 받은 무프타르 거리의 극장 등 여러 소극장에서도 함께 진행된다. 사실상 CNMa도 자신들의 예술이 '올림피즘과 스포츠 그리고 문화의 가치들'에 공헌하기를 희망한다.

왜냐하면 인터넷 홈페이지에 게시된 문구처럼 "스포츠와 문화의 가치는 서로 상충하는 것이 아니라 서로 맞닿아 있기 때문"이다. 사실상 "혼연일체, 감동의 순간은 스포츠만이 아니라 문화 행사를 통해서도 함께 느낄 수 있는 감정"이다. 그런 의미에서 CNMa는 "2021~2024년 스포츠 테마를 통해 집단 서사를 구축할 다양한 예술 창작 프로그램 사업을 마련"했다.

프로젝트 '스포츠 편재'는 참여를 희망하는 극단에

"공적 공간에 시적 혹은 스포츠적 상상을 불어넣을" 단막극 형태의 공연을 제안했다. 가령 〈라커룸〉("잠시 뒤 경기를 뛰는 800m 달리기 육상 선수의 머릿속에서는 대체 어떤 일이 벌어지고 있을까?")이나 혹은 〈상자 속 스포츠〉("멋진 스포츠 경기에 대한 관심을 되살리기 위해")가 대표적인 예다.(2)

스포츠 예찬하기에 급급한 문화 올림피아드

정부 지원으로 촉진된 문화계 협력은 '공정성', '상대에 대한 존중', '자기 극복', 올림픽 헌장이 표방하는 가치들을 더욱 이상화하고 있다. 이는 문화 올림피아드 인증을 받은 각종 예술 창작 프로그램이 제출한 지원서 속에도 고스란히 나타난다. 이제 중요한 것은 단순 메달 사냥이 아니다. 체육 혹은 예술 주체 개인의 차원을 뛰어넘는, 숭고함의 감정에 모두가 혼연일체를 이룰 수 있는 민중의 화합과 단결을 고취하는 것이다.

문화 올림피아드 개최의 목적은 단순히 요란하게 스포츠를 예찬하는 데 있지 않다. 가령 라 스칼라 프로방스 극단은 링 위에 오른 여성복서의 모습을 통해, 그녀의 고뇌, 역사, 출신 등에 대해 이야기하는 공연(줄리 뒤발의 〈전쟁의 향기〉)을 선보였다. 대본의 완성도나 여배우의 연기력 평가는 잠시 미뤄두고, '올림픽 형식'이 도입된 이 연극이 지닌 다양한 특성에 주목해보자.

이 연극에는 링 위에 오른 빈민계급 출신의 한 여성이 극중 인물로 등장한다. 우리는 연극을 보며 그녀의 용기와 번민에 공감한다. 명실상부 남성 스포츠로 통하는 복싱에 도전하는 여성이 경험하는 무수한 번뇌를 말이다. 사실상 이 연극은 인간적이고, 페미니스트적인, 담대한 담론 생산자의 역할을 톡톡히 해내고 있다. 인종차별적이고 여성혐오적인 발언으로 악명이 높은 피에르 드 쿠베르탱 남작보다 이 극 중 여성이 대중에게 훨씬 더 강한 호감을 불러일으킬 것이라는 사실에 그 누가 반대할까?

문화 올림피아드는 "예술적 체험을 경험하기를 원하는 문화계, 체육계 인사(들)"을 대상으로 보조금을 지원하고 있다. 창작자가 재정 지원을 받을 수 있는 조건은 모두 두 가지다. 작품 공연자 또는 작품 기획자로 공모에 참여하는 것이다. 예술 창작 세계는 불안정하기로 유명해 어지간해서는 재정확보가 쉽지 않다. 그런 만큼 엄청난 희망자 수가 증명하듯, 이번 행사에도 높은 관심이 몰렸다. 문화부가 추산한 바에 따르면, 2003년 말 총 1,900개 프로젝트가 출범했고, 그 가운데 1,600개 이상이 '문화 올림피아드' 공식 인증 라벨을 획득했다. 더욱이 534개 지자체 역시 '2024 테르드 쥬' 라벨 인증을 통해 올림픽 문화 행사에 동참하고 있다.

'예술, 문화, 혁신 기관', 상카트르 파리는 소시에테 그랑 프로제(소시에테 뒤 그랑 파리의 후신)가 후원 중인 '함께 하는 공사, 그랑 파리 엑스프레스 예술인 레지던스' 사업을 통해 문화적 포장의 훌륭한 예를 여실히 보여주고 있다. 상카트르 파리의 지원을 받은 통섭 예술인 팀은 해당 공사가 지역 주민에게는 "시각적 오염 내지는 공해로 여겨진다"는 사실을 깨닫고, '해당 지역민의 협력을 끌어낼 수 있는 참여형 활동'을 구상해냈다. 조만간 "조성될 동네가 훨씬 더 친환경적이고, 접근이 용이하며, 다양한 교통 인프라를 갖춘"(3) 공간으로 재탄생한다는 점에서, 불편한 공사를 충분히 감내할 만한 가치가 있다는 사실을 보여주기 위해서다.

올림픽 홍보 행사에 타깃이 된
청소년과 어린이들

한편 수많은 건축 프로젝트에 대해서도 지원금 물결이 쏟아지고 있다. 올림픽 시설 공급회사 솔리데오의 운용 예산(44억 9,000만 유로)은 국가와 지자체의 지원에 힘입어 꾸준히 증액되고 있다. 솔리데오는 "올림픽 개최를 기념하고, 지역의 변모 과정을 오롯이 증명하며, 매일 새로운 역사를 써 내려가는 중인 신흥 지구를 더욱 아름답게 만들기 위해" 다양한 건축 공모전을 실시했다.

가령 솔리데오는 '집단 마술'을 주제로, "협의개발지구(ZAC)에 건설될 올림픽·패럴림픽 선수촌 내 영구 설치예술작"(4)에 대해, 30만 유로를 지원하기로 약속했다. 하지만 선정을 원하는 건축가나 예술인은 그 대신 무조건 올림픽에 대한 긍정적 메시지를 전달해야 한다. 왜냐하면 모든 공모전은 "'예술과 스포츠' 간 대화를 증진하고, 올림피즘의 가치를 보여줄 수 있는 프로젝트"(5)의 신청만 받는다는 조건을 달고 있기 때문이다.

올림픽 운영자들은 특히 청소년을 집중 타깃으로 삼고 있다. 가령 프랑스 교육부는 2022년 10월 20일 국가 정책 방향 지침을 통해 '모범적인' 올림픽 준비에 만전을 기하고 있다.(6) 올림픽은 '우리 시민들의 동참(국기 퍼레이드, 성화 봉송, 올림픽 준비 센터(CPJ) 운영, 무료입장권 지급 프로그램 등)'을 끌어내는 '국민 축제'가 되어야 한다는 것이다. 일선 교사들도 현재 정부의 흐름에 동참해 학생들의 교육을 이끌어줄 것을 요구받고 있다.

가령 교사들은 예술문화교육 활동 및 프로젝트에 참여하거나 필요 재정을 지원받을 수 있다. 이 교육 프로젝트와 활동은 유치원 시절부터 일찌감치 어린이들의 머릿속에 예술과 스포츠가 '공통의 가치'(7)를 공유한다는 사실을 주입할 무수한 기회에 해당한다. 2월 말, 프랑스 교육부는 초등학교 1학년(CP)과 5학년(CM2) 학생들을 대상으로 2024년 올림픽을 기념하기 위해 특수 제작된 2유로짜리 기념주화와 '올림픽의 가치와 역사'를 담은 소책자를 배포했다. 사업비용은 1,600만 유로로 추정된다.

지역의원들도 국가의 노력에 힘을 보태고 있다. 가령 파리 북부 9개 도시를 묶은 플렌 코뮌 지역공공기관(EPT)(메트로폴 설립에 따라 설치된 새로운 지역공공기관 - 역주)은 센생드니 도서관 협회를 상대로, 어린 학생들을 타깃으로 한 올림픽 홍보 행사를 조직해 줄 것을 끊임없이 주문했다. 오베르빌리에(센생드니주에 속한 도시-역주) 시장은 주저하지 않고 오베르빌리에 고등학생들을 대상으로, 올림픽이 빚어낸 '외곽지대의 자긍심'을 테마로 한, 멋진 홍보 프로그램을 마련했다.

정부의 노력을 이어받아 각종 지역 행사도 개최되고 있다. 올림픽 홍보에 참여하는 지자체들이 행사에 필요한 자금을 지원하고 있다. 가령 몽트뢰이 어린이도서전은 2022년 '역동적인 팀워크'라는 제목의 '도서전 책자'를 발간했다. '올림픽 문예 활동' 항목이 적힌 방학 과제 노트

로, 아동에게 스포츠 경쟁 활동이 얼마나 유쾌하고 재미있는지 스포츠의 묘미를 알려주기 위해 제작됐다.

기 드보르식 '스펙터클' 극치

더욱이 센생드니주는 프랑스 정부, 그리고 파리 올림픽·패럴림픽조직위원회(COJOP)와 함께, '130개 국-130개 중학교, 올림픽 체험을 위한 완벽한 제도' 사업을 지원하고 있다. 이 사업은 많은 학급이 다양한 과목(언어, 역사, 지리)과 연계해 다채로운 올림픽 관련 활동을 수행함으로써, "스페인, 그리스, 아일랜드, 덴마크, 이탈리아에 대해 지식을 쌓거나, 더 나아가 해당 국가를 방문"할 수 있도록 지원하고 있다.

가령 도라 마아르 중학교에서 일하는 스페인어 교사는 학생들을 데리고 바르셀로나를 방문했다. 바르셀로나의 여러 올림픽 시설을 함께 둘러보며, "어떻게 바르셀로나가 변모했고, 또 어떻게 센생드니가 변모하고 있는지 두 지역의 변모 과정을 서로 비교"(8) 분석하기 위해서였다. 대신 국가지원을 받은 수혜자는 무조건 올림픽의 장점을 설파하는 공식 연설을 소화해내야 한다.

최근 올림픽 홍보 캠페인의 일환으로, 생드니시의 담장은 도·지자체의 자금 지원을 받아 제작된 벽보로 장식됐다. 벽보에는 이번에 대다수의 올림픽 경기가 개최될, 프랑스 본토에서 가장 가난한 도의 주민들이라고 소개된 이들의 얼굴이 크게 클로즈업된 모습이 담겼다.

올림픽 로고 바로 옆에 '9.3이어서 자랑스러운'(Fier-e-s d'être du 9.3)(생드니의 지역 우편번호 93에서 착안해 생드니를 부정적으로 지칭하는 표현 -역주)이라는 슬로건이 큼지막하게 박혔다. 이 슬로건은 사실상 동조하는 여론 조성을 완성하는 마지막 화룡점정에 해당한다. 프랑스 정부는 어느새 '올림피즘이 지닌 가치들'을 진흥하는 데만 그치지 않고 있다. 올림픽 홍보에 열정적인 정부는 그동안 그토록 멸시하던 최대 하층민에게 자긍심을 불어넣을 기회로 올림픽을 활용하기까지 하고 있다.

물론 올림픽에 고결하고 지적인 분위기를 더하려는 욕망은 그리 새로울 것도 없다. 1894년 근대 올림픽 창

설 이후 쿠베르탱 남작과 협력한 앙리 디동 신부('더 빨리, 더 힘차게, 더 높이'는 본래 디동 신부가 처음 제안한 것으로, 쿠베르탱 남작이 연설에 인용하면서 근대 올림픽의 표어가 됐다—역주)는 "축구 우승자는 충분히 미래 지식경연의 승리자가 될 가능성이 있다"(9)며, 스포츠와 문화를 서로 연계시키기를 바랐다. 하지만 이제는 이것이 단순히 영향력 있는 인사의 활동이 아닌, 정부 정책 차원에서 추진되고 있다.

이처럼 프랑스의 문화 정책은 오늘날 단순히 창작을 위한 최적의 물리적 조건을 보장하는 데 있지 않다. 심지어 창작의 방향을 이끌려고까지 한다. 밀란 쿤데라는 소련이 '정치인들의 흉상을 수천 개씩' 제작해가며, '아카데미 미술을 부활'시켰다고 조롱했다.(10)

2024년의 신자유주의 프랑스는 메달리스트 선수들을 예찬하기 위해 막대한 나랏돈을 쏟아붓고 있다. 이제 중요한 것은 '올림픽 가치'가 아니다. 사실상 올림픽 가치는 단 한 번도 진지하게 숙고된 적이 없이, 언제나 맹목적으로, 하지만 능수능란하게 찬양되고 있을 뿐이다. 이처럼 올림픽은 사회학자 기 드보르가 말한 '통합된 스펙터클'(spectacle intégré)(11)의 극치를 여실히 보여준다.

사실상 '통합된 스펙터클'의 목적은 우리가 알아야 할 것을 보여주는 데 있지 않다. 우리에게 보여주지 말아야 할 것을 감추기 위해 공적 공간을 가득 채우는 데 있다. ⒧Ⓓ

글·프레데릭 비알 Frédéric Viale
법학 박사 및 교수. 『Paris JO 2024. Miracle ou mirage? 2024년 파리 올림픽. 기적인가 신기루인가?』(Libre-Solidaire, Paris, 2018)의 편저자.

번역·허보미
번역위원

(1) 모든 관련 인용문은 문화 올림피아드 공식 홈페이지 참조, https://olympiade-culturelle.paris2024.org.
(2) 'Omniprésences sportives 스포츠 편재', Mouffetard-CNMa, http://lemouffetard.com.
(3) 그랑파리엑스프레스 예술가 레지던스, www.104.fr.
(4) 2022년 10월 21일 올림픽 사업 공모전, www.cnap.fr.
(5) 문화 올림피아드 사업 공모전, www.culture.gouv.fr.
(6) <Bulletin officiel de l'éducation nationale, de la jeunesse et des sports 프랑스 교육청소년체육부 공보>, www.education.gouv.fr.
(7) 프랑스교육부 교사를 위한 자료 사이트, https://eduscol.education.fr.
(8) 도라마아르 중학교 인터넷 홈페이지, www.webcollege.seinesaintdenis.fr.
(9) Henri Didon, 'Influence morale des sports athlétiques 육상스포츠의 정신적 영향력', 1897년 7월 29일 르아브르 올림픽 의회 연설.
(10) Milan Kundera, 『La vie est ailleurs 삶은 다른 곳에』, Gallimard, Paris, 1973년.
(11) Guy Debord, 『Commentaires sur la société du spectacle 스펙터클의 사회에 대한 논평』, Editions Gérard Lebo-vici, Paris, 1988년.

미국 민주주의가 인종 테러를 자행하던 시절

피 한 방울만 섞여도 흑인이다!

노예제 폐지로 백인과 흑인 간 평등이 명백히 확립된 나라에서 어떻게 인종차별 제도가 유지됐을까? 아래에 소개하는 로이크 바캉의 저서 『짐 크로우-미국 내 계급에 기인한 폭력』을 보면 권리와 정책이 잔인한 지배를 보장할 수 있음을 알 수 있다. 이미 민주주의의 천국인 척했던 나라에서 말이다.

로이크 바캉 ▌캘리포니아대 버클리 캠퍼스 사회학 교수

'**짐** 크로우'라는 표현은 당시 미국뿐 아니라 영국에서도 가장 사랑받는 코미디언 토머스 다트머스 대디 라이스(Thomas Dartmouth "Daddy" Rice)가 부른 1832년 댄스곡 제목에서 유래됐다. 민스트럴 쇼는 대농장에서 일하는 흑인의 특징을 희화화한 코미디 풍 공연으로, 짐 크로우는 이 쇼를 대표하는 캐릭터가 됐다. 이곳저곳 깁고 쭈글쭈글해진 옷을 입은 짐 크로우는 모자를 쥔 채 손짓을 하고 몸을 배배 꼬며 웃음을 유발했다. 또한 자칭 '에티오피아풍'으로 자신의 상황에 만족하는 노예의 노래를 불렀다.

짐 크로우 체제, 가장 폭력적인 '인종 격리'의 시기

미국 역사에는 대법원이 미국 남부에서의 합법적 '인종' 분리 정책을 인정한 1896년부터 이 정책에 위헌 판결을 내린 1954년까지로 구분되는 '격리의 시대'가 있었다. 역사가들은 이 시기를 지칭할 때 '짐 크로우'라는 단어를 사용했다. 따라서 '짐 크로우'는 전쟁이 없던 근대에 가장 폭력적인 인종 지배 체제를 가리킨다.

짐 크로우 체제는 그 체제가 들어선 시기(20세기 격변기), 주도적으로 꽃피운 시기(1~2차 세계대전), 그리고 공개적으로 이의를 제기하고 점진적으로 해체된 시기(2차 세계대전 이후 2세기)를 따라 변화해 갔다. 아메리카 연합(노예제 폐지를 주장하는 링컨이 대선에서 승리하자 미국 남부의 6개 주가 연방 탈퇴를 선언하고 수립한 정부로 1861년 남북전쟁을 일으켰다-역주)에 속했던 12개 주에서는 버지니아(동부)와 북 캘리포니아(서부)에서 중요시했던 '예절'과, 미시시피(남부)에서 구체적으로 나타난 '폭력'이 극단적으로 드러났다. 플로리다(남동부), 조지아(남동부), 아칸소(남부) 같은 주는 앞서 특징이 두드러졌던 주들의 영향을 받는 정도가 각기 달랐다.

핏방울 규정, 노예 제도 폐지 이후에도 살아남아

백인이 지배하는 이 체제를 이해하려면 먼저 이 체제의 기초가 된 분류 체계를 알아야 한다. 노예제 폐지 후 미국 남부에서는, 같은 흑인이라 하더라도 피부색의 밝고 어두운 정도가 다양한 사람들에게서 보이는 개별적 특성들이 증명하듯 노예 신분하에 일반적이었던 혼혈에도 불구하고, 법과 상식선에서 사람을 백인과 흑인(순수 흑인이든 혼혈이든) 두 가지로만 분류했다. 다른 인종으로 구성된 부모의 자녀는 외모, 지위, 다른 조상들의 인종적 정체성과 상관없이 자동으로 열등하게, 즉 흑인으로 분류됐다.

19세기 중반, 혼혈에 대한 반감이 집단 히스테리로 바뀌자 "핏방울"로 불리는 본 규정은 더 견고해졌다. 따라서 미국 남부 전역에 혼혈을 증오하는 민병대와 단체들이 조직됐다. 남부의 15개 주 중 14개 주는 핏방울 규정에서 변형된 규정을 기초로 '검둥이'의 인종적 지위를 확실히 정의하는 엄격한 법규들을 빠르게 채택했다.

플로리다에서는 주 헌법에 따라 흑인 피가 16분의 1이라도 섞이면 흑인으로 규정했다. 메릴랜드주와 미시시피주에서는 8분의 1, 켄터키주에서는 어느 정도든 "확인 가능한 양"의 흑인 피가 섞인 경우 흑인으로 정의했다. 아칸소주에서는 "혈관에 검둥이 피가 있는 자는 누구든" 그 사람에게 '검둥이'라는 단어를 적용했으며 앨라배마주에서는 흑백 혼혈을 검둥이로 분류했다.

그렇지만 이 방법은 혼혈 문제를 해결할 수 없었고 자신들 고유의 인종적 정체성에 거의 확신하지 못했던 백인들은 (『팔월의 빛』과 『압살롬, 압살롬!』 같은 윌리엄 포크너의 소설이 다룬) '드러나지 않는 검은색'에 대해 집착하게 됐다. 걱정이 너무 심해진 나머지 피부색이 어떻든 그 사람이 노예의 후손과 사귀었으면 아프리카계 조상이 있다는 증거가 없어도 흑인(이나 하얀 검둥이)으로 분류됐다. 1920년대부터는 인간이란 넘을 수 없는 피의 장벽이 나눈 백인과 흑인이라는 두 부류로 분리됐는데 그것도 남부의 여러 주에서는 아주 철저하게 적용됐다.

미국은 전 세계에서 핏방울 규정으로 흑인을 정의하는 유일한 나라가 됐다. 그런데도 흑백 이원론의 기저에 자리 잡은 피부색의 밝기 정도는 흑인들에게 여전히 중요한 문제였다. 그래서 1940년대 미시시피의 여러 소도시에서는 밝은 피부가 경제, 사회, 성관계에서 가장 중요한 요소였다. 미의 기준은 흰 피부였고 사회적 성공을 거둔 남성들은 '피부가 밝은' 여성과 결혼하려고 애썼다.

노예제를 강화하기 위해 구상 및 제정한 핏방울 규정은 1865년 노예제가 폐지되었음에도 불구하고 살아남았다. 백인은 흑인들의 몸, 그들의 충동, 실체, 체액에 수준이 낮아지는 본성이 있다고 믿었는데, 피의 순수성에 대한 절대성은 그러한 믿음 안에 뿌리를 내렸다. 노예제와 흑인의 특성을 연관 지어 만들어진 믿음이었다. 남북전쟁(1861~1865) 이후 백인 엘리트들 사이에서는 흑인이 노예 상태로 있을 때 이롭다고 판단되는 여러 제약에

서 벗어날 경우 흑인은 야만적이고 짐승 같은 상태로 돌아갈 것이고, 그 결과 그들과 뒤섞이는 것은 문명사회에 있어 실존하는 위협이라는 의견이 지배적이었다. 사납고 음란한 악마 같은 흑인의 이미지는 "흑인 노예제 지지자들의 상상에서 시작됐으며 그 상상 속 흑인 남성은 노예일 땐 온순하고 사랑스럽고, 자유민일 땐 사납고 위험하다는 두 가지 본성을 가진 사람이었다(1)."

그런데 이것이 다가 아니다. 흑인들은 특별히 질병에 취약하다고 여겨졌다. 그들은 도처에 있지만 보이지 않는 감염 보균자일 테니 그들과의 친밀한 관계는 필연적으로 백인들을 '인종적 자살'로 이끌리라고 생각한 것이다. 흑인이라는 인종은 전문가들이 말하는 '상당한 쾌락 추구와 방탕', '소독과 위생 규정에 대한 완전한 무시'로 인해 특별히 질병에 걸리기 쉽다고 여겨지기도 했다. 위생에 대한 위협을 저지하기 위해 혈통을 철저히 통제하고 인종 분리 조치를 취했다.

아프리카계 미국인에 대한 악의적인 표현은 20세기 중반까지 지속됐다. 그래서 1940년대 미시시피주에 거주하는 백인들은 "흑인은 열등한 생명체이고, 생물학적으로 백인보다 원시적이며, 정신 연령이 낮고 감정적으로 덜 발달했다. 흑인은 고통에 둔감하고 학습 능력이 없고 동물에 가까운 행동을 한다."라고 생각했다(2). 흑인은 태생이 게으르다고 생각했기 때문에 일하게 하려면 힘으로 구속할 필요가 있다, 어린애 같고 우스꽝스럽고 태평한 성격이다, 시간관념이 없고 따라서 욕구 충족을 미루거나 미래를 계획하는 것이 불가능하다, 자기네 무리의 본능에 복종하며 자기 처지가 개선되길 바라지 않는다, 그러니 백인들에게 지시와 명령받는 것을 선호한다는 것이다. 백인들은 흑인 "천 명 중 한 명도 독립적인 삶을 원하지 않는다."라고 생각했다.

그런데도 백인들은 흑인들을 불신했다. 흑인은 태어나길 거짓말쟁이에 도둑이고 불안정하며 거의 신뢰가 가지 않고 천성이 남을 쉽게 믿기 때문에 '외부 선동가들'의 꼬임에 쉽게 빠질 수 있다는 것이다. 백인들이 생각하는 선동가 중에는 공산주의자도 있었다. 실제로 2차 세계대전 이후 짐 크로우 체제에 대한 흑인들의 저항이 거

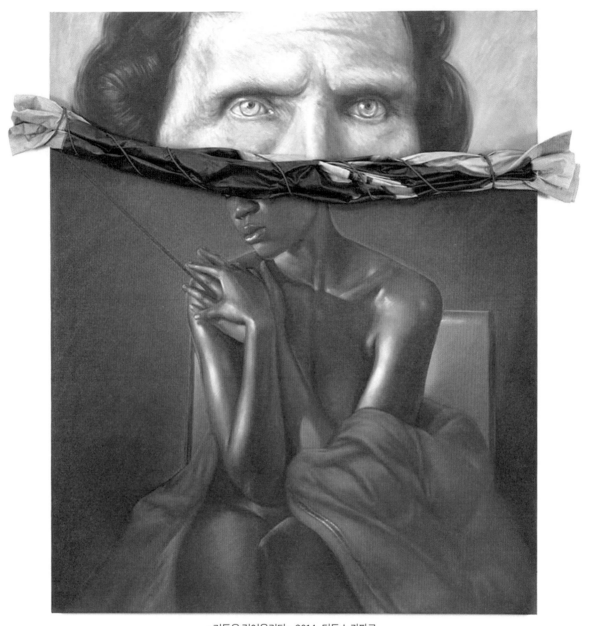

<커튼을 걷어올리다>, 2014 - 티투스 카파르

세지자 남부 백인들은 이들의 항거를 '흑인 소비에트' 수립 시도라며 규탄했다.

공포의 대상이었던 큐 클럭스 클랜(KKK)

노예제 폐지 이후 옛 노예였던 흑인들이 가장 고대했던 바람은 경작할 땅을 받아 경제적 독립을 보장받음으로써 개인 재산을 보유하는 것이었다. 그렇지만 '40 에이커와 노새 한 마리'라는 약속은 지켜지지 않았다.(3) 백인 지주들은 노동력으로 써먹었던 흑인들이 토지를 소유하지 못하도록 막으며 이들이 다른 곳으로 이동하거나 다른 직업을 구하는지 예의주시했다. 몇몇 주에서는 남북전쟁이 끝난 지 얼마 되지 않아 흑인 노예법을 공포해 흑인의 경작지 소유를 금했다. 다른 주에서는 큐 클럭스 클랜(KKK)의 폭력적인 기습으로 흑인 농부들이 공포에 떨었다. 어차피 흑인 대부분은 경작지를 임대하거나 살 돈이 없었다. 그렇게 흑인 대다수가 '소득의 반을 벌기 위해' 일하는 소작농이 됐다. 자신이 노예로서 일했던 농장에 고용된 머슴이나 1년짜리 농부가 된 것이다.

아메리카 연합에서는 옛 주인이 흑인에게 소작을

시키듯 백인도 소작 일을 했다. 그렇지만 백인 주인과 흑인 농민 간 대립의 경우 노예제가 있던 시절부터 이어진 인종 분리와 연결돼 흑인을 경제적으로 착취하는 주된 동기처럼, 상징적 지배의 전환점같이 기능했다. 아프리카계 미국인이 토지를 소유하지 못하게 하고 이들의 경제적 의존성을 강화시킴으로써 지속적으로 명예롭지 못한 삶을 살게 했다. 게다가 백인에게 소작농이라는 지위는 한시적인 반면 흑인의 경우에는 대개 확정적이었다.

소작농의 가족은 노동력을 제공하고 지주는 땅, 종자, 농기구, 짐 운반용 가축 그리고 창도 없고 편하지도 않은 임시 오두막을 제공했다. 또한 지주는 최소한의 금액만 현금으로 가불해 주거나 농장 내 상점에서만 사용 가능한 쿠폰을 줬다. 그리고 수확 때까지 6개월간 최소한의 의료 서비스를 제공했다. 대가족으로 유지되는 부계 가족은 목화솜 채취에 있어 기본적인 농업 집단이었으며 경제적 지속성은 주로 가족 구성원의 수에 좌우됐다. 따라서 겨우 7살 난 아이들도 땅을 갈고 목화솜을 채취했으며 12세 이상인 사내아이들은 쟁기질을 했다.

수확이 끝나면 일꾼들은 지주와 체결한 계약에 따라 수입의 1/3이나 1/2를 가져갈 권리가 있었다. 지주는 목화솜 판매와 전년도에 승인한 가불금 계산을 동시에 관리했다. 그런 지주들이 정산을 자신에게 유리하도록 손대는 것은 쉬운 일이었다. 그렇기 때문에 수확 철이 지난 뒤 농민들은 가까스로 수익을 내거나 최악의 경우 미납금이 발생했다.

그러면 지주가 부정직하다는 사실과 상관없이 농민들은 보다 나은 조건을 소망하며 옆 농장으로 이사해 정착할 수밖에 없는 상황에 놓이거나 빚을 갚기 위해 계속해서 일하도록 강요받았다. 1930년 즈음 미시시피주 인디애놀라 시에 있는 소작농 80% 이상이 채무 변제를 하지 못했으며 조지아 주 메이컨 시에서는 소작농 중 91%가 적자 상태였다(4).

많은 소작농이 겨우내 농장에서 살기엔 너무 가난한 나머지 부모 집으로 가거나 다음 농번기 때까지 할 일을 찾아 옆 마을로 이주해야 했다. 본인 소유의 땅이 있어 정해진 임대료를 받고 땅을 빌려줬던 흑인 농민들도

수입이 좋았던 적은 거의 없었다. 그래서 그들은 지주에게서 구걸한 우유와 빵으로 끼니를 때웠으며 과거 노예 시절 먹었던 음식보다 적은 양에 만족해야 했다.

농사에 대한 '정산'에 그저 이의만 제기해도 백인 농장주가 벌컥 화를 내는 상황이라 흑인 소작농들은 백인 농장주들의 조직적 사기에 더욱더 취약할 수밖에 없었다. 그래서 백인 농장주는 흑인 소작농들이 비대칭적 정산을 따르게 하기 위해 사정없이 사적 폭력을 행사하거나 법의 도움을 받을 수 있었다. "지주는 책상 의자에 앉아 있다. 그 옆에는 45구경 리볼버가 있다. …… 소작농은 정산에 대해 이의를 제기할 수 없다. 그랬다간 지주가 총을 쥐고 싸우겠냐고 묻는다. 싸움이 일어나면 탕 탕 소리가 난다."(5)

흑인이 가불받은 금액에 대해 자세한 내역이나 관련 문건을 요구하면 백인 농장주로부터 폭행을 당하거나 채찍을 맞았으며, 그 시에서 쫓겨나거나 살해당했다. 백인 가해자는 그리 대단한 처벌을 받지 않았다. 흑인에게 거짓말쟁이나 도둑 취급받는 것은 백인 농장주에게는 흔히 '정당화된 살인 동기'로 여겨졌다. 폐쇄적인 시골 지역에서는 사실 흑인의 목숨값을 그리 대수롭지 않게 매겼다. 이는 남부에서 통용되는 "노새를 죽이면 다른 노새를 사고, 검둥이를 죽이면 다른 검둥이를 고용하라"라는 말로 알 수 있다.

흑인 농부 및 소작농이 '뻔뻔'해지지 못하도록, 즉 이들이 경제적 빚에 항의하지 못하도록 위협을 가하는 것은 백인 지주의 일상이었다. "백인 지주의 정산에 의문을 제기한 흑인 농부는 항상 '못된 검둥이'로, 농장 시스템 작동 자체에 대한 위험인물로 여겨졌다. 그런 흑인은 다른 흑인들을 물들이기 전에 일반적으로 농장에서 쫓겨났다."(6) 미시시피의 어떤 시에서는 지주가 '채찍 파티'에 다른 지주들을 초대해, 여러 흑인 소작농 앞에서 경고의 의미로 고분고분하지 않은 흑인 소작농을 고문하는 일이 흔히 일어났다.

일꾼과 소작농이 처지 개선을 위해 조직을 결성하려 할 때마다 폭력이 더해졌다. 당시 여러 민병대가 서둘러 노조 설립 시도를 막았다. 주동자로 추정되는 인물들

은 폭행을 당하거나 거세되거나 살해됐다. 대부분의 주에서 소작 계약서를 보면 소작농이 계약을 따르게 하기 위해 민사가 아닌 형사 재판의 도움을 받을 수 있다는 특별한 내용이 있었다. 몰래 도망간 흑인 소작농은 민사 재판이 아닌(손해배상해 줄 재산이 없어서) 형사 재판에 넘겨져 형을 산 뒤 고용주에게 넘겨져 빚을 다 갚을 때까지 고된 일을 했고 어떤 때는 노역 일꾼으로서 다른 고용인에게 대여됐다.

흑인과 백인은 사형 교수대마저 달라

백인 경찰은 흑인들에게 사소한 법 위반이나 '공공질서 위배', '길거리 배회', '방랑' 같은 구실로 신속하게 과도한 벌금과 과태료를 부과했다. 이는 '흑인을 희생시킴으로써 형사 처벌을 영리 활동으로 활용해' 지방의 경찰이나 법원 예산에 들어갈 자금을 모으기 위함이었다. "백인 고용주에게 일꾼이 부족할 때 이를 보안관에게 알리면 보안관은 느닷없이 방랑과 관련된 법과 같이 애매한 법을 적용해 땅을 경작할 일꾼들을 강제 동원했다.(7) 일단 감옥에 갇히면 흑인 재소자들은 백인 지주가 노동력이 필요하다고 판단하는 일에 자신들을 사용하고, 가두고, 도망하면 잡아서 데려오는 데 사용될 비용을 월급에서 제하는 것까지 허용하는 계약서에 서명해야 했다.

'농부의 도주'를 중대 범죄로 만드는 법과 일꾼 스카우터들의 활동을 도시 임금 노동 지원자에 한해 찾도록 한 행정 명령이 여럿 있었다. 이를 바탕으로 경제적·법적 압박이 현실로 나타나면서, 결국 여러 방면에서 아주 짧고 더 안 좋았던 노예제 대신 인권 운동가 윌리엄 에드워드 버가트 듀 보이스가 명명한 '빚의 노예 제도'가 등장했다.(8) 소수의 흑인은 송진 채취장이나 제재소, 탄광 산업 및 도시에서 일을 찾으며 대농장의 마수에서 간신히 빠져나왔다.

그리고 나서야 자신이 살던 곳에 있을 때 가장 불쾌하고 가장 위험한 '검둥이의 일'에 자신의 경제적 시야가 갇혀 있었다는 것을 깨닫게 되었다. 이런 불쾌하고 위험한 일들은 흑인에게 맡겨졌다. 백인 일꾼보다 낮은 임금

에 더 혹독하게 대하며 더 강도 높은 노역을 시킬 수 있었기 때문이다. 1930년대 미시시피의 한 포장 회사 사장은 "몽둥이를 들고 검둥이 두, 세 명을 마구 패면 상황이 즉시 정상으로 돌아간다"라면서, 게으름뱅이들과 여러 노조 선동가에 비해 흑인 노동자의 효율성이 크기 때문에 흑인 노동자 고용을 선호한다고 말했다.(9)

한편 흑인 여성의 경우, 가난한 집을 제외한 모든 백인 가정이 가정부를 고용하기 때문에 요리, 청소, 빨래, 아이 돌봄 같은 집안일을 하며 수입을 얻는 일을 꽤 쉽게 구했다. 이들은 낮은 임금으로 장시간 일했다. (20세기 초 미시시피주에서는 하루 14시간, 주 7일 근무했다.) 또, 백인 남성들이 성적으로 희롱하거나 성폭력을 가할 위협이 있었지만 이들은 제대로 말도 못한 채 일해야 했다.

짐 크로우 체제하에서는 관습, 법, 폭력이 결합돼 양측 간 계약을 강력하게 제한했고 두 인종을 분리하는 제도를 체계적으로 실행했다. 이에 따라 각 기관에서는 공공이든 민간이든 백인 전용("Whites only")과 흑인 전용("Colored only") 통로가 생겨났다. 백인 전용 통로는 지배층의 길이었으며 흑인 전용 통로는 2등 시민에게 주어진 길이었다. 이는 아프리카계 미국인의 열등함과 자격 미달을 의미했다.

남부인들 스스로 쓰고 역사가들이 되풀이해 사용하는 '격리'라는 현지 용어가 바로 이 '인종 분리 제도'를 가리킨다. 사실 '격리'는 적절한 용어가 아니다. 짐 크로우 체제하의 흑인들은 ('다크타운'으로 알려진) 낙후되고 분리된 거주지로 몰아넣는 데서 끝나지 않았기 때문이다.

흑인들은 공공시설과 쇼핑센터, 대기실과 화장실, 엘리베이터와 공중전화 부스, 트램과 버스, 술집과 영화관, 공원과 해변, 병원과 우체국, 보육원과 양로원에 이르기까지 사회 전반에서 분리됐다. 인종 분리 제도는 심지어 감옥, 영안실, 묘지에도 적용됐다. 플로리다주에서는 백인과 흑인의 사형 집행에 쓰이는 교수대도 달랐다.

강요된 공손함과 온순함… 존엄성은 장벽에 막혀

과거 노예였거나 노예의 후손들인 이들은 백인과

같은 학교에 들어갈 권리 또한 없었다. 그리고 백인 교회에서는 기껏해야 그들에게 2등석 자리에 앉을 지위를 부여하는 정도였기 때문에 자체적으로 흑인 교회를 설립하고 발전시켜야 했다. 백인 위주의 병적인 사회 공학을 정당화시키는 논리는, 백인과 흑인을 제도적으로 분리하지 않으면 남부에서 문명의 정점에 도달한 백인종에게 '흑인종이 병균을 옮기고 이들을 뒤떨어지게 만든다'라는 것이었다.

1901년부터 1920년까지 20년 동안 미국 남부의 실제 모습을 보면 여러 도시에 벽과 칸막이가 설치되고, '백인 전용(Whites only)'과 '흑인 전용(Colored only)' 안내판과 커튼이 부착됐다(예를 들면 백인 또는 흑인 전용 식수대와 대기실이 있다). 인종을 분리하는 비공식 게시문이 전파되고 공공건물 및 상업 시설의 입구가 2개씩 만들어지는 경우가 많아졌다. 인종에 따른 공간 분리는 자애로운 백인 주인과 만족해하는

흑인 하인이라는 가공의 두 가지 역할로 지어낸 이야기를 주변에 새기는 데 기여했다. 그렇지만 이런 엄격한 인종 분리 정책에도 예외는 있었다. 그것은 바로 자신의 임무를 수행하기 위해 백인들의 공간에 들어가는 것이 허용된 흑인 하인들이었다.

앨라배마주 버스 회사들은 '금속이나 나무, 단단한 옷감, 그 외 두 공간에서 서로 시선이 마주치지 못하게 하는 재료로 만들어진 칸막이로 분리된 백인 및 흑인 전용 대기실을 각각 만들어야 했다. 아칸소주의 경우 열차에서 백인과 흑인을 분리하지 않은 채 운행한 경우 한 대당 벌금 500달러가 부과됐다. 조지아주에서는 흑백 분리 규정을 어긴 흑인 승객을 즉시 내쫓지 않은 직원에게 경범죄 처벌이 내려졌다.

노스캐롤라이나주에서는 백인 또는 흑인만 싣는 시내 전차가 해가 진 뒤 300피트 떨어진 곳에서도 어떤 손님을 태우는지 확실히 보일 수 있게 '백인'과 '흑인'이 표시된 전광판을 달아야 했다. 어떤 인종의 승객을 태울지 선택하는 것은 철도 기관사의 소관이었지만 기관사가 '의도치 않게 실수를' 저지른 경우 회사는 모든 법적 책임에서 보호됐다.

흑인이 백인을 대면할 때 그 자리에서 가혹한 대우를 받고 사적 보복 또는 공적 제재를 통해 바른 길을 가도록 계도 받고 싶지 않으면 특히 온순하고 공손하게 행동해야 했다. 게다가 흑인들은 인사와 관련된 예법을 받아들이고 자발적이고 기쁜

마음으로 그 예법을 따라 'Ma'am(부인)', 'Sir(나리)' (또는 'captain(대장님)', 'boss(사장님)')라는 표현을 사용해 백인에게 말을 걸어야 했다.

반면 백인은 흑인의 나이나 상황과 상관없이 이름을 부르거나 'boy', 'girl', 'auntie(아줌마)'라고 불렀다. 백인과 흑인 사이의 소통과 관련된 금기와 제재는 상대방의 인종을 파악하는 데 실질적인 어려움이 있음에도 불구하고 통화 시에도 적용됐으며, 신문 기사와 재판에서 판사와 변호사가 백인 또는 흑인에게 쓰는 언어 표현에서도 통용됐다.

미시시피주 델타 지역의 한 도시에 있는 우체국에서는 흑인 거주자의 편지 봉투에 적힌 'Mr'와 'Mrs'를 지우는 수고를 마다하지 않았다. 다른 곳에서는 백인 우체국 직원이 흑인의 손에 우편물을 건네는 대신 바닥에 던져야 했다. 백인과 대화 시 백인이 주도권을 갖고 대화를 이끌며 자신의 관점을 강요하는 것은 의무에 가까웠다.

흑인 운전자들에게 몰아친 가혹한 백인 폭력

흑인들이 길을 걸을 때 뺨을 맞거나 도로로 떠밀리거나 경찰에게 위협받거나 체포되지 않으려면, 인도에서 백인을 마주쳤을 때 재빨리 도로로 내려가 백인에게 충분한 공간을 제공하고 백인과 부딪치거나 통행을 방해하지는 않는지 살펴야 했다. 매장이나 사무실에서는 모든 백인 손님의 볼일이 끝날 때까지 기다릴 뿐 아니라 뒤로 물러서 문을 잡아줘야 했다. 옷이나 모자, 신발을 착용해보는 것도 금지됐다.

마찬가지로 관례상 흑인 오토바이 운전자가 백인이 운전하는 차량보다 우선권을 갖거나 그 차를 앞지르는 것도, 도시의 중심 도로변에 주차하는 것도 금지됐다. 백인 운전자와 사소한 교통사고가 일어났을 때 운전자가 분노를 퍼부으며 대응하는 경우 상황은 걷잡을 수 없게 되는 경우도 있었다. 흑인은 고가의 차량을 보유하지 않는 것이 신상에 이로웠다. 백인들이 '감히 건방진 흑인 따위로' 봤기 때문이다. 몇몇 시골 도시에서는 흑인이 그저 운전만 해도 폭력적인 응징을 당하는 경우도 있었다.

예를 들면 조지아주의 작은 도시에서 백인들이 흑인 농부와 딸에게 차에서 내리라고 강요한 뒤 차에 기름을 붓고 불을 붙였다. 그들은 "너희 검둥이들이 이 도시에서 계속 살고 싶으면 지금부터 걸어서 오던지 이 늙은 노새를 타고 와"라고 말했다. 옷을 말쑥하게 입는다던지 주중 어느 날 장을 보러 도시에 오는 경우 예의를 갖춰 대우받고 싶다는 흑인들의 잠재적 바람을 밖으로 드러내면 혹독한 질책을 받았다. 경찰에게 즉각 체포될 수 있을 뿐 아니라 폭행을 당하고 살해당하는 경우도 있었는데 가해자는 처벌받지 않았다.

흑인과 백인 간 예의범절과 관련된 금기에 따라 심지어는 악수, 식사, 술자리, 맞담배도 금지됐다. – 어떤 식으로든 가까운 교류가 발생하면 친밀한 관계라는 혐오스러운 사태를 불러올 위험이 있다는 것이다. 남부 백인들이 봤을 때 흑인과 식사를 같이 한다는 것은 영광스러운 백인인 '우리'와 더러워진 흑인인 '그들' 사이의 넘을 수 없는 장벽에 구멍이 뚫릴 수 있다는 위협으로 작용했다.

평등과 상호 교류에 대한 일반화된 거부의 원칙은 카드, 주사위, 도미노, 체커(체스판에서 하는 게임), 당구 게임 같은 가장 별것 아닌 놀이에 적용됐는데 앨라배마주에서는 심지어 사적인 장소에서도 함께 게임하는 것을 금지했다. 흑인은 백인이 참가하는 스포츠 경기에 참가할 권리가 없었다. 흑인들이 자기들에 필적하거나 뛰어넘는 것을 두려워했기 때문이다.

1910년 7월 4일 리노 시에서 열린 '세기의 대결'에서 '파파 잭(Papa Jack)'으로 알려진 흑인 복싱 챔피언 잭 존슨이 백인의 위대한 희망(Great White Hope)으로 뽑힌 짐 제프리스를 KO시키고 흑인으로서 헤비급 세계 챔피언 타이틀전에서 승리하자, 남부 전역과 그 외 지역에서 폭동이 수십 건 발생했다. 폭동이 일어나는 동안 분노에 찬 백인 무리들이 짐 제프리스의 모욕을 되갚아주겠다며 거리에서 흑인들을 무차별적으로 공격했다. 경기 장면은 방송이 금지됐다. 이 경기가 흑인들의 거만함을 터무니없이 자극할까 봐 두려웠기 때문이다. 흑인들에게 존슨은 실제보다 과장된 '흑인의 구원자(race savior)'였다. 한편 흑인들은 새로운 곳으로 이사한 경우 서둘러 그곳에 거주하는 흑인들에게 찾아가 자신들에게 금지된 것과 온순함을 보이는 방식에 대해 그 지역의 규범이 무엇인지 묻곤 했다. 규칙을 부주의하게 위반할 위험을 최소화하기 위해 규칙을 능숙하게 지키고 위반하지 않도록 주의하는 모습을 보여줘야 했기 때문이다.

그렇게 했어도 백인들은 친밀한 접촉에 주로 강박을 보였다. 지역의 시민 문화 측면에서 봤을 때 (흑인과 다른 불명예스러운 범주를 배제시킨 후손들이 정의한) 인종의 순수성을 특히 걱정했기 때문이다. 그들은 인종 간에 친밀함이 생길 계기가 있는지 열정적으로 감시했고 실제로든 상상이든 흑인 남성이 어떤 식으로든 선을 넘으면 심하게 처벌받았다.

반면 흑인 여성과 성행위를 하거나 동거하는 백인 남성에게는 우선적으로 관용과 묵인이 이뤄졌다. 사실 판사나 주지사를 포함해 남부에서 높은 지위에 있는 백인 다수가 백인 가정 외에 흑인 여자와 가정을 꾸렸다는 사실을 숨기지 않았다. 이는 흑인과의 관계가 공개적으로 알려지지 않고 동거녀에 대한 애정을 표현하지 않고 혼혈 자녀를 백인 사회에 편입시키지 않는 한 받아들여질 수 있는 일이었다.

바람 핀 백인 남성은 봐주고, 흑인 여성만 방탕 낙인

백인 남성들은 백인 및 흑인 여성과 관계를 이어 나갈 수 있었지만 흑인 남성과 백인 여성의 경우 남녀 관계에 있어 성적인 부분에서 제한이 있었다. 이로 인해 남부 백인 여성은 순수하고 성욕이 없다고 미화됐고 흑인 여성은 성욕이 과하게 많고 방탕하다는 이미지가 있었다. 흑인 남성은 어떤 경우에도, 성매매 자리에서도 백인 여성과의 관계를 가질 권리가 없었다. 흑인 남성이 백인 여성과 관계를 하는 것은 근친상간보다 더 심각하게 여겨져, 재판에 넘겨지면 문자 그대로 목숨이 위험해졌다. '인종적 퇴화'에 대한 히스테리에 가까운 두려움은 구타, 매질, 집단 폭행, 고문, 폭동이 폭발하듯 일어났을 때 정점을 찍었다. 19세기 마지막 20년 동안 흑인 약 2,060명

이 집단 폭행을 당했는데 이 중 1/3은 백인 여성을 성폭행했다는 혐의가 있거나 가벼운 무례를 범했다는 이유로 폭행을 당했다.

백인 농장주들은 자신들이 흑인에게 폭력을 저질렀음에도 불구하고 농부와 소작농과의 법적 분쟁에서 이들에게 음식, 치료, 보호 차 자신들이 행한 지원을 즉각 내세웠다. 인류학자 호텔스 파우더메이커는 이에 대해 "백인이 흑인을 대하는 태도에 동반된 감정은 애정, 친절, 동정, 관용, 두려움, 적의까지 다양한 양상을 보인다. 어떤 백인도 결코 흑인에게 공개적으로 내보이지 않을 행동은 바로 존중이다."라고 밝혔다.(10) **ᴸᴰ**

글·로이크 바캉 Loïc Wacquant
캘리포니아대 버클리 캠퍼스 사회학 교수, 파리 유럽 정치 및 사회학 연구소(Centre européen de sociologie et de science politique) 객원 연구원. 주요 저서로 『Jim Crow. Le terrorisme de caste en Amérique 짐 크로우–미국 내 계급에 기인한 폭력』이 있다.

번역·김은혜
번역위원

(1) George M. Fredrickson, 『The Black Image in the White Mind : The Debate on Afro-American Character and Destiny 백인의 마음 속 흑인의 이미지: 아프리카계 미국인의 특징과 운명, 1817~1914』, Wesleyan University Press, Middletown (Connecticut), 1987 (1re éd. : 1971).
(2) Allison Davis, Burleigh B. Gardner et Mary R. Gardner, 『Deep South : A Social Anthropological Study of Caste and Class, 미국 최남동부 지역: 계급과 계층에 대한 사회 인류학 연구』, University of South Carolina Press, Charleston, 2009 (1941).
(3) 1865년 자유민이 된 노예들에게 자신들이 일했던 땅을 재분배해 제공한다는 약속을 상징하는 표현이다. 이 약속으로 인해 흑인들은 독립적인 농민이 될 수 있을 것이라고 믿게 됐다.
(4) Hortense Powdermaker, 『After Freedom : A Cultural Study of the Deep South 자유 그 이후: 미국 최남동부 지역의 문화 연구』, University of Wisconsin Press, Madison, 1993 (1939).
(5) John Dollard, 『Caste and Class in a Southern Town 남부 도시의 계급과 계층』, University of Wisconsin Press, Madison, 1988 (1937).
(6) Allison Davis, Burleigh B. Gardner et Mary R. Gardner, 『Deep South : A Social Anthropological Study of Caste and Class 미국 최남동부 지역: 계급과 계층에 대한 사회 인류학 연구』, 출처 상동
(7) Gunnar Myrdal, 『An American Dilemma : The Negro Problem and Modern Democracy 미국의 딜레마: 검둥이 문제와 현대 민주주의』, Harper & Row, New York, 1962 (1944).
(8) William Edward Burghardt (W. E. B.) Du Bois, 『The Souls of Black Folk』, G & D Media, New York, 2019 (1903). Édition française : 『Les Âmes du peuple noir 흑인의 영혼』, La Découverte, Paris, 2007.
(9) Cité par Neil R. McMillen, 『Dark Journey : Black Mississippians in the Age of Jim Crow 어두운 여정: 짐 크로우 시대에 미시시피에 거주한 흑인들』, University of Illinois Press, Urbana, 1990.
(10) Hortense Powdermaker, 『After Freedom… 자유 그 이후: 미국 최남동부 지역의 문화 연구』, 출처 상동

좌파마저 등 돌린 마요트의 불법 이민자들

"마요트는 생사의 갈림길에 있다!"

프랑스의 101번째 데파르트망(département, 프랑스에서 레지옹(région) 다음으로 규모가 큰 행정단위–역주)인 마요트의 치안은 악화일로를 걷고 있다. 이미 인프라 부족과 공공 서비스 부재로 신음하던 마요트에 불법 이민 증가로 인한 치안 불안까지 가중되자 주민들의 동요가 확산되고 있다. 좌파 사상을 옹호하는 주민들도 예외는 아니다.

모리스 르무안 ▮〈르몽드 디플로마티크〉 특파원

인도양 마다가스카르섬 인근에 위치한 마요트의 두 섬, 프티트테르와 그랑드테르를 잇는 바지선에서 손에 휴대폰이나 작은 물병을 든 승객들이 내린다. 마요트의 주도 마무주에서는 33℃ 폭염이 기승을 부리고 있다. 선착장 주변 '핫플레이스' 카미용 루쥬와 '분위기 좋은 스낵 바' 카미용 블랑에서 몇몇 '외국인'이 맥주를 마시고 있다. 검은색, 갈색 피부의 흑인 또는 다양한 피부색의 혼혈이 혼재하는 마요트 현지인들은 이슬람 율법에 따라 술을 마시지 않는다. 프랑스 본토 교수 출신의 한 주민은 "공공장소에서는 자제하지만 학생 때는 언덕에 모여 술을 마셨다"라고 웃으며 말했다.

마무주에서 몇 km 떨어진 카웨니에 도착했다. 밤이 되자 모스크 첨탑에서 이슬람 신도들에게 기도 시간을 알리는 노래가 울려 퍼진다. 열린 창문으로 〈프랑스 앵테르(France Inter)〉 방송 소리가 흘러나온다. 노점에서 마요네즈가 가득 뿌려진 커다란 햄버거를 주문한 한 '본토인'은 스마트폰의 애플리케이션으로 결제를 한다. 부부(boubou, 서아프리카 전통 복장)를 입은 남성들, 화려한 색상의 살루바(Salouva, 마요트 여성들의 전통 복장)(1)를 입은 여성들, 평범한 서양식 옷을 입은 사람들이 조용히 발걸음을 재촉한다.

마요트 현지어 시마오레어와 시부시어로 나누는 대화도 들린다. 마요트 북부에서 마무주를 드나들 수 있는

유일한 도로인 1번 국도(N1)는 극심한 교통 체증으로 꽉 막힌 상태다. 거북이걸음을 하는 합승 택시 속에서 승객들이 한숨을 내쉰다. 택시 기사는 "조금만 참으세요. 곧 도착합니다"라고 퉁명스럽게 말했다. 승객들의 한숨이 잦아들더니 마요트에서 가장 흔히 들을 수 있는 두 표현, "파드수시(pas de souci, '괜찮다'라는 뜻의 프랑스어)", "인샬라('신의 뜻대로'라는 뜻의 아랍어)"가 들린다.

마요트 주민의 77%가 빈곤선 아래 생활

엄연히 프랑스의 일부인 마요트에는 쓰레기 수거 서비스가 존재하지 않는다. 1번 국도변에 줄지어 선 컨테이너들 주변에 쓰레기들이 쌓여 있다. 마무주 도심에 위치한 마요트 의회 주변의 상황도 마찬가지다. 지난 총선에서 '불복하는 프랑스(LFI)' 후보로 출마했던 고등학교 교사 야스미나 아우니는 마요트의 열악한 상황을 지적했다. "쓰레기 수거 서비스만 부족한 것이 아니다. 공공장소 정비, 교육이나 보건 서비스 접근성도 부족하다. 정부가 수십 년간 마요트를 방치한 결과 마요트가 얼마나 어지러운 상태에 빠졌는지 보라…"

마요트는 프랑스의 101번째이자 가장 가난한 데파르트망이다. 경제는 침체됐고 치안 악화로 관광산업은 몰락했다. 주된 생업은 농업으로, 주로 식량 작물을 재배하는데 이 역시 생산량이 많지 않다. 마요트는 거

<모카티르(코모로)>, 2017 - 로라 에노

의 대부분의 식료품을 수입한다. 과거 마요트에 거주한 적이 있는 파블로 게바라는 "남미 산 냉동 닭 날개에 모두 익숙해졌다"라고 설명했다.

고용 대부분을 창출하는 중앙정부와 마요트 당국은 공무원과 그들의 가족 및 친지들에 이르기까지 많은 주민의 생계를 책임지고 있다. 하지만 본토인 마르크 세네는 "어디를 둘러봐도 마요트가 데파르트망이라는 느낌이 들지 않는다"라고 강조했다. 최저소득 지원금과 사회보장 지원금은 본토 수준에 미치지 못한다. 프랑스 전역에서 1,398.69유로로 책정된 월 최저 임금은 마요트에서는 1,203.36유로에 불과하고, 적극적 연대소득(RSA, 저소득층에 지급되는 소득보조금-역주) 역시 전국 기준 635.71유로 대비 303.88유로로 매우 낮은 수준이다. 사회보장

분담금은 징수액이 지급액을 초과해 본토 재정만 살찌운다. 마요트 주민의 평균 연금 수령액은 월 276유로에 불과하다. 경제활동 인구의 34%가 실업 상태며 주민의 77%가 빈곤선 아래에서 살고 있다.(2)

전국초중등교원통합노조(SNUipp-FSU) 마요트 지부장을 맡고 있는 교사 리보 라코통드라벨로(이하 리보)는 "이 상황을 어떻게 헤쳐나가야 할지 모르겠다. 사르코지는 마요트를 반의 반쪽짜리 데파르트망으로 승격시켰다. 사르코지의 뒤를 이은 (프랑수아) 올랑드는 연간 교실 100개를 만들겠다고 약속했다. 하지만 실제 개설된 교실 개수는 10개도 안 된다!"라고 한탄했다. 마요트 대학은 취학 연령 아동 중 미취학 아동의 수가 1만 4,000명에 달한다고 집계했지만 교육 당국이 집계한 수치

는 5,000명에서 1만 명 사이에 불과하다.

"정확한 수치를 집계하기는 힘들다. 대부분 불법 체류 아동들이기 때문이다. 모든 면에서 힘에 부치는 상황이다. 현 구조로는 이 아이들을 모두 수용하고 가르칠 수 없다. 결과적으로 우리는 실패와 배제를 답습하고 있다." 리보에 따르면 마요트 중등교사의 50%는 계약직으로 "안정적이지 않은 지위 때문에 오래 머물지 않는다." 교사 학위를 소지한 교사들은 "마요트에 부임하고 싶어 하지 않는다".

프랑스 잔류 택한 마요트, 이슬람 국가 코모로와 경쟁

프랑스 본토에서 8,000km 떨어진 마요트는 마다가스카르, 아프리카 그리고 그랑드코모르, 앙주앙, 모엘리 3개 섬으로 구성된 코모로 사이에 위치한 섬이다. 주목할 점은 마다가스카르와 코모로의 1인당 국내총생산(GDP)은 각각 480유로와 1,360유로인 반면 마요트의 1인당 GDP는 부진한 개발에도 불구하고 2022년 기준 1만 1,590유로에 달한다는 사실이다.

앙주앙을 비롯한 이웃 섬들의 주민들에게 면적 374km²의 프랑스 데파르트망 마요트는 에덴동산과도 같다. 마요트는 앙주앙에서 불과 70km 떨어져 있으며 배로 5시간밖에 걸리지 않는다. 콰사콰사(kwassa-kwassa, 길이 6~9m의 보트)는 헌병대, 국경 경찰(PAF)과 숨바꼭질을 하며 불법 이주민을 마요트로 실어 나른다. 이들의 목적지는 대부분 음창보로시 북쪽에 위치한 천상의 섬 시슈아 음창보로의 음창가 사파리('여행의 해변')다. 현지 어부들은 돈을 받고 이들을 마요트 본섬으로 실어 나른다. 본섬에 도착한 이들이 마요트 내 조직망의 도움을 받아 향하는 곳은 앞서 도착한 동포들이 이미 터를 잡고 있는 마무주의 빈민가와 인근 소도시 쿵구, 뎀베니다.

마요트의 이민자 수는 급속도로 증가했다. 1968년 2만 3,000명에 불과했던 마요트 인구는 2000년 14만 7,000명으로 증가했다. 현재 인구는 공식적으로는 32만 1,000명, 비공식적으로는 40만 명에 달한다.(3) 이 중 절반이 이민자다. 출생아 수는 2022년 1만 770명, 2023년 1만 200명을 기록했으며 산모의 3/4이 외국인, 특히 코모로 출신 이민자였다. 마무주의 마요트병원(CHM) 산부인과는 프랑스에서 분만 수가 가장 높은 병원이다. 2019년 마요트에서 태어난 아이 중 부모 모두가 프랑스인인 경우는 17.8%에 불과했으며 부모 모두가 외국인 경우는 45%에 달했다.(4) 이미 폭발 직전의 상태에서 설상가상으로 불안감도 급속도로 고조되고 있다.

강한 반식민주의 성향을 띠는 동시에 이데올로기적 성향도 강한 프랑스 본토의 일부 좌파는 마요트에서 벌어진 일련의 상황들을 (실제로 이 표현을 사용한 것은 아니지만) '자업자득'으로 평가한다. "프랑스는 1970년대에 마요트를 코모로에서 분리시켰다. (...) 마요트의 유력 가문들과 종교계는 마요트와 코모로의 역사적인 경쟁 관계를 이용해 1976년 실시된 주민 투표에서 마요트 주민들이 프랑스령 잔류에 찬성표를 던지도록 유도했다. 이후 2009년 데파르트망 승격 및 프랑스로의 정식 편입을 결정하는 주민 투표에서도 찬성이 압도적인 표를 기록했다."(5) 이러한 과정은 본질적으로 강제 동화에 해당하지만 마요트인들 역시 조상 대대로 내려온 코모로 제도와의 유대 관계를 스스로 부정했다.

1841년 4월 25일, 술탄 안드리안촐리는 지대(地代)와 군사적 보호를 조건으로 마요트를 프랑스에 양도했다. 코모로 제도의 나머지 섬들은 1886년 프랑스 보호령이 됐으며 1946년 프랑스의 해외영토로 편입된 후 1958년부터는 일정 부분 행정 및 재정적 자율성을 누렸다. 1960년대, 코모로 제도에 속한 마요트에서는 코모로의 독립을 지지한 '악수(serrez-la-main)' 운동과 프랑스령 잔류를 희망한 소로다(Sorodat, 군인)들이 대립하기 시작했다.

"마요트인들은 코모로인들과 공동 운명 힘들어"

후자는 코모로로의 회귀 가능성을 원천 봉쇄하기 위해 이때부터 이미 마요트의 데파르트망 지정을 지지했다. 1974년, 코모로 제도는 (애초에 계획했던 4개 섬

통합 투표가 아니라) 각각의 섬에서 프랑스로부터의 독립을 묻는 주민 투표를 최초로 실시했다. 전체적인 결과는 찬성이 94.56%로 압도적이었지만 마요트 주민의 65.47%는 반대에 표를 던졌다. 1976년 다시 실시된 주민 투표에서는 거의 대부분(99.4%)의 마요트 주민이 프랑스 잔류에 찬성했다. 프랑스는 막 탄생한 코모로 연방의 반대에도 불구하고 마요트를 코모로 제도의 나머지 섬들과 분리시켰다. 국제연합(UN) 역시 국경선 신성의 원칙(uti possidetis juris, 식민지 상태에서 독립한 신생 국가는 그 국가가 이전에 이루었던 행정구역과 동일한 경계를 가진다는 국제관습법의 원칙-역주)에 근거해 프랑스의 결정을 비난했다.

프랑스 본토에서도 "프랑스인의 가면을 쓴 코모로인!"이라는 극렬한 비난이 일기도 했다. 가짜 '마요트 민족'에 정당성을 부여하기 위해 이미지와 스토리를 동원해 역사가 다시 쓰였다.

이 과정에서는 자신들의 이익을 보호하기 위해 프랑스와 코모로의 대립을 조장한 현지 엘리트들의 '이면 공작'도 큰 역할을 했다. 식민 제국에 대한 향수를 가진 세력이 '공화국의 용병' 보브 데나르와 함께 코모로에서 벌인 세 차례의 파렴치한 쿠데타(1975년, 1978년, 1995년)도 간과할 수 없는 부분이다.

뿐만 아니라 1998년 모하마드 바카르가 주도한 앙주앙 분리 독립운동을 프랑스가 지원한 것은 공공연한 비밀이다. 하지만 이러한 요소만 강조해서는 현실을 제대로 파악할 수 없다. '진짜' 마요트인들은 오늘날까지 다른 이들이 자신들의 '정체성'을 결정하도록 허용하지 않겠다는 결의를 이어가고 있기 때문이다.

우파 성향을 띤 단체 라바투아르(프티트테르 소재)의 대변인 사이드 무두아리는 "우리가 코모로인과 가진 공통점은 피부색뿐"이라고 잘라 말했다. LFI 소속 아우니 역시 "마치 중국인과 일본인을 구분하지 못하는 것과 같다"라며 웃음을 터트렸다. 두 사람에 따르면 이미 언어에서부터 차이가 존재한다. 마요트는 앙주앙과는 크게 다르지 않지만 그랑드코모르와 모엘리와는 다른 언어를 사용한다.

"마요트인의 절반은 마다가스카르어를 사용한다. 코모로 제도의 다른 세 섬에 비해 마요트는 마다가스카르의 영향을 더 많이 받았다." 마요트는 지배구조에서도 코모로와 차이를 보인다. 아프리카에서 노예무역이 기승이 부리를 동안 코모로 제도의 '호전적인 술탄'들은 끝없는 전쟁을 벌였다. 이 와중에 마요트는 유일하게 술탄이 아니라 해방된 노예 마와나 마흐디가 통치한 섬이다. 페미니스트이자 독실한 무슬림인 아우니는 "지금까지도 코모로는 술탄의 후손이 통치하고 신분제와 엄격한 이슬람 교리를 따르는 반면 마요트는 세계에서 가장 '자유로운' 사회로 독재에 가까운 권력 구조를 갖고 있다. 자유를 사랑하는 마요트인이 코모로와의 공동 운명을 받아들이기는 힘들었다"고 설명했다.

마요트 불법 이민을 택한 코모로인들… 확산되는 갈등 폭발

아우니는 음창보로에서 거주하며 학생들을 가르친다. 음창보로의 언덕에서 우리와 만난 아우니는 외국인 혐오증을 배제한 시각으로 마요트인의 특수성을 설명했다. "우리의 선택을 이해하는 열쇠는 바로 여성이다. 코모로에서는 여성들이 봉기한 적이 한 번도 없다. 마요트의 여성들은 애초부터 정치에서 두각을 나타냈다. 물론 가부장제도 존재하지만 마요트는 분명히 모계 중심 사회다." 아우니는 1960년대 코모로 모로니의 지방 정부에 반기를 든 '간지럼 부대(Chatouilleuses, 마요트의 프랑스령 잔류를 위해 코모로 정치 지도자들을 간지럼을 태워 고문한 마요트의 여성 군인들-역주)'의 역할을 상기시켰다.(6) 1967년 이들은 〈프랑스국영방송국(ORTF)〉 앞에 모여 "우리는 자유를 위해 프랑스인으로 남고 싶다!"라고 외쳤다. 이들의 외침은 이후 프랑스 잔류 운동의 슬로건이 됐다.

피부색이 같고 비슷한 문화를 공유한다고 해서 이해관계가 반드시 일치하지는 않는다는 것을 증명이라도 하듯 마요트와 코모로의 관계에 대한 논쟁은 지금까지 이어지고 있다.

조상 대대로 그래왔듯 코모로인들은 오랫동안 각 섬을 자유롭게 오갔다. 마요트를 찾는 코모로인들은 치료를 위해 병원을 찾거나 일을 하는 경우도 있었지만 완전히 정착하지는 않고 잠시 머물다 떠나고는 했다. 그런데 1986년부터 마요트를 방문하는 코모로인은 비자를 발급받아야 했다. 유효 기간 3개월의 이 비자는 마요트를 떠났다 다시 들어와야만 갱신이 가능했다. 이때부터 비자 유효 기간을 넘겨 체류하는 사람의 수가 늘기 시작했다. 1993년, 에두아르 발라뒤르 프랑스 총리가 1995년 대선을 앞두고 선거 유세차 마요트를 찾았다. 자우지 공항에 도착한 발라뒤르 총리에게 마요트의 시장들은 폭증하는 이민을 억제하기 위해 더 엄격한 규칙을 도입할 것을 요구했다. '30년 지기' 자크 시라크 대통령과 대선에서 맞붙게 된 발라뒤르 총리에게는 한 표 한 표가 중요했기에 그는 마요트 시장들의 요구를 수용했다.

이후 '발라뒤르 비자' 혹은 '한정적 체류 허가증'으로 불리는 비자가 도입됐다. 발급이 까다로웠던 이 비자는 오직 마요트 입국 및 체류만 허용하고 다른 프랑스 영토로의 이동을 제한했다. 마요트는 들어올 수는 있지만 나갈 수는 없는 섬이 됐다. 비자를 발급받지 못한 코모로인들은 불법 이민을 선택했다. 섬을 나갔다 다시 들어오려면 또 한 번 위험을 무릅쓰고 바다를 건너야 했기에 코모로 출신 불법 이민자들은 쉽게 마요트를 떠나지 못했다. 이들은 결국 마요트에 정착했다. 합법적인 체류 자격을 취득한 이들에게도 문제는 남아있다. 다른 프랑스 영토로 이동할 수 없기 때문이다. 이들은 마요트에 발이 묶였다.

코모로 출신 이주민은 마요트가 이들을 통합할 수 있는 능력을 뛰어넘는 속도로 급격히 증가했다. 이들은 사유지를 점유(혹은 임대)하거나 비탈진 언덕에 정착했다. 좁은 골목, 통로, 계단이 뒤얽힌 이 언덕들은 외지인에게는 미로와 같다. 빈민촌은 확장됐다. 공공서비스 부재로 파리, 모기, 악취, 흙먼지가 들끓는 비위생적인 공간에 나무와 함석으로 지은 열악한 주거지인 방가(banga)가 우후죽순 들어섰다. 2004년 처음 불거진 마요트인과 외국인 이민자 간의 갈등 사태는 도시의 주민들이 불법

이민자 거주지를 상대로 집단적, 조직적으로 폭력을 행사하는 '데카자주(décasage)'의 시초가 됐다. 이러한 갈등은 2016년 더욱 악화된 형태로 다시 대두됐다.

외국인 갱단의 폭력 증가, 통학도 출퇴근도 위험

보호자가 없는 미성년자의 수가 점점 늘고 있는 상황 역시 우려를 자아낸다. 이들은 부모의 추방으로 버려지거나, 친척에 맡겨지거나, 홀로 남겨진 채 아동 복지 서비스의 보살핌도 받지 못하고 있다. 게바라는 "프랑스 정부와 마요트 엘리트들은 외국인 아이들은 돌볼 필요가 없다고 생각한다!"라고 한탄했다.

마요트는 시한폭탄과 같다. 마요트인 뿐만 아니라 외국인으로 구성된 청년 갱단의 폭력행위가 점점 증가하면서 마요트의 상황은 걷잡을 수 없이 악화됐다. 한 식당에서 다음과 같은 대화를 포착했다. "폭행당했던 너희 형은 괜찮아? - 아직 회복하지 못했어. 목에 닿았던 마체테 칼날의 느낌이 완전히 트라우마로 남았어." 2019~2023년, 무장 강도 횟수는 121% 증가했다. 강도 상해 역시 2배로 늘어났다. 마을 또는 이웃 간 싸움, 도로 봉쇄, 돌팔매질로 인한 집과 차량 파손, 스쿨버스 공격(2023년 11월 34건)도 마찬가지다. 새로운 무기도 등장했다. 끝부분에 콘크리트를 입혀 길고 뾰족하게 간 쇠를 던져 버스에 타고 있던 두 소녀가 사망했다. 해변, 평온하기로 이름난 동네, 노상에서의 공격도 되풀이됐다. 프티트테르의 한 주민은 "그들은 숨어 있다가 공격 직전에 모습을 드러낸다. 그들을 발견했을 때는 이미 늦었다!"라고 경고했다.

공공연한 '좌파' 성향의 교사 리보는 다음과 같이 설명했다. "중고등학교를 비롯한 학교 내부뿐만이 아니라 학교 근처에서도 폭력이 만연하다. 출근길도 예외는 아니다. '에손느나 센생드니의 상황도 마찬가지'라고 말하는 사람도 있겠지만 그곳 사람들은 집을 나서면 일단 회사에 도착할 수는 있다. 우리는 출퇴근길에 목숨을 잃을 수도 있다."

저녁 7시가 되면 상점들은 문을 닫는다. 야간 행사,

친구들과의 외출, 야외 콘서트, 영화관, 레스토랑은 더 이상 엄두를 낼 수 없다. 깨끗한 바닷물과 아름다운 산호초를 자랑하는 해변에도 발길이 끊겼다. 운동을 즐기는 한 주민은 "더 이상 조깅을 하지 않는다. 아무리 조심해도 언제 어디서 공격당할지 모른다"라고 토로했다. 마요트에 오래 거주한 '본토인'들은 '그들의' 섬은 알아볼 수 없을 정도로 변해버렸다고 말한다. 이들에게 남은 결정은 하나뿐이다. "언제 마요트를 떠날 것인가? 더 이상 희망은 없다. 점점 더 나빠질 뿐이다. 마요트가 폭발할 때 이곳에 있고 싶지 않다." 여력이 있는 마요트인들도 섬을 떠났다. 기업가들은 가족들과 함께 레위니옹에 정착해 비행기를 타고 마요트를 오간다.

가난한 주민들은 선택의 여지가 없다. 마요트를 떠날 여력이 없는 이들은 시민 단체에 가입하고 "모두의 권리인 안전" 보장을 국가에 요구한다. 치안 문제를 둘러싼 논쟁에서는 용납할 수 없는 주장도 등장했다. 2023년 4월 24일 마요트 공영방송 〈라프르미에르(La 1ère)〉에 출연한 마요트 의회 제1부의장 살람 음데레는 "어느 시점에 도달하면 그들 중 일부를 죽여야 할 수도 있다"라는 발언을 서슴지 않았다.(7) 프랑스 본토의 '도덕적인 좌파'는 '열대성 미시 파시즘(micro-fascism, 국가 차원의 파시즘과 비교되는 일상생활에서 발견되는 개인의 파시스트적 행태-역주)'이라고 마요트인 전체를 싸잡아 비난했다. 마요트인들은 "그렇게 간단한 문제가 아니라네 동지들"이라는 반응을 보였다.

2023년 4월 24일, 우암부슈(Wuambushu, '탈환'을 뜻하는 마요트어) 작전을 개시한 경찰은 불법 이민자들이 거주하던 불법 건축물 700채를 파괴했다. LFI 소속 아우니는 이 작전에 대한 미디어의 과잉 보도 열기에 유감을 표하며 "필요한 작전이었다. 신중하게 생각하고 하는 말이다. 프랑스는 혼란에 빠져버린 영토를 온전히 되찾아야 한다. 점점 더 야만적으로 변해가는 갱단을 해체하고, 그들의 본거지를 파괴하고, 지도자를 체포해야 한다"고 주장했다. 스스로를 '좌파'로 규정하는 리보는 다른 시각의 분석을 제시했지만 근본적인 측면에서는 아우니에 동의했다. "SNUipp-FSU 본부는 이 작전을 규탄했지만 마요트 지부의 입장은 다르다. 마요트인들은 우암부슈 작전을 지지한다. 불법 이주민 단속을 해야 한다면 단속을 하라. 대신 너무 강경한 단속은 자제해 달라."

마요트가 새 람페두사로 변한다는 공포 확산

우암부슈 작전을 지원하기 위해 마요트에 파견됐던 경찰 일부는 작전이 끝나자마자 나헬 사망 사건으로 촉발된 폭동을 진압하기 위해 급히 본토로 복귀했다.(8) 이들이 떠나자 폭력과 치안 상태가 다시 악화됐다. 아프리카 대호수 지역(브룬디, 콩고민주공화국, 우간다, 르완다)과 아프리카의 뿔 지역(소말리아, 지부티, 에티오피아, 에리트레아) 출신 망명 신청자들이 마무주 카바니 지구 축구 경기장 주변에 지은 숙소가 급속도로 확장되자 카바니 지구의 여론이 들끓었다. 폭력과 가난을 피해 모든 것을 버리고 떠나온 500명의 남녀가 파란색 플라스틱으로 지어진 열악한 방가에서 생활했다. 시민단체 마요트 2018(Mayotte 2018)의 사피나 술라 회장은 "경기장을 빼앗겼다고 느낀 카바니 청년들은 이들에게 적대감을 가지기 시작했다. 주기적으로 충돌이 발생했고 경찰은 최루탄을 쏘며 진압에 나섰다. 하지만 상황은 나아지지 않았다. 주민들은 난민캠프 이동을 요구하기 위해 행동에 나설 수밖에 없었다." 프랑스 본토와 유럽으로 향하는 이 새로운 '통로'를 개척한 것이 코모로의 밀매업자들이라는 사실에 주민들의 분노는 더욱 커졌다. "그들은 마요트의 존재조차 몰랐던 아프리카인들에게 마요트행을 주선했다!"

이미 팽배하던 긴장감에 마요트가 새로운 람페두사(아프리카 이민자들의 유럽행 통로 역할을 하는 이탈리아 최남단 섬-역주)로 변하고 있다는 공포감마저 엄습했다. 술라 회장은 "프랑스는 정치적 난민을 보호하는 국제협약 가입국이다. 난민 보호에 반대하는 것은 아니지만 마요트는 이들을 모두 수용할 능력이 없다"라는 설명을 덧붙였다. 망명 신청자 지원 단체 마요트 연대(Solidalité Mayotte)의 (익명을 요구한) 한 관계자는 "우리는 450명을 수용할 수 있는 숙소와 마요트에 새로 도착한 이들을

<라 뫼트(마요트)>, 2018 - 로라 에노

위해 50인을 수용할 수 있는 비상 숙소를 보유하고 있지만, 이 숙소들은 이미 꽉 찼다"라고 설명하며 "이민자 유입 규모에 비해 정부의 대응은 매우 부족한 상황"이라고 덧붙였다. 망명 신청이 받아들여져도 행정 절차의 기간과 단계를 고려하면 1년이 넘어야 프랑스 본토로 입국할 수 있다. 망명 신청이 거부당한 이들은 조용히 시야에서 사라진다….

비정부기구 시마드(Cimade)와 인도주의단체 음레지 마오레(Mlézi Mahoré)와 마찬가지로 정부의 위임을 받은 단체인 마요트 연대는 위태로운 상황에 처했다. 불법 이민을 '조장'한다는 비난에 직면한 이 단체는 협박과 위협에 시달렸으며 분노한 시민들은 난민 신청자들이 머물고 있는 숙소의 문을 자물쇠로 걸어 잠가 출입을 막기도 했다.

"치안 문제를 해결하지 못하면 모든 것이 소용없다!"

2024년 1월 22일~2월 29일 마요트 전 지역에서 봉쇄 운동을 벌여 여론을 들끓게 한 단체 맹렬한 힘(FV)은 이와 같은 맥락에서 탄생했다. 무두아리는 "카바니 주민들은 우리에게 도움을 요청했다. 우리는 파리 시민이 마요트로 와서 함께 싸워줄 일은 없으니 직접 거리로 나서기로 결심했다"라고 회상했다. 그랑테르 반대편에 있는 팅고니 청년센터의 압두 바디루 센터장 역시 "마을 입구 원형 교차로 봉쇄에 참여했다"라고 밝혔다. 좌파 활동가인 아우니와 함께 FV의 대변인이 된 바디루 센터장은 "내가 아이들을 키우며 사는 곳에서 폭력이 자행되고 있기 때문에 시민의 한 사람으로서 이 운동에 동참했다"라고 설명했다. 다른 노조(FO, CFDT, CGT, SNUipp) 활동가들과 마찬가지로 리보 역시 개인적으로 봉쇄 운동에 동참했다.

카바니를 둘러싼 긴장이 고조되자 암브딜와에두 수마일라 마무주 시장은 수차례 경고를 했지만 정부는 아무런 반응이 없었다. 바디루 센터장은 "바오밥 나무를 이해시키려면 바오밥 나무를 흔들어야 한다고 FV는 생각했다. 비록 파리에서 80만(sic)km 떨어져 있지만 마무주의 시장도 엄연히 프랑스의 시장으로서 안 이달고 파리 시장만큼 존중받아야 한다"고 역설했다.

제랄드 다르마냉 프랑스 내무부 장관과 마리 게브누 해외영토담당 차관이 직접 행동에 나서야 한다. FV의 일원인 나빌루 알리 바카르 마무주 경제사회환경위원장은 "정부가 자신들의 말에 귀 기울이지 않는다는 것을 아는 시장들은 뒤로 물러나 FV에게 정부와의 협상을 맡겼다"라고 설명했다. 협상 결과 다르마냉 장관은 한정적 체류 허가증을 폐지하고, 가족 비자 발급에 더 엄격한 규칙을 적용하고, 경찰의 존재를 강화하고, 첨단 해상 감시기술을 활용해 섬 주변 해상에 '철의 장막'을 구축하는 등의 대책을 발표했다.

하지만 무엇보다 눈길을 끈 조치는 헌법 개정을 통해 마요트의 속지주의를 폐지한다는 내용이었다. 바카르 위원장은 "마요트인들이 바라왔던 조치"라고 설명하며 속지주의 폐지에 암묵적인 동의를 표했다. 바디루 센터장과 술라 회장 역시 "정당한 조치"라고 평가했다. TV 방송에 출연한 마요트 해외영토자유독립당(LIOT)의 에스텔 유수파 의원은 "속지주의 폐지는 이민 열기 가열에 종지부를 찍을 것"이라고 평가했다. 유수파 의원은 차기 '다르마냉 정부'의 해외영토 장관으로 거론되는 인물이다.

협상의 최일선에 섰던 아우니는 속지주의 폐지에 강한 이의를 제기했다. "FV의 요구사항 중 최우선 사항은 "발라뒤르 비자"였다. FV는 속지주의 폐지를 전혀 언급하지 않았다. 이것은 다르마냉이 느닷없이 꺼낸 카드다. 그가 선거를 위해 마요트를 이용하는 듯한 인상을 지울 수 없다. 과거 발라뒤르가 그랬듯이 말이다."

"봉쇄 운동을 벌였던 이들은 속지주의에는 관심이 없다. 이들이 원하는 것은 치안이다!"라고 토로하는 리보의 말에서 실망감이 느껴졌다. "노조 활동가들은 우파와 극우파 담론과의 싸움에서 졌다. 사회보장도 중요하고, 좌파의 담론도 중요하고, 공공서비스 발전도 중요하지만 한 가지 사실을 인정해야 한다. 치안 문제를 해결하지 못하면 모든 것이 소용없다!" 아우니 역시 본토의 '안일한 진보주의'에 불만을 표시하며 "좌파 운동가들은 이민자 관리가 매우 중요하다는 점을 익히 알고 있다. 하지만 틀이 마련되어 있어야만 관리를 할 수 있다. 우리는 이 틀을 잃었다. 자유로운 왕래가 불가능하고 치안이 보장되지 않는다면 굿 거버넌스를 고민할 수 있는 여유도 없다. 마요트는 생사의 갈림길에 있다!"라고 역설했다. **ld**

글·모리스 르무안 Maurice Lemoine
기자 겸 작가. 주요 저서로 『Juanito la vermine, roi du Venezuela 베네수엘라의 왕, 버러지 후아니토』(Le Temps des cerises, Montreuil, 2023)가 있다.

번역·김은희
번역위원

(1) 마요트의 여성 전통 복장. 화려한 색상의 천을 가슴에 둘러 묶고 발까지 늘어트린 옷으로 머리나 어깨에 긴 스카프 키샬리(kishali)를 함께 두른다.
(2) 'Chiffres-clés 주요 수치', 국립통계경제연구소(Insee), Paris, 2024년 2월 29일.
(3) Ibid.
(4) 나머지 신생아(37.2%)는 부모 중 한 명(30%가 아버지)이 프랑스인으로 '출생과 동시에 프랑스 국적을 취득'했다. ('Diversité et précarité : le double défi des univers ultramarins – Mayotte 다양성과 취약성: 해외영토의 이중 과제', 가족아동연령 고등위원회[HCFEA], Paris, 2022).
(5) François Héran, 'À Mayotte, de quel droit du sol parle-t-on? 마요트의 속지주의란?', <르몽드>, 2024년 2월 13일.
(6) 인도양 문학상 수상작인 『La Chatouilleuse 간지럼 부대』(Éditions du Signe, Strasbourg, 2022)는 아우니가 쓴 소설이다.
(7) 2024년 3월 7일, 음데레는 범죄 선동죄로 집행유예 3개월과 벌금 1만 유로를 선고받았다.
(8) 2023년 6월 27일, 낭테르에서 17세의 나헬 메르주크가 경찰이 쏜 총에 맞아 사망하자 여러 도시에서 이에 항의하는 폭동이 발생했다.

살충제 남용 로비에 흔들리는 농업

친환경 '에코피토' 계획을 보류한 프랑스의 속내는?

값싼 우크라이나산 곡물 때문에 시작된 치열한 경쟁으로 인해 유럽 농부들이 집결했다. 이들의 시위로 인한 나비 효과가 생명과 자연을 존중하는 정신을 위협하기에 이르렀다. 특히 프랑스 정부와 농산업에서는 소득 격차, 노동 조건, 자유 무역과 관련한 진짜 질문에 진솔하게 답변하는 것을 회피하려고 농부들의 분노를 다른 방향으로 바꾸고 있다.

마르크 레메 ▌기자

프랑스 농민들의 도로 봉쇄 시위가 이어지자 에마뉘엘 마크롱 대통령과 가브리엘 아탈 총리는 프랑스 최대 농업 조합인 프랑스 농업경영자 총연맹(FNSEA)이 제시하는 요구사항에 응했다. 그러나 다른 단체에서 요구한 적절한 소득 문제에 대해 이들은 함구했다. 수많은 과학 논문이 입증했듯이 과도한 살충제 사용과 합성 물질 사용으로 인한 최초의 피해자는 농업인이다. 그런데도 프랑스 정부는 건강 정책과 환경 정책에서 눈에 띄게 뒷걸음질 치고 있다.(1)

'트랙터의 반란'은 1960년대 탄생한 개발 방식이 현재 위기에 봉착했고, 이것이 매우 거대한 소득 격차를 야기한다는 사실을 드러내는 단적인 예다.(2) 상위 10% 농업인은 1년에 최소 4만 4,600유로로 살아가지만, 하위 10% 농업인의 소득은 1년에 1만 900유로를 넘지 못한다. 전체 인구의 빈곤율은 14%지만 농업계에서 빈곤율은 16%에 이른다. 1970년부터 2020년까지 농업 경영 규모는 계속해서 커졌지만 농업 경영인의 수는 약 160만 명에서 39만 명, 즉 4분의 1로 줄어들었다. 프랑스 통계청의 예상에 의하면,

2035년에 프랑스의 농업 경영인 수는 27만 5,000명 정도밖에 되지 않을 것이라 한다. 농업 분야의 일자리는 80만 명의 직원, 기술자, 농업 노동자로 이루어지는데 이 중 12만 명의 계절 노동자는 주로 외국인에다 불안정한 임시직이고 위험한 물질에 가장 먼저 노출된다.(3)

10년 더 연기된
친환경적 '에코피토' 계획

2023년 11월 16일, 유럽연합은 제초제 주요성분인 글리포세이트를 금지하는 규정을 10년 더 연기하기로 했다. 이는 2017년 에마뉘엘 마크롱이 내세운 공약에 반하는 내용이다. 당시 마크롱 대통령은 "아무리 늦어도 3년 안에" 글리포세이트를 금지할 것이라고 약속한 바 있다.(4) 프랑스 농업경영자 총연맹(FNSEA)의 요구에 응하기 위해, 2024년 2월 1일, 가브리엘 아탈 총리는 에코피토(Ecophyto) 계획을 "일시 보류"하겠다고 발표했다.

에코피토 계획은 2008년 니콜라 사르

(1) Sophie Leenhardt, 『Impacts des produits phyto-pharmaceutiques sur la biodiversité et les services écosystémiques 살충제가 생물다양성과 생태계에 끼치는 영향』, Éditions Quæ, Versailles, 2023.

(2) Benoît Bréville, 'La révolte des tracteurs 트랙터의 반란', <르몽드 디플로마티크> 프랑스어판, 2024년 2월, 한국어판 2024년 3월호.

(3) 'Transformation de l'agriculture et des consommations alimentaires. Insee références. Éditions 2024 농업과 식품 소비의 변화, 통계 자료, 2024년판', Institut national de la statistique et des études économiques (Insee), www.insee.fr

(4) Stéphane Foucart와 Stéphane Horel, 'Macron réaffirme que la France interdira le glyphosate au plus tard dans trois ans 마크롱 대통령, 프랑스는 글리포세이트를 아무리 늦어도 3년 안에 금지할 것이라고 다시 한번 강조', <Le Monde>, 2017년 11월 27일.

코지 대통령 재임 시절에 시작된 프로젝트로 살충제 사용을 축소하는 내용을 골자로 한다. 2009년부터 2018년까지 10년 동안 농약 사용량을 절반으로 줄이겠다는 것이 당초 목표였다. 2015년부터 에코피토2 계획이 들어서면서 2025년까지 기한이 늘어났고, 곧이어 2018년에 새로운 에코피토2+ 계획이 발표되면서 목표를 2030년으로 바꾸었다.

이번에 가브리엘 아탈 프랑스 총리가 언급한 에코피토 계획 보류는 살충제의 유해성에 대한 평가 기준을 재검토하겠다는 의미를 포함하고 있다.(5) 가브리엘 아탈 총리의 발표 다음 날, 우르줄라 폰 데어 라이엔 유럽연합 집행위원장은 살충제에 관한 규정을 철회하기로 했다. 살충제에 관한 규정은 '녹색 협정'의 주요 사항으로 2030년까지 살충제 사용을 절반으로 줄이자는 내용을 담고 있다.

또한 2월 7일, 마크 페스노 농업부 장관은 국회에서 국민 건강과 생물 다양성에 대한 고려는 전혀 하지 않은 채 오히려 반대의 입장을 드러냈다. 마크 페스노 장관은 농약 사용 시 인근 지역을 보호하는 '비처리 구역(ZNT)'을 관리하는 다섯 개의 "헌장" 승인을 무효라고 판단한 법원의 결정에 항소할 뜻을 밝혔다.

2021년 3월 19일, 헌법재판소는 농업 종사자들이 직접 이 "헌장"을 구성할 수 있도록 허용한 시스템은 2004년 합헌성 블록에 포함된 환경 헌장에 맞지 않는다고 판단했다. 그때부터 환경 보호 단체들은 관할 관청에서 승인한 "헌장"을 하나씩 하나씩 취소시켰다. 주로 '비처리 구역(ZNT)'을 위반하는 내용 때문에 문제가 되었던 문서들이었다. '비처리 구역(ZNT)'이란 거주민 혹은 학교로부터 최소한의 거리(상황에서 따라 20m 혹은 그 이상) 내에서 농약 사용을 금지하는 구역을 의미한다. 어린이와 농민들의 건강보다는 생산성을 우선으로 여긴 결과다.

농업 시설을 둘러싸고 벌어지는 소송을 제한하기 위해, 프랑스 정부는 2월 1일 기자회견에서 농업 산업 시설에 대한 소송 기간을 4개월에서 2개월로 축소한다고 발표했다. 그리고 행정재판소에서 이루어지는 행정재판의 단계를 없애기로 했다고 덧붙였다. 축산업의 경우엔 '환경 보호를 위해 분류된 시설'에 대한 규정이 적용되는 기준을 재검토하기로 했다.(6)

1월 30일, 국회에서 가브리엘 아탈 총리는 유럽연합의 규정, 그중에서 특히 살충제에 관한 규정이 "프랑스 내에서 더 엄격하게 적용되는 위험"을 피하겠다고 약속했다. 예전에는 살충제에 관한 결정은 농업부 장관의 소관이었으나 2015년부터 프랑스 식품·환경·노동·위생 안전청(Anses)이 살충제의 시장 출시 허가 여부를 감독하고 있다.

가브리엘 아탈 총리는 "프랑스 식품·환경·노동·위생 안전청(Anses)이 유럽연합 규제 기관과 연계하지 않고 결정을 내리는 것은 의미가 없다. 우리는 이 상황에서 벗어나야 한다"라고 강조했다.(7) 총리의 이 발언은 정부가 실질적으로 별문제가 되지 않는 문제를 해결하려고 애쓰면서 정작 농민들에 대한 배려는 거의 하지 않는다는 사실을 보여준다.

농업 분야에서 살충제에 관한 유럽연합 규정 대부분은 프랑스 의회에 의해 변형되어서는 안 된다. 왜냐하면 직접적인 적용이 필요한 내용이기 때문이다. 그리고 유럽연합에서 정한 회원국 간 공통으로 지켜야 하는 최소한의 규정이 프랑스보다 그 내용이 엄격한 경우는 매우 드물다. 오히려 반대다. 그 예로 스페인과 그리스의 경우엔 유럽에서 가장 많이 살충제를 허용하는 국가다.(8)

(5) Corentin Barbu 외, 'Plan Ecophyto, tout comprendre aux annonces du gouvernement 에코피토 계획, 정부 발표 이해하기', 2024년 2월 24일, https://theconversation.com

(6) Sophie Fabrégat, 'Écophyto, nouveaux OGM, clauses de sauvegarde : les annonces du Gouvernement aux agriculteurs 에코피토, 새로운 GMO(유전자변형), 보호 조약-정부가 농민들에게 한 발표', 2024년 2월 1일, www.actu-environnement.com

(7) Anthony Cortes, 'Pesticides : le gouvernement veut-il la peau de l'expertise scientifique de l'Anses? 살충제: 정부는 프랑스 식품·환경·노동·위생 안전청의 과학적 평가가 파멸하길 바라는 것인가?', <L'Humanité>, Saint-Denis, 2024년 2월 7일.

(8) 'Atlas des pesticides 2023, 2023년 살충제 모음집', Fondation Heinrich Böll et La Fabrique Écologique, https://fr.boell.org/fr

특히 시골에서는 규정을 준수하지 않는 사례가 많다. 살충제, 질산염, 수풀 파괴, 생물다양성 파괴, 휴경지 등 농업과 관련한 모든 오염이 다 여기에 해당한다. 유럽 차원에서 보면 수많은 소송이 벌어진다. 이 소송들은 살충제 사용 제한, 습지 보존, 수질과 대기질 향상 같은 문제에서 환경 정책이 현실적으로 효과가 없는 것을 규탄하고 있다.

"우리는 이미 유럽에서 가장 높은 수준의 보건 및 환경 품질 기준을 갖추고 있습니다. 기존 규제를 철회해 달라는 이야기가 아닙니다. 단지 생산에 방해가 되는 추가적인 규제를 중단해 달라는 요청을 드리는 것입니다."

2024년 1월 29일 일간지 〈우에스트-프랑스(Ouest-France)〉에 실린 아르노 루소 프랑스 농업경영자 총연맹(FNSEA) 회장의 말이다. FNSEA는 50년 넘게 농업부와 함께 농업 정책을 관리해 왔다. 아르노 루소 회장은 최근의 "위기에서 벗어나기" 위해 주요 인물 두 명과 직접 협상을 진행했다. 바로 가브리엘 아탈 총리와 마크 페스노 농업부 장관이다. 그가 한 발언과는 달리, 프랑스는 매년 많은 양의 살충제를 사용하고 있고, 특히 아직도 제초제를 많이 사용한다.(9)

로비 나선 농업경영자 총연맹 회장, 마크롱과 돈독한 사이

식수나 관개용 수로에 물을 공급하는 취수원 보호 문제에서도 동일하게 경시하는 태도를 보인다. 1992년부터 공공 이익용으로 지정된 모든 취수원은 규제를 따라야 한다. 그러나 취수원 보호가 제대로 이루어지지 않아 오염된 취수원이 버려지고 있다. 그러다 보니 수자원으로 인한 갈등이 전례 없이 심각한 상황이다.

농업이 주된 산업인 센에마른 주의 경우엔 350개 취수원 중에서 100여 곳이 여전히 보호받지 못하는 상황이다. 여기서는 살충제 살포나 유기성 폐기물에 대해 제한을 두는 어떤 규제도 존재하지 않는다. 이처럼 제대로 보호받지 못하는 시설 가운데 일드프랑스 지역 센에마른 주에 위치한 우르크 지역자치단체 연합이 관리하는 시설도 있다. 이 지역자치단체 연합에 속해있는 트로시-앙-뮐티앙 코뮌의 시장, 그가 바로 프랑스 농업경영자 총연맹(FNSEA)의 회장인 아르노 루소다.(10)

그는 자신이 거주하는 지역에 800헥타르에 달하는 곡물 농경지를 소유하고 있다. 그는 또한 여러 기업에서 중책을 맡고 있다. 지주회사인 아브릴 그룹이 대표적이다. 식품 연구그룹인 아브릴 그룹은 18개국에 진출했으며, 레지외르(Lesieur), 퓌젯(Puget), 마틴스(Matines) 같은 브랜드를 관리하는 대기업이다.

2023년 5월 30일, 아브릴 그룹의 40주년 기념행사가 피노(Pinault) 재단 본부에서 열렸다.

이 행사에 참석한 에마뉘엘 마크롱 대통령은 영상에서 "우리의 주권을 세우고, 우리의 에너지 전환을 계획해야 한다"라고 야심 차게 말했다. 대통령과 아브릴 그룹의 돈독한 관계는 2008년에서 2012년 사이로 거슬러 올라간다. 당시 마크롱 대통령은 로스차일드 은행에 재직 중이었고, 아르노 루소 이전에 아브릴 그룹의 수장으로 있던 필리프 티루스-보르드 회장에게 조언하곤 했다.

그런데 일반적으로 공공기관을 향한 폭력에는 별다른 처벌이 이뤄지지 않는다. 1월 18일, 오드 주의 카르카손 시에 위치한 환경·계획·주거 지역총괄부(Dreal) 건물에서 폭

(9) 'État des lieux des ventes et des achats de produits phytosanitaires en 2021, 2021년 살충제 판매 및 구입 국가', Datalab essentiel, ministère de la transition écologique et de la cohésion des territoires 생태 전환 및 국토연계부 주요 자료, 2023년 4월, www.statistiques.developpement-durable.gouv.fr

(10) 'Le captage d'eau non protégé du président de la FNSEA 취수원을 보호하지 않는 프랑스 농업경영인 총연맹 회장', 2024년 3월 3일, www.eauxglacees.com

<왕질경이>, 16세기 - 게라르도 치보, <디오스코리데스 드 치보와 마티올리> 작품 중 발췌

발이 일어났다. 1월 28일, 북쪽에 있는 퀘스노아에 위치한 생물다양성 프랑스 사무소(OFB) 건물 앞에는 퇴비가 쌓여 있었다. 그런데 가브리엘 아탈 총리는 이 기관을 환경 문제보다 농업의 경제적 이익을 더 우선하는 도지사의 감독하에 두겠다고 발표했다.

"저희에게 어떤 의무를 수정해 달라, 이행하기 쉽게 해달라는 요청이 들어옵니다. 그런데 원래 저희가 할 일은 현장에 가서 상황을 확인하고, 감독하고, 예방하는 일이거든요. 필요하면 처벌도 하고요. 그러나 여기서는 농장에 이래라저래라 요구하는 일이 전혀 없습니다."

2024년 2월 8일, 부르고뉴-프랑슈-콩테 지역의 기관에서 일하는 직원이 <프랑스3> 방송에서 털어놓은 내용이다.

환경 보호론자들은 이렇게 대대적으로 감시를 포기하는 상황에 우려를 나타내고 있다. 2024년 2월 1일, 프랑스 자연환경(FNE)의 단체장인 앙투안 가테는 '소식-환경'이라는 사이트에서 진행한 인터뷰에서 다음과 같이 말했다.

"환경 사법권에 접근할 수 있으려면 감시·감독이 필수이고, 이를 위한 엄격한 권력 분립이 필요합니다. (…) 행정부가 법원이 감시하고 처벌하는 일을 하는 것을 비난한다면 이것은 말도 안 되는 이야기입니다. 만약 총리가 프랑스 생물다양성 사무소(OFB)에 대해 제대로 알아봤다면, 이 기관이 또한 사법 경찰의 역할도 한다는 사실을 아마 이해했을 겁니다. 이런 맥락에서 보면 농업 분야에서 이들이 실질적으로 감시·감독해야 하는 일 중 20% 정도 수행하고 있다고 보시면 됩니다."

많은 조사 결과에 의하면 환경 감독 수준이 충분하지 않고, 환경 침해에 대한 처벌은 가볍다고 한다. 카테 회장은 결론적으로 "환경 정책을 강화해야 한다"라고 말했다. "이 사법 경찰이 공장식 농업을 목표물로 삼아야 합니다. 왜냐하면 바로 거기가 환경오염의 주범이거든요."

이런 유형의 범죄 앞에서 정부는 그저 손 놓고 바라보고 있다. "비슷한 상황처럼 보이지만 다른 방식으로 처리해야 한다는 것입니다." 1월 30일, <프랑스2> 방송에서 제랄드 다르마냉 프랑스 내무부 장관이 이렇게 주장했다. "저는 열심히 일하는 사람에게 경찰을 보내는 그런 사람이 되고 싶지 않습니다. 일하는 사람을 범죄자와 같은 방식으로 대해야 한다니 그건 말도 안 되는 일입니다."

이런 식의 논리라면 연금 개혁 반대 시위에 동참했던 수백만 명의 노동자들은 왜 그런 취급을 받았는지 모르겠다. 생트-솔린 마을에서 두들겨 맞았던 생물다양성 옹호자들은 왜 그렇게 유린되었는가. 무자비하게 진압당했던 노란 조끼 시위자들은 일하는 사람이 아니었던 것일까.

부유한 농업경영인들의 요구에
동조하는 마크롱 정부

'트랙터의 반란'은 현재 농업 산업의 구조에 의문을 제기하는 움직임이라고 볼 수 있다. 지금 농업계는 프랑스 농업경영자 총연맹(FNSEA) 같은 지배자들이 진정한 식량 주권은 망각한 채 수출에 목매는 형국이다. 수출은 그들이 계속해서 밀었던 방향이라고 볼 수 있다. 물론 프랑스 와인을 비롯한 술, 곡물, 설탕, 유제품 같은 프랑스 제품이 잘 수출되고 있다는 사실은 좋은 일이다.

그러나 세계 시장을 개방한다는 것은 필연적으로 수입도 늘어난다는 의미다. 프랑스는 현재 프랑스 국내에서 생산하지 못하는 열대 과일을 대량으로 수입하고 있다. 그러나 과일, 채소, 고기처럼 국내에서 충분히 생산할 수 있는 농축산물조차 많은 양을 수입하고 있다. 이 제품들은 값싼 임금으로 생산되고 환경기준을 준수했는지 그 여부를 알 수 없는 상품이다.

유럽 전역 특히 프랑스에서 곡물 경쟁이 격화되는 상황에서 우크라이나산 곡물 수입 문제는 현재 프랑스 농업의 산업 모델이 한계에 부딪혔다는 사실을 보여줬다. 이 모델의 강력한 옹호자인 현 농업 지배자들도 이 사실을 인정할 수밖에 없었다.

일간지 〈우에스트-프랑스(Ouest-France)〉 인터뷰를 보면 프랑스 농업경영자 총연맹(FNSEA) 회장도 한발 물러섰다는 사실을 알 수 있다. "우크라이나를 지원할 필요가 있습니다. 우크라이나 농산물이 다른 국가로 이동할 수 있도록 유럽 항구가 개방되어야 하는 것은 당연한 일입니다. 그러나 그렇다고 유럽이 우크라이나 농산물을 다 받아주는 집합소가 될 수는 없는 것이죠. 프랑스 시장에 들어오는 양, 즉 할당량을 정하는 규정이 필요하다는 생각이 듭니다. 게다가 우크라이나에서는 프랑스에서 금지된 많은 화학 물질이 여전히 광범위하게 사용되고 있습니다."

프랑스 정부는 부유한 농업경영인이 제시하는 단기적인 전망에 동조하며 농업 정책의 방향성을 잡고 있다. 지난 4월 5일, 마크롱 대통령이 주재하는 국무회의에서 발의된 법안을 보면 생산성을 위해 프랑스 농업을 쥐어짜는 집약적 모델을 추진하고 있다는 것을 알 수 있다. 이렇게 되면 사회적 그리고 환경적 측면에서 과도한 비용을 치르게 될 것이다.

자유 무역과 수출에 무차별적으로 의존하고 값싼 수입 상품에 활짝 문을 열면, 결국 우리 토양은 척박해질 것이고 결과적으로 국내 생산의 미래마저 위협받게 될 것이다. 현재 상황을 보면 식품 대부분에서 프랑스 농민들이 프랑스 소비자의 필요를 충분히 만족시킬 수 있다. 사회적 기준과 환경기준을 엄격하게 지키고 보호하며 현장에서 일하는 농민들의 지혜에 기대를 걸어야 농민들의 소득과 제품의 품질을 보장할 수 있다. 그래야 식량 주권도 확보할 수 있을 것이다. **LD**

글·마르크 레메 Marc Laimé
〈르몽드 디플로마티크〉 기자

번역·이정민
번역위원

프랑스 교사들이 정부의 '사회적 선별'에 반대하는 이유

센생드니의 많은 교직원이 3개월 넘게 파업을 하고 있다. 프랑스 교육부가 발표한 '지식 충격(Choc des savoirs)'이라는 새로운 교육 프로그램이 시발점이었다. 2023년 말 가브리엘 아탈 프랑스 총리는 새 학기가 시작되면 중학교에 '수준별 그룹 수업'을 도입하고 중학교 졸업시험(brevet)을 고등학교 입학시험으로 전환할 것이라고 발표했다. 그 대대적인 개혁은 진정한 '사회적 선별' 정책으로, 프랑스에서 공공 서비스가 가장 취약한 지역 중에서 제일 빈곤한 데파르트망에 속하는 센생드니의 상황을 더욱 악화시킬 것이다.

안 주르댕 ▮프랑스 역사 · 지리 교사

조직화에서부터 어려움을 겪고 있는 다른 지역과 달리, 센생드니는 교육부의 개혁에 반대하는 시위운동의 선봉에 서 있다. 노조 연합은 교사와 보조 인력, 교무 직원 8,500명을 채용할 것과 노후화된 건물 개보수를 위한 자원을 요구하고 있다. 현재 교직원과 학부모, 학생들은 위 사항을 요구하며 하나가 됐고, 그들을 지지하는 목소리는 줄어들지 않고 있다. 파업 외에도 '텅 빈 학교' 작전이 이어졌다. 학생들은 열악한 학교 시설을 촬영했고 해당 영상은 입소문을 타고 퍼져 나갔다.

공장에서 제조된 벽, 외장재와 골격이 1979년 현장에서 조립되어 자연스럽게 주변 환경에 녹아 들어갔다. 당시 표준화된 도면 덕분에 대량으로 학교를 지을 수 있게 됐고, 노동 계급 아이들도 모든 학생에게 동일한 교육을 제공하는 '단일 중학교 교육'의 혜택을 받을 수 있게 됐다. 산업화된 건축의 꽃이었다. 하지만 지금은 가천장의 석면까지 모든 것이 처음 그대로다. 적은 비용으로 여러 번 재도색했다. 빈티지한 느낌이 나면 좋겠지만 그저 오래돼 낡았을 뿐이다.

화장실은 '영광스러운 30년' 이후 빛을 잃었다. 1층 화장실은 자물쇠로 잠겨 있고 관리인만 사용할 수 있다. 2층에는 교사, 교무 직원, 청소 인력들이 공동으로 사용하는 화장실이 단 두 칸밖에 없다. 쉬는 시간이면 서로를 밀치고 화장실로 달려간다. 지저분한 탓에 이곳의 특징을 제대로 감상하기는 어렵다. 하지만 벽 여기저기에 붙어 있는 코팅된 게시문들을 보면 알 수 있지만 화장실은 특별히 관심을 기울일 만한 곳이다.

*

"(마지막에 나가시는 분은)
나가실 때 불을 모두 꺼주세요."
"저희는 화장실을 깨끗하게 유지하기 위해
노력하고 있으니 정확히 조준해 주시면
감사하겠습니다."
"여러분, 청소 담당자가 담당 업무를
할 수 있도록 아래 사항을 지켜주시면
감사하겠습니다.
– 세면대에 음식물이 든 통을 두지 마세요.
– 목록에 없는 청소용품을 반입하지 마세요.
협조해 주서서 감사합니다.
청소 책임자 올림."

*

<일러스트레이션>, Ale+Ale

석면이 포함돼 있다. 뒤틀린 바닥에 왁스 칠 작업을 많이 하는 외국인 노동자 아이샤는 최근 오른쪽 폐에 반점이 생겼다는 사실을 알게 됐다. 그게 무엇인지 아직 확실치 않다.

(불행히도 망친) 수학 시험지를 작게 뭉쳐서 벽에 난 구멍을 막아놓았지만, 겨울철 한기를 막아주지 못한다. 이 학교가 '지속 가능한 중학교'라는 타이틀을 얻게 된 것은 학생들이 그토록 재활용하려고 노력했기 때문이 아니다. 어떤 교사가 지리 수업 대신 원예 동아리를 운영했는데 프랑스 생태부 장관은 그 '혁신적인 프로젝트'를 높이 사서 이 상을 주었다. 그 수업에서는 사과나무를 심었다. 양봉업자가 와서 주차장 뒤에 벌통도 몇 개 설치했다.

*

꿀을 먹지 마세요!
양봉업자가 방금 학교에서
키운 꿀이 식용으로
부적합하다고 경고했습니다.
이미 비서실에서
꿀단지를 받아 가신 분들은
폐기 바랍니다.
학생들에게 나눠줄 계획은
취소됐습니다.
– 교장실

*

몇몇은 악취를 참다못해 자비로 (목록에 없는) 소독약품을 사다 놓기도 했다.

외견상 청소 담당자들도 최선을 다하고 있기는 하다. 사실 그들은 대부분 여성이다. 그들은 일손이 부족한 상태에서 청소가 불가능한 부분을 청소하려고 애를 쓰고 있다. 민관 협력 프로그램 덕분에 학교가 새로 건설되자 여성 인력들이 데파르트망 전역에 '재배치'됐다. 그 이후로 남은 인력은 두 번의 급식실 업무를 보면서 중간에 청소를 한다. 예전에는 누군가 아프면 데파르트망에서 자체적으로 대체 인력을 보냈지만, 이제는 사디오나 살리마타라는 이름의 외국인 인력이 하루나 이틀 동안만 파견된다. 그들은 청소 회사에 소속된 파견 직원으로 업무에 따라 돈을 받는다. 그들은 전날에는 푸 베르(Feu Vert)의 차고 청소를 했고, 다음날은 까르푸 마켓 영업이 끝나면 진열대를 청소한다.

외국인 노동자 알리는 더러운 계단에 남아 있는 철자가 틀린 낙서를 재빨리 페인트로 덧칠한다. 하지만 유지보수 작업자가 모든 것을 고칠 수 없다. 창틀로 바람과 비가 새어 들어온다. 셔터는 돌풍에 망가진지 오래라 무용지물이다. 소나기라도 내리면 복도가 젖는다. 리놀륨 바닥재는 들뜨고 바닥재의 접착제에는

교사들이 추가 자원을 요구하며 파업을 벌인 적이 있었다. 교육 보조원 수가 모자라자 쉬는 시간에 사고가 발생하고 복도에서 이동하는 학

생들이 위험해졌다. 학생들이 다치거나 싸움이 벌어져도 통제하기 힘들어졌다. 두건을 쓰고 철봉으로 무장한 무리가 학교에 침입해서 교직원들이 큰 충격에 빠졌다. 교직원들은 용기를 내 파업에 들어갔다. 교육부 데파르트망 운영국(DSDEN)은 교사들의 추가 채용 요청에 귀를 막고는 '학교 환경(climat scolaire)' 교육이라는 비장의 카드를 꺼냈다.

이례적으로 반나절 수업이 이어졌다. 교육청에서 사람들이 도착했다. 보좌관은 "여기에 있는 저희는, 교육감님이 여러분을 지지한다는 것을 전해드립니다"라고 말했다. "파업은 항상 과하지만 여러분의 심정은 이해합니다. 학생들의 수업을 빼앗은 이 교류의 시간이 건설적이길 바랍니다."

행정부 무리에서 넥타이를 맨 정장 차림의 다른 이가 긴 독백을 시작했다. 나중에야 그가 감사를 위해 학교에 파견되는 교육청 교육감의 기술 자문인 '교무 관리장'이라는

사실을 알게 됐다. 그리고 그의 뒤를 이어 강사가 말했다. "팔로알토 학교에 대해 잘 알고 계시죠? 오늘은 메타커뮤니케이션에 대해 이야기해 보겠습니다."

교사들은 무슨 일이 벌어지고 있는지 알지 못한 채 여러 '워크숍' 그룹으로 나뉘었다. 일부는 '학교에서 더 이상 보고 싶지 않은 것'과 '새 학교에 바라는 것'을 각기 다른 색의 포스트잇에 적어야 했다.

회의실 반대편에서는 큰 목소리가 오갔다. 몇 명은 제공된 도구를 사용하지 않겠다고 거부했다. 레고가 방 안을 가로질러 날아갔고 분홍색 플레이 점토가 바닥으로 떨어졌다.

반면 세 번째 워크숍 쪽 상황은 순조로웠다. 교장과 생활지도부장이 지켜보는 가운데 보드지가 채워졌다. 한 시간 후 보고자들은 각 그룹의 작업 내용을 나머지 참석자들에게 발표했다.

그리고 워크숍 강사는 '생각할 거리'를 몇 가지 전달하며 오후를 마무리했다. 하지만 교육청 직원들이 내린 진단에는 오류가 있었다. 성인 간의 의사소통 문제에 직면했는데 추가적으로 인간적인 수단을 동원한 것이다. 그들은 문제를 해결하기 위해 그다음 주에 전체 교직원을 '친선 파티'에 초대했다.

파업으로 인해 틀어진 교사와 학교 경영진 간의 관계가 트위스터 게임(회전판을 돌려서 알록달록한 색판 위에 참가자들이 몸을 틀어 자리를 잡는 보드게임)을 몇 판 하면

회복되리라 생각했다. 트위스터 설명서에는 '6세 이상 어린이에게 권장'이라고 적혀 있었다.

학교 분위기는 계속 악화됐다. 이에 학교 경영진은 '실험' 삼아 '존중 주간'을 시작했다. 목표는 모든 학생을 교화하는 것이었다. '존중' 전문 '외부 강사'들이 초빙됐다.

레이드 어드벤처 오가니제이션(Raid Aventure Organisation)이라는 협회가 그 중심에 있었다. 해당 협회는 RAID(검색, 지원, 개입, 설득) 부서 출신의 전직 경찰관이 설립했으며 교육부로부터 승인까지 받았다. 학교들은 문을 활짝 열고 그들을 환영했다. 해당 협회 후원자 명단에는 다소 그룹(Dassault)과 베텐쿠르트-슐러 재단 이름이 올라가 있다. 또한 경찰 장비 전문 회사인 GK 프로페셔널(GK Professional)도 관대한 후원자였다.

이제껏 교사들은 일상에 찌들어 학생들에게 경찰기동대 방호복을 입혀 뛰어다니게 하거나 '좋은' 암락 기술을 어떻게 하는지 조언할 생각을 전혀 하지 못했다. 레이드 어드벤처 오가니제이션 협회 웹사이트에는 그날 학생들이 한 활동에 대한 설명이 상세하게 나와 있다.

*

레이드 어드벤처 오가니제이션
웹사이트-프록스 조치 소개
- '학생들을 위한 스포츠와 시민의식의 날'
- 자기 통제 및 자기 방어 기술 입문
- 치안 부대의 노하우 시범(검문 기술, 군견 시범,
도로 통제, 구조 작업, 경찰 장비 및 차량 견학)
- 향후 검문 시 경찰관의 제스처에 대한 이해를
높이기 위해 경찰 개입에 사용되는 전문적인
제스처와 기술(방어봉 다루기, 수갑 채우기,
신체검사, 심문 기술 등) 알아보기
- 경찰 방호복을 착용한 채 장애물 코스 달리기
- 학위가 없는 지원자를 위한 내부 지원 프로그램과
다양한 경찰 직무를 소개하고 채용하는 부스 운영

*

일부 학부모들은 '존중 주간' 중에 수갑을 찬 학생들

이 줄지어 운동장을 행진하는 것을 좋아하지 않았지만, 프랑스 교육부 장관은 반대하지 않았다. 학교 내 경찰관의 존재는 '금기'가 아니었기 때문이다. 그리고 교육부 장관은 뉴스 전문 채널인 〈LCI〉에서 "상황이 안 좋은 학교에 경찰관이 상주하는 것이 왜 안 됩니까?"라고 목소리를 높였다. 왜 안 되겠나?

이미 수년 전부터 학부모협의회연맹(FCPE)의 지역 지부들은 2021년 6월 오베르빌리에에서 그랬던 것처럼 '담 바깥' 전시회를 개최해 왔다. 전시회를 여는 것이 관행이 됐고 많은 사진이 찍혔다. 지난 3월 6일에는 교사와 학부모들이 모여 일드프랑스 지역 의회 철책에서 야외 전시회를 열었다.

예술가 알레산드로 레치스와 알레산드라 판제리(Ale+Ale)는 그 사진들을 이용해서 독창적인 작품을 만들어 냈다. 이들이 만든 콜라주 작품에는 안 주르댕의 〈학교 풍경〉속 텍스트도 실려 있다. 중등학교 교사인 주르댕은 2021년에 센생드니에 있는 학교에서의 일상을 글로 썼다(안토니 뷔를로, 알랑 포플라르, 그레고리 르젭스키, 『신세계: 신자유주의 프랑스의 풍경(Le Nouveau Monde. Tableau de la France néolibérale)』, 암스테르담 출판사, 파리, 2021). **Ld**

글·안 주르댕Anne Jourdain
프랑스 역사·지리 중등 교사

번역·이연주
번역위원

표현의 자유를 검열하는 '민주주의 수호'라는 구실

'금지' 만능주의를 금지하라!

민주주의와 토론 문화를 자랑하던 여러 서방 국가에서 지난해 10월부터 팔레스타인 지지자들의 표현권을 제한하는 조치가 잇따랐지만, 일각에서 공공의 자유를 주장하던 이들은 침묵했다. 자신들이 반대하는 사상에 대한 국가의 검열을 방관하고 묵인한 선례가 있기 때문이다.

세르주 알리미 ▌〈르몽드 디플로마티크〉 프랑스어판 고문
피에르 랭베르 ▌기자

2015년 1월, 프랑스 파리 도심에서 〈샤를리 에브도〉 편집진이 살해된 후 만화가 뤼즈는 대규모 연대 시위를 앞두고 이런 의문을 품었다.

"앞으로 1년 후에, 표현의 자유를 열망하는 이토록 거세고 진보적인 기세에서 과연 무엇이 남을 것인가?"(1)

10년 가까이 지난 지금, 우리는 빈번히 접하는 뉴스를 통해 그 답을 안다. 당국은 집회와 시위를 허가하지 않았고, 공개 토론회와 예술가와 지식인이 출연하기로 한 방송도 취소됐다. 풍자 작품에 제재를 가했고, 수십 년간 외쳐온 구호마저 금지했다. 지난해 10월 7일 하마스의 이스라엘 공격 이후, 팔레스타인 학생들에게 너그러운 대학 기관에는 공공지원금을 끊었다.

사법 위협도 가세했다. 지난 4월, 경찰은 '테러 옹호' 혐의로 야당 정치인들을 조사했고, 어느 노조 간부가 같은 사유로 집행유예를 선고받기도 했다. 반면, 철학자 베르나르 앙리 레비는 이스라엘의 가자지구 탄압을 정당화하고 라파를 침공해야 한다고 주장했지

만, 5년 징역형과 4만 5천 유로 벌금형에 처하는 '전쟁 범죄 찬양' 혐의를 받지 않았다.

자유 민주주의를 내걸고 '자유세계'와 '권위주의적 포퓰리스트'를 구별하면서 표현의 자유를 짓밟는 국가는 프랑스뿐이 아니다. 독일 연방의회는 2019년 5월에 이스라엘의 팔레스타인 영토 점령에 항의하는 국제 시민사회의 '보이콧·투자철회·제재(BDS) 운동'을 반유대주의로 규정하는 결의안을 통과시켰고, 독일 정부는 지난 10월 7일 침공 이후로 팔레스타인인들의 저항을 지지하는 연대 시위를 탄압했다.(2)

타블로이드 신문 〈디빌트〉는 '유대인 혐오 시위 지지 성명에 서명한 교사들'이라는 제목으로 '학계 범죄자' 명단을 게재하기도 했다. 미국 하원은 지난해 5월, 대학 내 반유대주의 척결을 구실로 이 용어의 정의를 더 넓혔다. 이에 따라 이스라엘에 대한 특정 형태의 비판은 사상 범죄로 간주하며, '시오니즘'에 반대하거나, 이스라엘을 '인종차별주의 국가'로 묘사하거나, '인티파다(봉기)'를 촉구하면 처벌 대상이 된다.

(1) <LesInrocks.com> 인터뷰, 2015년 1월 10일.

(2) Sonia Combe, 'Peut-on critique Israël en Allemagne 독일에서 이스라엘을 비판할 수 있을까?' ; Pierre Rimbert 'À Berlin, la politique du pire au nom du bien 베를린에서, 선의를 가장한 최악의 정치', <르몽드 디플로마티크> 프랑스어판, 2023년 4월 및 12일.

민주당 소속 에릭 애덤스 뉴욕시장은 중무장한 경찰관 300명을 투입해 컬럼비아대학교 캠퍼스에서 평화롭게 시위하던 친팔레스타인 학생들을 진압했다. 애덤스 시장은 "청년들의 급진화를 부추기는 움직임을 좌시하지 않겠다"라며 경찰을 투입한 이유를 정당화했다.(3) 민주주의 체제에서 '청년들의 급진화를 부추기는 움직임'은 시 당국의 대응이 필요한 범죄가 아니다.

(3) <The Nation>, New York, 2024년 5월 3일.

평상시에 자유주의자들이 과도한 권위주의를 정당화하는 단어가 있다. 바로 테러리즘이다. 2001년 9·11 테러와 2015~2016년에 지하디스트들이 프랑스에서 일으킨 샤를리 에브도 테러, 포르트드뱅센 인질극, 바타클랑 콘서트홀 테러, 니스 테러 이후, 서방 지도자들은 처음에는 안보를 명분으로 기본권을 제한하는 입법 장치를 예외적으로 도입했다가 이런 장치를 차츰 일상화했다.(4)

(4) Raphaël Kempf, 'La loi des suspects 반혁명용의자 체포령', <르몽드 디플로마티크> 프랑스어판, 2017년 7월호.

여기에 언론의 도움을 받아 대중이 극우적 사고를 하도록 부추겼다. 사람들이 급진 이슬람주의라는 실질적인 위협과 이슬람교도 신자들이 동원된 전투라는 서구 사회를 떠도는 가상의 위협을 동일시하게 만든 것이다. 그래서 이스라엘과 팔레스타인 간의 식민지 분쟁을 하마스의 테러에 맞선 민주주의의 수호로 포장하는 일은 식은 죽 먹기였다. 급기야 이스라엘 군대가 반인도적 범죄를 저지르더라도, 형법으로 "이스라엘은 학살 자행 국가"라고 비난하는 행위를 금지할 수 있게 되었다.

국가가 신뢰를 잃으면, 더 권위주의적이고 억압적으로

반대 진영을 침묵시키려는 열망은 가자지구의 경계를 훌쩍 넘어섰다. 2022년 2월 러시아가 우크라이나를 침공한 이후, 우크라이나 동맹국들은 러시아 선수들의 파리 올림픽 출전을 금지했으며, 러시아 대통령을 공개적으로 비난하지 않는 음악가들은 공연에서 배제했고, 가짜 뉴스 퇴치를 명분으로 러시아 국영 매체 <러시아투데이(RT)>와 <스푸트니크 국제방송>을 유럽 전역에서 금지하기도 했다.

유럽 국민은 서방의 선전에 모순되는 선동으로부터 보호받아야 한다는 이유로, 지도자들의 손아귀에 놀아나는 어수룩한 대중 취급을 받는다. 언론인들은 선의의 이름으로 자행되는 정부 검열을 너무나 당연히 여겨서 <르몽드>(2024년 5월 7일 자) 사설은 이스라엘 내 <알자지라> 방송 금지를 적절히 비판하면서도 "이러한 관행은 보통 다른 목소리를 허용하지 않는 권위주의적 정권의 특징이다"라고 평가했다.

하지만 이 문장이 당시 <르몽드>가 칭찬했던 유럽의 러시아 방송 금지 조처에도 그대로 적용된다는 생각은 미처 하지 못했나 보다. 게다가 지난 5월 14일에 프랑스 정부가 유럽연합에서는 최초로 뉴칼레도니아에서 틱톡을 금지한 결정 역시 '사상과 표현의 자유로운 소통'과는 거리가 멀다.

우크라이나 전쟁과 가자지구 사태 이전에도 2016년 도널드 트럼프가 예기치 않게 미 대통령으로 당선되자, 일부 서방 정치 엘리트들은 '매카시즘 시대'처럼 적이 내부에 있거나 러시아 정부로부터 대가를 받는 첩자일 것이라고 여겼다. 트럼프가 러시아 푸틴 대통령의 도움으로 당선된 것으로 (부당하게) 의심을 받은 후에는 이런 속임수가 잘 먹혀들었다.

2018년 '노란 조끼', 2021년 백신 반대, 2022년 장뤼크 멜랑숑, 2023년 연금 개혁 반대 시위, 이듬해의 분노한 농민들의 시위, 심지어 빈대 확산까지 러시아의 음해공작 탓으로 돌렸다.

가브리엘 아탈 총리가 우크라이나 관련 토론에서 이렇게 말했을 정도다.

"블라디미르 푸틴의 군대가 이미 우리나라에 있는 게 아닌가 싶군요. 마린 르펜, 이건 당신과 당신 군대를 두고 하는 말입니다."

같은 시기, 미국에서는 낸시 펠로시 전 하원의장이 팔레스타인을 지지하는 일부 학생들이 "러시아와 연계되어 있다"라고 주장하면서 FBI에서 이 문제를 수사해야 한다고 주장했다.

그러나 정작 유럽 정치인들은 텔아비브에 미국의 '제5열(fifth column, 내부의 적)'이나 프랑스 요원이 있을지도 모른다는 가능성에는 관심이 없어 보인다. 네타냐후 이스라엘 총리의 측근 프랑스 우파 의원 메예 하비브는 이스라엘 군대에 복무하는 입이 험한 인플루언서처럼 행동한다. 프랑스 엑상프로방스 시청은 10월 7일부터 팔레스타인 민간인은 아랑곳하지 않고 이스라엘 국기를 줄곧 게양해 왔다.

1969년, 샤를 드골 대통령은 언론이 프랑스의 이스라엘 무기 수출 금지 결정을 강력하게 비판하자 이렇게 응수했다. "어떤 방식으로든 언론계에서 이스라엘 영향력이 감지된다는 점은 주목할 만하다. 물론 그동안에도 주목받았다."(5) 이스라엘의 영향력이 주목할 만하다는 점에는 변함이 없지만, 현재는 이전보다 훨씬 덜 눈에 띈다.

침묵을 강요받는 사람들만 검열에 반대하는 목소리를 낸다면 공적 자유 범위는 줄어들 수밖에 없다. 미국에서는 인종차별, 성차별, 동성애 혐오에 맞선 정당한 투쟁이 대학을 중심으로 진행되었다. 아무런 차별 없

는 사회화와 교육 공간이라는 진보적 정통성을 확립하려는 바람이 그 바탕이 되었다.

그러나 캘리포니아 교사들에게 여섯 쪽 분량의 '다양성, 형평성, 포용성' 기준(사회적, 문화적 정체성이 다양하고 유동적이며 공통적인 특징이 있음을 인정하며, 자기 스스로 편견을 파악하고 그에 따른 잘못을 바로잡으려고 노력한다)을 요구하는 것은 자유보다는 냉전 시대의 충성 선언을 떠올리게 만든다.(6)

과거에 우파는 이 새로운 규칙이 관용적이지 못하며 '과도한 정치적 올바름'을 추구한다고 여겼지만, 이제는 오히려 유대인 학생들을 불쾌하게 할 수 있다는 이유로 이스라엘 정책 비판 자체를 대학에서 금지하라고 요구하는 등 검열을 옹호하고 나섰다.

민주주의 국가를 이끄는 교양 있고 진보적이며 개방적인 엘리트들이 자신들이 혐오해 마지않는 독재 방식을 채택하는 이유는 대체 뭘까? 두 가지 이유가 기묘한 경향을 설명한다.

우선, 통치자의 신뢰 상실이다. 변호사이자 기자인 글렌 그린왈드는 "자신감 있고 자기 확신에 찬 국가 기관은 국민의 신뢰를 받고, 두려움이 없을 때 국민에게 더 많은 자유를 부여한다. 하지만 국가 기관이 신뢰를 잃으면 두려움 때문에 더 권위주의적이고 억압적으로 변한다."라고 설명했다.(7) 국가 기관들은 불협화음을 내는 정보와 의견이 나오면 가짜 뉴스, 극단주의, 증오 발언, 폭력 선동, 테러 옹호와 같은 꼬리표를 붙여 깎아내리거나 검열의 잣대를 들이댄다.

누가 민주적 담론의 기준을 정하는가?

그래서 미국 정부는 메시지의 내용이 정

(5) Alain Gresh, 『Palestine, un peuple qui ne veut pas mourir 팔레스타인, 멸망을 바라지 않는 민족』, Les Liens qui libèrent, Paris, 2024.

(6) 'Diversity, Equity and Inclusion Competencies and Criteria, Recommendations', https://go.boarddocs.com

(7) Tim Hains, 'Glenn Greenwald and Russell Brand: They are trying to silence dissent', www.realclearpolitics.com, 2023년 3월 26일.

(8) Matt Taibbi, https://twitterfiles.substack.com; Philip Hamburger, Jenin Younes, 'The Biden administration's assault on free speech', <Wall Street Journal>, 2023년 7월 28일.

확하거나 정당한 논쟁에서 비롯되었다고 해도, 정부 정책에 적대적인 것으로 보이면 해당 사용자 계정을 페이스북과 트위터에서 정지시키도록 했다.(8) 이처 럼 민간 대기업에 검열의 하청을 맡기는 관행은 코로 나19 팬데믹 기간에 횡행했다. 코로나바이러스 기원 에 대한 논의는 온라인 플랫폼에서 사실상 금지되다 시피 했다.

미 대선을 며칠 앞두고 있던 2020년 10월, 보수 매체 〈뉴욕 포스트〉가 헌터 바이든(당시 바이든 민주 당 대선후보의 차남)이 버린 노트북에서 유출된 민감 한 문서를 보도했다. 하지만 대다수 주요 언론과 소셜 네트워크는 해당 기사 배포를 자발적으로 막았다. 트 럼프에 적대적인 편집장들은 '러시아의 가짜 뉴스 공 작'으로 단정한 정보부 관계자 51명의 공개 성명을 내 세워 기사를 검열했지만, 조 바이든이 미 대통령에 당 선된 후에 해당 내용은 정확한 정보였던 것으로 판명 되었다.

진보 진영은 자발적인 검열에 순기능이 따른다 고 믿는다. 진보 진영은 부유하고 교육 수준이 높은 유권자들의 지지를 받으며, 교육 수준이 낮은 서민층 유권자가 선호하는 포퓰리즘의 격변에서 나라를 지키 려 한다. 이에 반대되는 의견은 정보와 지성, 절도와 섬세함이 부족한 탓으로 돌리면서, 교조적인 성향이 강한 자신들의 가르침을 계몽이라고 여긴다. 좌파가 대중 전선이 아닌 교조적인 모습을 띨 때 권위주의적 인 합리화가 만연해진다.

금지하려는 열망은 견제받지 않는다. 정치권과 사법부, 언론은 격리 조치, 통행금지령, 외출 증명서, 혼자 바다를 볼 때조차 마스크를 착용해야 하는 의무, 백신 패스. 팬데믹 기간에 쏟아진 각종 예외 조치를 아무런 반발도 하지 않고 방관했다. 표현의 자유를 옹 호하던 이들과 좌파 지식인들은 정부의 검열을 방관 하고 분노를 삼켜, 표현의 자유를 반대하는 이들에게 유리한 선례를 남기고 말았다.

〈스크린〉, 1960 - 니젤 헨더슨

요컨대, 길거리에서 베일 착용을 금지하는 것이 불가능하다고 여긴 루트 엘크리에프 〈LCI(공영 라디오 방송)〉 기자에게 극우 정치인 에릭 제무르는 이렇게 반박했다. "난 동의하지 않습니다. 우리는 6개월 동안 프랑스인 6천만 명의 이동을 제한했고, 코로나 봉쇄 기간에 외출한 사람들은 경찰 감시를 받았어요. 불가능하지 않았습니다. 그런데 여성 몇천 명이 베일을 못 쓰게 하는 걸 못 할 거라고 하는 건가요? 아니요, 할 수 있답니다."(9)

이러한 금지를 향한 갈증, 비난받을 만하고, 왜곡된 악성 뉴스를 검열해서 없앨 수 있다고 여기는 착각에 저항하는 것이 과연 '불가능'할까? 1978년 12월 29일에 〈르몽드〉가 '제목에 주석까지 달아' 홀로코스트 가스실의 존재를 부정하는 로베르 포리송 교수의 글을 버젓이 게재했던 일을 기억하는 사람은 이제 거의 없다.

물론 신문은 포리송의 주장이 '터무니없다'라고 봤다. 그러나 "많은 독자에게 증거를 보고 판단해야 한다"라고 여겨서, 같은 호의 다른 지면에 역사학자들과 증인들의 말을 실어 포리송의 왜곡된 주장을 바로잡았다. 그 당시 일간지는 독자들의 사고 능력을 키워줬다.

2005년에도 유대인, 아르메니아인, 노예 학살과 관련된 추모법을 계기로 검열을 거부하던 피에르 비달나케, 모나 오주프, 피에르 노라, 마르크 페로를 비롯한 각계 인사들이 성명서 서명을 위해 한자리에 모였다. 모두가 이구동성으로 역사학자들의 제재를 받게 될 것이라며 "무엇을 추구하고, 찾아내야 하는지를 지시하고 한계를 긋는, 민주주의 체제에 걸맞지 않은 이런 입법 조항들을 폐지할 것"을 요구했다.(10)

오늘날 대두되는 극단주의에 사로잡힌 이들에게 정치 전문 기자 에드위 플레넬은 이렇게 말했다. "우리의 한계는 편협한 사상이 아무렇게나 전파되게 놔둘 수 없다는 데 있다. 민주주의를 사수하려면 비민주적인 의견에 무한한 표현의 자유를 내어줄 수는 없다."

그러나 누가 민주적 담론의 기준을 정하는가? 플레넬이 제안한 민주주의를 사수하는 방안이란 〈메디아파르〉의 편집 강령을 사회 전반으로 확대하는 것일까? 감시·감독을 받으며 사는 것보다 놀라 충격을 받는 게 나을 때도 있다.

2021년 3월, 버니 샌더스 미 상원의원은 트럼프 대통령을 "인종차별주의자, 성차별주의자, 동성애 혐오자, 외국인 혐오자, 병적인 거짓말쟁이, 권위주의자"라고 비난하고는 다음과 같이 덧붙였다. "미국의 전직 대통령이 트위터에 더 이상 자기 의사를 표현할 수 없는 것이 정상이라고는 생각하지 않는다. 머지않아 완전히 다른 사람이 금지 대상이 될 수도 있다."

우리는 지금 바로 그 머지않은 미래를 살고 있다. **ld**

(9) 〈LCI〉, 2022년 9월 30일.

(10) 'Liberté pour l'histoire 역사에 관한 자유', 〈리베라시옹〉, 2005년 12월 13일.

글·세르주 알리미 Serge Halimi
〈르몽드 디플로마티크〉 프랑스어판 고문
피에르 랭베르 Pierre Rimbert
〈르몽드 디플로마티크〉 기자

번역·이푸로라
번역위원

〈르몽드〉의 또다른 걸작, 계간 무크지

〈마니에르 드 부아르〉 열여섯 번째 이야기

한국판 여름호 『길들여지지 않는 예술』

〈마니에르 드 부아르〉 여름호(16호)
『길들여지지 않는 예술』24년 7월 발간!

권 당 정가 **18,000원**
1년 정기구독 시 **65,000원**
(총 4권, 정가 72,000원)

이 책은 총 3부로 구성되어 있습니다. 1부 스크린 위의 환상, 2부 심심풀이용 대중문화, 3부 길들여지지 않은 자들의 음악. 필자로는 슬라보예 지젝, 모나 숄레, 에블린 피예에, 이냐시오 라모네, 스티븐 킹, 아이작 아시모프, 장크리스토프 세르방 등이 있습니다.

구독 문의   www.ilemonde.com | 02 777 2003

<시간 돌리기 사진>, 1963 - 모르데카이 아로동 _ 관련기사 70면

MONDIAL

지구촌

모스크바에서 바라본 팔레스타인 사태

미국에 가로막힌 러시아의 외교 중재

러시아는 하마스를 포함한 이스라엘–팔레스타인 분쟁 당사자 모두와 초창기부터 관계를 지속해왔다. 열강 중에선 보기 드문 경우다. 하지만 러시아의 중재 역할은 여전히 제한적이다. 우크라이나에서 서방과 대치 중이기도 하거니와 미국이 주도적으로 이–팔 문제를 이끌어가기 때문이다.

이리나 즈비아젤스카이아 ▮ 사학자

2023년 10월 7일 하마스의 공격을 받은 이스라엘이 전쟁을 개시하고 요르단강 서안 지구에 대한 폭격을 감행하면서 팔레스타인 문제가 다시금 국제적인 관심을 받고 있다. 사실 2020년 아브라함 평화 협정이 체결되고 이스라엘과 일부 아랍 국가 사이의 관계가 정상화되자 팔레스타인 문제는 이제 관심 밖으로 밀려났다고 생각하는 이들이 많았다. 더욱이 이스라엘과 사우디아라비아 간에도 평화 협상이 추진되었기에 이런 판단에 더욱 힘이 실렸다.

하지만 러시아의 외교 전문가들과 정치 당국자들의 생각은 달랐다. 이미 오래전부터 러시아는 팔레스타인 독립 국가 수립이 중동 안보 문제 해결의 핵심이라 생각해왔기 때문이다. 또한 최근의 상황에 대해서도 러시아는 양측 모두를 똑같이 비난했다. 10월 7일 하마스의 습격에 대해서는 "그 어떤 명분도 없는 행위"라고 규탄했으며, "가자지구의 민간인 거주 지역에 대한 무차별한 공습" 역시 똑같이 비난의 목소리를 높였다.(1) 러시아는 그해 10월 13일 곧바로 유엔 안보리에 결의안을 제출하는 등 거듭 휴전을 호소해왔고, 특히 팔레스타인 문제에 대한 정치적 해결을 촉구했다. (러시아의 결의안은 미국의 거부권 행사로 부결됐다.)

이렇듯 러시아가 중립적인 태도를 보이는 이유는 일단 러 연방 내의 무슬림 자치공화국으로 불길이 번질 것을 우려해서다. 작년 10월 29일만 하더라도 주민 대다수가 무슬림 교도인 다게스탄 공화국의 마하치칼라 공항에 이스라엘 항공기가 도착하자 성난 군중이 (가자지구 사태에 대한 반발로) 이를 에워싸는 전대미문의 사건이 벌어졌다. 하지만 러시아가 이렇듯 균형 잡힌 입장을 택하게 된 보다 근본적인 이유는 지금까지도 뚜렷이 각인되어있는 그간의 외교사 때문이다. 이–팔 사태를 둘러싼 여러 세력은 수십 년간 힘의 재편 과정을 겪었고, 그에 따라 구 소비에트 연방 시절의 모스크바 역시 급격한 노선 변경을 해야 했다.

구소련은 이스라엘의 독립 국가 수립 과정에서부터 본의 아니게 중요한 역할을 맡았다. 2차대전 직후 모스크바의 공식적인 입장은 유대인과 아랍인이 공존하는 "민주적이고 독립적인 팔레스타인 국가"의 수립이었다. 하지만 이는 전술적 차원에서 임시로 택한 입장일 뿐이었다.(2) 1947년 180도 입장을 선회했기 때문이다. 당시 구소련의 뱌체슬라프 몰로토프 외무부 장관은 1947년 9월 30일, 뉴욕에 있던 외무부 차관 안드레이 비신스키에게 전보를 보내 "(소련이) 유대 국가의 수립을 주도"할 수 없음을 강조했지만, (양측의 충돌이 심해질 경우에 한해서만 차선책으로 그리한다는) 이 같은 선택이 사실상 당 지도부의 뜻이라는 점도 아울러 언급했다.(3) 소련이 이러한 선택을 한 가장 큰 이유는 영국을 압박하기 위해

서였다.

오스만 제국 멸망 후 영국은 1922년 국제연맹의 위임으로 팔레스타인 지역을 통치했고, 소련은 이곳에서 하루속히 영국인들을 내보내고 싶어 했다. 1948년 5월 17일, 소련이 사흘 앞서 수립된 이스라엘을 제일 먼저 '법적으로' 인정하고 나선 이유다. 이렇듯 이스라엘을 정치적으로 지지하고 (체코슬로바키아를 통해) 이스라엘에 무기를 대주는 한편 유대인 수백 명을 소련군 장교로까지 채용하면서 소련은 이스라엘이 아랍 국가에 맞서 군사적 승리를 거두는 데 크게 기여했다. 당시만 해도 소련은 아랍 국가를 영국의 동맹으로 간주했다.

하지만 얼마 안 가 이스라엘과 소련 사이에 균열이 생기기 시작했다. 이념적으로도 맞지 않았을 뿐만 아니라 지정학적 이해관계도 달랐기 때문이다. 이스라엘이 서방 세력 쪽으로 돌아서고 아랍 각지에서 독립운동이 거세지자 모스크바는 이집트, 시리아, 이라크 등지의 진보 성향 정부와 가까워졌다. 1967년 이스라엘이 일으킨 3차 중동전쟁에서—소련의 무기 지원에도 불구하고—아랍권 국가가 크게 패하자 소련은 이스라엘과의 외교 관계를 장기간 단절했다.

하지만 이렇듯 이스라엘과 결별한 모스크바가 그렇다고 일방적으로 팔레스타인 편만 든 것은 아니다. 소련 당국은 중동 지역의 포괄적인 평화 수립안을 계속해서 기본 방침으로 삼았다. 구소련의 이 같은 방침은 오늘날의 막연한 평화 수립안보다 더 구체적이었으며, 단계적인 해결 방안 또한 배제하지 않았다. 이에 1968년부터 곧 (1967년 3차 중동전쟁이 끝난 후 무력으로 영토를 획득할 수 없다는 점을 강조하며 국경 문제와 관련하여 채택된) 유엔 안전보장이사회 결의안 제242호의 이행 계획이 발표됐다. 여기에는 점령지 내 이스라엘 군대의 철수와 난민 송환에 관한 내용이 포함되었을 뿐 아니라 예루살렘에 특별 지위를 부여하고 시나이반도에 유엔군이 주둔해야 한다는 내용도 언급되어 있었다. 즉, 모스크바는 단순히 아랍 쪽 동맹의 요구사항만을 그대로 전하는 데 만족하지 않았다는 뜻이다.

소련, 아랍 국가보다 더 아랍을 위한 외교 펼쳐

같은 시기, 소련은 팔레스타인 저항 세력과의 관계도 발전시켰다. 팔레스타인 저항 세력은 1964년 팔레스타인 해방기구(PLO)를 창설함으로써 독자적인 성격을 띠었고, 그로부터 4년 후 파타 당수였던 야세르 아라파트는 이집트 대표단과 함께 처음으로 모스크바에 초청됐다. 이로써 소련의 지지를 얻은 아라파트는 1969년 PLO의 수장이 됐고, 이념적으로 소련과 가까웠던 두 마르크스 조직, 팔레스타인 인민 해방 전선(FPLP)과 팔레스타인 민주 해방 전선(FDPL) 역시 PLO에 합류했다.

소련 측 지도자들은 PLO가 서방의 민간 항공기를 납치하는 등 무장 투쟁을 벌이는 방식에 대해 개인적으로 비판의 목소리를 높였다. 이스라엘과 아랍 국가 간 국경 분쟁 해결을 위한 외교적 노력을 허사로 만들었기 때문이다. 게다가 평화 공존이라는 소련의 정책 노선을 비판한 중국과 팔레스타인이 가까워지는 상황 역시 모스크바로선 눈에 거슬리는 일이었다.

그런데 1970년대에 접어들면서 또 상황이 달라졌다. 이집트의 신임 안와르 사다트 대통령은 집권 초기만 해도 전임자와 비슷한 행보를 보였다. 1971년 5월 27일에는 소련과 우호 협력 조약도 체결했다. 하지만 이와 동시에 이집트는 미국 쪽으로 전향하기 시작했고, 이듬해에는 소련의 군사 자문관들에게 본국 귀환을 요구했다. 소련의 영향력을 약화하는데 주력하던 미국 역시 1973년 욤 키푸르 전쟁(4차 중동전쟁) 이후 이스라엘과 이집트 간의 양자 협정 체결에 힘을 쏟으면서 팔레스타인 문제를 외면했다.

상황이 이상한 방향으로 흘러가자 소련은 PLO 쪽에 더 관심을 기울이기 시작했다. 훗날 러시아의 외무부 장관과 총리를 역임하는 예브게니 프리마코프가 중동 문제 담당 자문으로 있던 1971년 여름, 아라파트는 그와의 회동에서 이스라엘과 팔레스타인 두 국가의 공존을 위해 무장 투쟁뿐 아니라 평화적 해법 또한 고려하고 있다는 개인적 소견을 전했다.

즉, "아라파트가 둘로 나뉜 팔레스타인 지도를 그리

고 있었다"는 것이다. 이 부분에 대해 프리마코프는 자신의 비망록에서 "아라파트는 '여기가 우리 땅이 될 것이고, 이쪽이 이스라엘 땅이 될 것'이라고 했는데, 그에게 서명을 부탁하자 별 주저 없이 서명을 해주었다"라고 회고했다.(4)

달리 말하면, 팔레스타인이 이 같은 입장을 공식화하기 20년 전에 이미 소련은 PLO 측이 상당히 유연한 방향으로 정책 수정을 했다는 점을 알고 있었다는 뜻이다. 이 회동과 관련하여 예브게니 프리마코프는 "이러한 평화 프로세스에서 물러나 있는 것은 소련의 국익에 도움이 되지 않았다. 파타 당과의 관계는 중동 지역에 평화를 안착하는 데도 이로웠을 뿐 아니라 이 지역에서 소련의 영향력을 강화하는 방편이기도 했다"라고 분석했다.(5)

그때까지 주로 난민 문제로 치부되어온 팔레스타인 사태는 이제 모스크바의 눈에 독립 국가 수립의 문제로 인식됐다. 그게 곧 중동 지역 평화의 핵심이라는 것이다. 4차 중동전쟁 이후 모스크바는 스스로 중재자로 나서면서 아랍 지역과 팔레스타인, 이스라엘 모두의 이득을 포괄하는 통합 해결책을 제안했다. 어느 정도의 양보가 강요되긴 했지만 그래도 지금까지 나온 대안 중엔 가장 팔레스타인 측에 우호적인 해법이었다. 모스크바는 팔레스타인 저항 세력이 이스라엘의 존재를 인정하도록 막후에서 상당한 압박을 가하며 결의안 242호를 '두 국가 해법'의 논의 기반으로 삼을 것을 촉구했다. 대신 미국과 이스라엘 측에도 PLO에 대해 팔레스타인의 국익을 대표하는 기구로 인정해달라고 요구했다. 하지만 팔레스타인 운동 진영에서는 소련의 말을 듣지 않았고, 이집트와 이스라엘 또한 1978년 9월과 1979년 3월 미국의 주선으로 별도의 평화 조약을 체결하면서 소련의 노력은 모두 수포로 돌아갔다. 이집트까지 이렇듯 미국 쪽으로 돌아서자 소련은 PLO를 지지하는 몇 안 되는 나라가 되었고, 이에 파타당의 한 지도자도 소련이 "아랍 국가보다 더 아랍을 위하는 나라"라고 평했다.(6)

이와 동시에 아랍권에서는 이스라엘을 국가로 인정해야 할 필요성이 점점 더 크게 대두됐다. 1988년에는 PLO 역시 이스라엘의 존재를 인정했다. 하지만 소련

은 팔레스타인의 이 같은 역사적 결단을 발판으로 상황을 진척시킬 힘이 거의 없었다. 1989년, 구소련의 마지막 지도자였던 미하일 고르바초프는 서방과의 화해 정책을 펴고 헬싱키 협정의 완전한 적용을 수락하며 이동의 자유를 받아들였다.

이로써 모스크바는 유대인을 포함한 이민 신청자에게 국경의 빗장을 열어주었다. 그에 따라 1990년대 초 10만 명에 가까운 소련 시민이 이스라엘로 이주했으며, 이민 신청자는 약75만 명에 이르렀다. 아랍 쪽에 유리한 방향으로 인구 이동이 촉진될 경우, 이스라엘도 어쩔 수 없이 평화 협상 테이블에 나오리라 내다본 팔레스타인 측으로선 민족의 존립을 위협하는 청천벽력 같은 상황이었다.

이후 소비에트 연방의 붕괴로 협상의 판도가 뒤집혔다. 공산주의와 무신론 기반의 이념이 폐기되면서 러시아의 중동 정책 또한 새로운 방향으로 수정되었다. 걸프 지역의 군주제 산유국을 포함한 수많은 무슬림 국가들과도 거리가 가까워졌으며, 특히 1991년부터는 이스라엘과의 관계 또한 정상화되기 시작했다. 미국의 러시아 외교 정책 전문가 마크 카츠에 따르면, "중동 지역의 모든 정부는 물론 파타당이나 하마스, 헤즈볼라 등과의 원만한 관계가 수립 혹은 재수립된 것은 (러시아 대통령 블라디미르) 푸틴의 공적이다."(7)

냉전의 종식으로 초반에는 러시아와 서방 간의 협력 관계도 개선되었으나 그리 오래 가진 못했다. 2002년만 해도 중동 콰르텟(러시아, 미국, EU, UN)이 창설되면서 양측이 서로 협력하는 듯 보였으나 미국이 점차 의사 결정 과정을 주도하고 미국의 일방적인 의견이 논의를 장악하면서 상황은 더 이상 진척되지 않았다. (심지어 미국은 2017년 예루살렘을 이스라엘의 수도로 인정하자는 주장까지 내세웠다.)

PLO와 오랜 기간 교류해온 러시아는 1993년 오슬로 협정으로 출범한 팔레스타인 자치 정부와도 상호 교류 관계를 발전시켰다. 반면 1987년 무슬림 형제단의 영향으로 하마스가 창설되었을 때는 상황이 좀 달랐다. 하마스의 이슬람 근본주의가 모스크바의 불신을 샀기 때문

이다. 1990년대, 중동 출신의 이 이슬람 무장 세력이 체첸 분리주의 반군을 지지하고 나섰을 때도 러시아 당국은 유보적인 입장을 보였다. 다만 이 조직이 헌정 질서를 뒤집는 그 모든 행동과 거리를 두었기 때문에 러시아 대법원은 무슬림 형제단이나 IS, 알누스라 전선(알카에다와 연계되어 시리아, 레바논 등지에서 활동 중인 조직) 등이 포함된 테러 조직 목록에 하마스를 포함할 명분이 없다고 판단한다.

러시아, 서방과의 공조 순탄치 않아

실용주의 노선을 추구하는 러시아 당국은 이제 팔레스타인 사회 내부에 자리잡은 하마스 조직과도 관계를 이어갈 뿐 아니라 (팔레스타인 세력을 하나로 규합하기 위해) 하마스와 파타당 사이를 중재하고자 노력한다. 물론 이들 두 세력이 서로 이념적 차이가 있는 것은 사실이다. 2007년에는 가자지구에서 하마스가 선거에서 승리하자 두 당 사이에 격렬한 대치 상황이 빚어지기도 했다. 하지만 러시아의 중재 노력으로 2011년 5월 21일과 22일 모스크바에서는 파타당과 하마스 대표자들 간의 첫 회담이 개최됐다. 그 당시 FPLP와 FDLP를 비롯한 팔레스타인 운동 세력과 네 개 정당 대표들 또한 러시아 학술원의 동방학 연구소 초대로 러시아를 찾았다.

이후에도 여러 차례 이 같은 회동이 이어졌으며, 이는 학계와 시민사회 구성원이 참여하는 가운데 대화가 시도된 몇 안 되는 자리 중 하나였다. 게다가 지난해 10월 7일 하마스의 공격이 있고 난 후 며칠 안 되어 모스크바에서는 이러한 민간 교류 자리가 마련되며 하마스 대표단과 함께 인도적 차원의 문제가 논의되기도 했다. 가자지구에 있던 러시아 민간인을 대피시키는 방안이나 이슬람 단체가 가둔 러시아 교민을 풀어주는 문제 등이 논의된 것이다.

러시아는 팔레스타인 사람들 간의 회동을 주선하면서 이 문제에 외교적으로 개입하려는 시도를 지속하고 있다. 2월 29일에서 3월 2일까지 모스크바에서 열렸던 자리도 그중 하나였다. 러시아는 5월 초 인구 140만(유엔 발표 기준)이 밀집된 가자지구 라파시에서 이스라엘이 집중 폭격을 가하자, (러 외무부 대변인의 표현에 따르면) "근래 들어 유례없는 이 비인간적 참사"에 대해 미국이 이스라엘 동맹군에 가하는 압박이 지나치게 부족하다는 평을 내놓았다. 모스크바는 팔레스타인 문제를 해결하기 위해 광범위한 차원에서의 국제적 노력이 재개되어야 한다고 보지만, 중동 지역에서 러시아가 미국이나 유럽 국가와 협력할 가능성은 매우 희박하다. 지금의 상황은 냉전 시기 이념 대립이 이뤄지던 때와 거의 비슷하다. 팔레스타인 문제에 관한 한 서로의 생각이 대체로 비슷하고, 특히 '두 국가 해법' 원칙에 대해서도 동의가 이뤄지고 있지만 러시아와 서방 국가 간의 공조는 쉽지 않아 보인다. [LD]

글·이리나 즈비아젤스카이아 Irina Zviagelskaïa
사학자. 러시아 학술원 세계경제 및 국제관계 연구원 내 중동 연구센터 소장.

번역·배영란
번역위원

*원문 러시아어 기사를 엘렌 리샤르(Hélène Richard)가 프랑스어로 옮겼습니다.

(1) 드미트리 폴리안스키 유엔 주재 러시아 차석대사, 2023년 10월 23일 기자회견.
(2) 구소련 외무부 중동 문제 담당부 차장 M. A. 막시모프가 구소련 외무부 차관 V. G. 데카노조프에게 보낸 의견서, 1946년 12월 6일. 러시아연방 외교 정책 기록보관소, 소장 자료 제118호, 서류 목록 제2호, 서류 보관함 제2호, 서류 번호 제7호, 문서 자료 제16-17호.
(3) 러시아 연방 외교 정책 기록 자료에서 조회한 전보, 소장 자료 제59호, 서류 목록 제18호, 서류 보관함 제17호, 서류 번호 제116호, 문서 자료 제109호.
(4) 예브게니 프리마코프, 『Russia and the Arabs. Behind the Scenes in the Middle East From the Cold War to the Present』, Basic Books, New York, 2009.
(5) Ibid.
(6) Khaled Al-Hassan, 1979년 6월 9일, Roland Donnereuther, 『The Soviet Union and the PLO』(St. Martin's Press, New York, 1998) 인용.
(7) Mark Kats, 'Moscow and the Middle East : The repeat performance?', <Russia in Global Affairs> 제3호, Moscow, 2012.

마크롱이 '대통령의 두 신체'를 언급한 이유

에마뉘엘 마크롱 프랑스 대통령은 대통령 군주제로 평가되곤 하는 제5공화국 시절에 호의적인 입장을 보이면서, 포스트 민주주의 시대를 준비하고 있다. 민주주의에 대한 국민들의 피로감을 해소하기 위해 그는 역사학자인 에른스트 칸토로비치가 연구했던 오래된 국가 기초 이론을 효과적으로 활용하고 있다.

에블린 피예에 ▌〈르몽드 디플로마티크〉 기자, 문화 · 예술 평론가

1957년, 독일 출신의 역사학자인 에른스트 칸토로비치는 자신이 교직 생활을 하던 미국에서 놀라운 제목의 책을 한 권 출간했다. 바로 『The King's Two Bodies(왕의 두 신체)』였다.(1) 칸토로비치 본인도 이 책의 콘셉트가 "매우 부조리하고, 많은 부분에서 거슬리고, 이를 웃음거리로 포장해보려는 시도"가 두드러진다고 인정했다. 그러나 이 책은 프랑스 정치인들과 수필가들 사이에서 큰 반향을 일으키며 다양한 분야에서 인용됐다.

위키피디아에서는 칸토로비치(1895~1963)를 "중세의 연구가, 레지스탕스 활동가, 대학교수"로 소개하고 있다. 그러나 칸토로비치에 대한 평가는 다소 엇갈린다. 열렬한 민족주의자인 동시에 열성적인 반(反)공산주의자였던 칸토로비치는, 제1차대전이 끝날 무렵 폴란드의 독립운동을 진압하는 우익 민병대에 참가했으며, 베를린과 뮌헨에서는 진보적인 스파르타쿠스 의용단원들의 봉기에 맞서 싸웠다.

에른스트 칸토로비치가 주장했던 '왕의 두 신체'

칸토로비치는 세련된 멋쟁이였고, 쾌락주의자였으며, 비밀스러운 인물이었다. 그는 철학자 마르틴 하이데거와 가까웠던 시인 슈테판 게오르게의 서클에도 소속되어 있었는데, 이 서클은 '비밀스러운 독일', 즉 독일의 정체성을 확립하는 날을 앞당기기 위해 다방면으로 활동하는 집단이었다. 1934년 칸토로비치가 프랑크푸르트 대학에서 했던 마지막 수업은 이 '비밀스러운 독일'에 관한 내용이었다.

당시에 그는 1931년에 출간된 프레데리크 2세의 전기로 이름이 꽤 알려진 상태였다. 로마의 황제이자 호엔슈타우펜 왕가의 마지막 황제였던 프레데리크 2세(1215~1250)는 사후에 '잠든 황제'로 불렸고, 사람들은 그가 언젠가 잠에서 깨어나 세상을 구원할 것이라는 믿음을 가졌다.

아, 이 '비밀스러운 독일'이여. 당연히 '보수적인 혁명'의 지지자들은 프레데리크 2세에 열광했다. 아돌프 히틀러도 그중 한 명이었다. 1934년에 칸토로비치는 국가 체제에 충성하겠다는 서약서에 서명하기를 거부했다. 칸토로비치는 유대인이었기 때문에, 이는 국가의 반(反)유대주의에 항의하는 행동으로 비쳤다. 당연한 해석이기는 했지만, 이는 논란거리가 되기에 충분했다. 이에 칸토로비치는 당국에 보낸 서신에서, 자신의 태도는 "독일 제국의 민족주의에 대한 긍정적인 반응"이었다고 해명했다.(2) 그의 서명 거부는 좁은 의미로 보았을 때 정치적인 것이 전혀 아니었고, 오로지 학문적 자유에 따른 결과였다.

중세에서 말하는 연구(studium)의 개념, 즉 다양한 의견을 표현할 수 있는 대학의 권리와 관련된 자유이다. 1938년에 미국으로 떠난 칸토로비치는 1949년에 그의 동료들처럼 '충성 서약서'에 서명하라는 지시를 또다시

받았지만, 1934년과 같은 이유를 들어 서명을 거부했다. 사실 보수주의자였던 칸토로비치는 공산주의자를 지지하지도 않았을뿐더러 공산주의자로 취급받기도 원하지 않았다.

그러나 이 두 번의 서명 거부로 인해 칸토로비치는 민주주의를 열렬히 갈망하는 인물이 되어버렸다. 게다가 칸토로비치의 이러한 행동에는 평소에 그가 표방하던 반(反)공산주의와 민족주의도 전혀 반영되어 있지 않았기 때문에, 칸토로비치의 책을 출간한 프랑스의 출판사마저도 칸토로비치의 책이 "20세기 정치 병리학의 기원이 무엇인지를 정확히 알려준다"라고 강조했다. 출판사는 아마도 '전체주의'를 생각했던 것 같다. 그러나 칸토로비치가 책을 통해 '알려주려고' 했던 것은 바로 자유민주주의의 폐해였다.

정치적 신체와
자연적 신체

칸토로비치는 영국의 사례를 본떠 '국가의 신화'를 만들어내려고 했다. 그는 도상학(미술사

<파리 무프타르 극장에 붙은 셰익스피어 극 '햄릿' 이미지>, 2011 - 오딜 샹보

의 한 분야로 작품의 의미나 모티브를 연구-역주), 화폐, 신학자와 중세 법학자의 글을 연구했다. 그중 하나는 엘리자베스 1세 시대에 만들어진 에드먼드 플로우덴(1519~1585, Edmund Plowden)의 보고서로, 수 세기에 걸쳐 완성된 '신비로운 이야기'의 형식을 정리한 책이었다.

"왕은 두 개의 신체를 갖고 있다. 즉, 자연적인 신체와 정치적인 신체이다. (중략) 자연적인 신체는 자연스럽게 발병하거나 또는 사고로 인해 생긴 모든 질병의 영향을 받아 언젠가는 소멸한다. (중략) 그러나 정치적인 신체는 볼 수도 만질 수도 없는 신체로, 정치 사회와 정부로 구성되어 있으면서 민중을 올바른 길로 인도하고 공공재를 관리하는 역할을 한다."

칸토로비치에 따르면, 이 '이중' 신체는 중세 가톨릭의 사상과 밀접하게 관련된 신학적이고 정치적인 구조물이다. 인간인 동시에 신이었던 예수의 이중성, 최후의 만찬에 등장하는 실제 인물이자 교회라는 조직의 상징적인 수장이었던 그 이중성에서 비롯되었다는 뜻이다. 자연적인 신체는 정치적인 신체보다 하위에 있으며 그에 속해있다. 자연적인 신체는 그 살갗 아래에 정치적인 자아를 가지고 있다.

그리고 "왕의 인간적인 면이 왕의 신적인 면을, 그리고 필멸성이 불멸성을 압도할" 때 왕은 폐위된다. 셰익스피어 비극 『리처드 2세』가 대표적인 예로, 이 책은 엘리자베스 여왕과 그 외 왕들에 의해 금서로 지정되기도 했다. 따라서 이중 신체 이론은, 법적 사상이 정치적 권력의 적법성을 증명하는 근거가 되고 따라서 국가가 영속하는 밑거름이 된다는 내용의 신학에 기반한다.

'정치적 교리'의 신성한 아우라

민주주의의 논리적 허점을 비판한 저명한 학자이자 국가사회주의(나치즘) 권력에 적극적으로 동조한 법학

자 칼 슈미트의 글에서 칸토로비츠가 인용한 이 '정치적 교리'의 개념은 두 개의 기초를 강조한다.(3) 바로 정치적 교리의 신성한 아우라, 즉 권력은 정치적 교리와 연계되어 표현되는 동시에 실행된다는 사실이다.

칸토로비치는 두 개의 신체에 대한 '은유'를 상징적으로 보여주는 다양한 의식(특히 대관식과 장례식)을 아주 자세하게 기록했다. 1924년에 역사학자 마르크 블로크는 『기적을 행하는 왕들. 프랑스와 영국 왕권의 초자연적인 특성에 관한 연구』(Gallimard-Folio)를 출간했다. 과거에 왕이 선병증(땀샘 등 림프절이 부어오른 상태) 환자를 '건드려' 그를 낫게 하는 의식이 어떤 역할을 했으며 또 그 의식이 어떻게 변화했는지를 합리주의자의 관점에서 분석한 책이었다.

블로크는 이 '기적'의 의미를 정신의 역사, 교회와 왕정 간의 라이벌 관계의 역사 속에서 찾았다. 그러나 블로크의 책은 칸토로비치의 책에 비해 권력자와 그 분석가들 사이에서 그다지 큰 흥미를 불러일으키지 못했다. 그리고 제5공화국이 탄생하고 대통령 중심제가 도입되면서 두 개의 신체는 우리와도 멀지 않은 개념이 됐다.

드골 장군의 후임으로 대통령이 된 조르주 퐁피두가 "프랑스 국민 여러분, 드골 장군이 서거하셨습니다. 프랑스는 이제 미망인이 되었습니다"라고 한탄했던 드골 장군의 장례식과 프랑수아 미테랑의 장례식은 이러한 개념을 구체화해서 보여줬다. '불멸의 신체'를 위한 공적이고 국가적인 의식은 노트르담에서, '필멸의 신체'를 위한 사적인 의식은 각각 콜롱비와 자르나크에서 이루어졌다.(4)

신비주의적인 비유를 즐겨 사용하고 말을 할 때도 종종 '정신'을 강조하는 에마뉘엘 마크롱도, 2017년 2월 16일 〈L'Obs〉와의 대담에서 "대통령은 여러 개의 신체를 가지고…"라고 언급한 것으로 보아, 막연하게나마 이 이론을 알고 있는 것 같다.

과도한 간섭과 권위주의를 정당화하려는 마크롱

마크롱 대통령에게 '필멸의 신체'는 우리가 살아가는 세계의 일원이 되게 해준다는 점에서 중요하다면, '정치적 신체'는 다른 의미에서 또 중요하다. '정치적 신체'를 강조하면서 마크롱 대통령은 의회를 점점 불법적인 기관으로 만들고, 공청회에 소집된 국민들, 곧 국민투표에도 동원될 국민들과의 '대화'만을 합법적인 것으로 여긴다.

이 모든 것은 과도한 간섭과 권위주의를 정당화하려는 시도임에 분명하다. 또한 그것은 공화주의적 군주제에 대한 진부한 표현을 강화하려는 의도이다. 이는 '(승리의) 종탑'이 가득한 프랑스와 거의 유사한, 저 유명한 보나파르토-갈리아식 유혹이나 다름없다.

그러나 더 은밀하게 진행 중인 것이 있다. 이러한 태도는 민주주의의 의미와 미래에 강력한 의문을 제기하는 것이다. 그리고 두 개의 신체를 추구하는 것은 특별한 의미, 즉 민주주의를 보호하는 의미를 갖는다.

이데올로기적 기반이 필요한 '포스트 민주주의'

오늘날의 사회에는 '민주주의에 대한 피로감'이 존재하는 것처럼 보이고, 이는 대선을 제외한 다른 선거에서 기권표가 증가하는 원인이다. 여론조사기관인 입소스-소프라 스테리아의 2020년 조사 결과에 따르면, 응답자들 가운데 민주주의를 다른 것으로 대체할 수 없다고 답한 비율은 67%였고 33%는 그에 대해 확실하지 않다고 답했다. 2021년에는 정치인을 신뢰할 수 없다고 답한 비율이 29%였다. 왕을 없애버린 근대 민주주의의 혁명, 특히 프랑스 혁명이 권력을 신체와 분리하고, 또한 권력을 불안정하고 부적절한 대상으로 만들어버린 것일까?(5)

마크롱 대통령은 여기에 동의했다. 루이 16세의 죽음은 "감정적이고 집단적인 공허감을 안겨주었고, 이것은 민주주의가 채워줄 수 없는 부분"이라고 발언했다(2015년 7월 1, 8일). 그렇다면 이 공허감은 어떻게 채울 수 있을까? 이 질문은 오늘날 놀랄 만큼 평범한 질문이 됐다.

독일의 저명한 사회학자이자 '공명(resonance)'의 예찬자인 하르트무트 로자도 이러한 질문을 받은 적이 있다. 그에 따르면, "우리 사회의 신조와도 같은" 민주주의는 스스로에게 의미를 부여하기 위해 종교와 "의식"을 필요로 한다.(6) 마크롱 대통령도 이러한 '신조'를 구원하기를 원한다. 바로 '국가를 만듦으로써.' 마치 민중 집단을 떠올리게 하는 모호한 표현이다. 그리고 칼 슈미트가 말했던 것처럼, 적이 있다고 가정한다. 즉, '국가 만들기(faire Nation)'를 원하지 않는 이들이다.

예를 들어 '공화파(arc républicain)'에 속하지 않는 이들. '국가 프랑스(Nation France)'의 가치에 반대하고, '비문명화'의 과정에 참여하는 이들. 그런데 도대체 누가 국가, 가치, 적을 정의하는가? 바로 대통령이다. '주피터'는 '국가 프랑스'의 보증인이 됐다. 두 개의 신체가 있다. 자연적인 신체는 대통령이고, 정신적인 신체는 프랑스이다. 그 두 개는 분리할 수 없다. 새로운 '민주주의'를 원한다면.

당연히, '이중 신체'의 이야기를 믿는 사람은 없다. 당연히, 마크롱 대통령은 인기가 없다. 그러나 그렇다고 해서 국가 운영의 상징적인 틀이 사라지지는 않는다. 노란 조끼 운동이 만나기를 원했던 대상은 마크롱 대통령의 허수아비였다. 공격을 받는 것은 바로 그 허수아비이다. "결정권을 가진 것은 국민"일지라도, 정당 대표들이 이야기를 나누고 싶어 하는 대상은 오로지 그 허수아비뿐이다.

보도전문채널 〈Franceinfo〉에서 마크롱 정당의 한 의원이 럭비 월드컵 개최와 관련해 "대통령은 프랑스가 이 대회를 주최하게 된 것에 매우 자랑스럽게 생각한다"라고 말했을 때, 기자들은 이를 보도조차 하지 않았다. 마크롱 대통령이 프랑스 국민들의 의무는 권리에 우선한다고 말했을 때, '거리'는 조용했다.

그는 용어, 기준, 권력을 강요했다. 마크롱이 패배가 아닌 길로 가려면, '왕의 두 신체'와 같은 신성화된 언어와 상징 등의 사용을 중단해야 한다. 그는 폭넓은 토론의 장을 마련해야 한다. 행동으로 옮길 수 있거나, 반대까지도 포함하여 생각해볼 수 있는 폭넓은 공간을 준비해야 한다.

마크롱 대통령 또는 그의 적들 가운데 누군가에 의

해 구현되든, 다음 세대에 사용될 '포스트-민주주의'에 이데올로기적인 기반이 필요한 때이다. **ID**

글·에블린 피예에 Evelyne Pieiller
<르몽드 디플로마티크> 기자, 문화·예술 평론가. 저서로는 『Le Grand Théâtre 위대한 연극』(2000), 『L'almanach des contraries 소외된 자들의 연감』(2002), 『Une histoire du rock pour les ados 청소년들에게 들려주는 록의 역사』(Edgard Garcia 공저, 2013) 등이 있다.

번역·김소연
번역위원

(1) Ernst Kantorowicz, 『Œuvres 작품들』, Gallimard(Quarto), Paris, 2000.
(2) Saül Friedlander, 『Les années de persécution. L'Allemagne nazie et les Juifs, 1933~1939 박해의 나날들, 독일 나치와 유대인, 1933~1939』, Le Seuil, Paris, 2008. & Robert E. Lerner, 『Ernst Kantorowicz, Une vie d'historien 에른스트 칸토로비치, 어느 역사학자의 생애』, Gallimard, Paris, 2019.
(3) Evelyne Pieiller, 'Du bon usage de l'ennemi '자유민주주의자' 슈미트가 '적'을 규정하는 법', <르몽드 디플로마티크> 프랑스어판, 한국어판 2022년 6월호.
(4) Evelyne Cohen, André Rauch, 'Le corps souverain sous la Ve République. Les funérailles télévisées du général De Gaulle et de François Mitterand 제5공화국을 이끈 왕의 신체, TV로 방영된 드골 장군과 프랑수아 미테랑의 장례식', <Vingtième siècle>, Paris, 2005/4, n°88.
(5) Samuel Hayat, 'Incarner le peuple souverain. Les usages de la représentation-incarnation sous la Seconde République 주권을 가진 민중의 화신, 제2공화국에서 대표-화신을 이용한 방법', <Raisons politiques>, Paris, 2018/4, n°72.
(6) Hartmut Rosa, 『Pourquoi la démocratie a besoin de la religion. À propos d'une relation de résonance singulière 민주주의에 종교가 필요한 이유. 특별한 공명의 관계에 관하여』, La Découverte, Paris, 2023.

나침반 없는 프랑스 외교부

더 요원해진 '드골-미테랑주의'

프랑스는 오랫동안 독자 노선을 고수해 오다 이제 다른 서구권 국가들과 끊임없이 보조를 맞추고 있다. 우크라이나와 가자지구 분쟁 상황에 대한 프랑스의 입장은 미국이나 다른 유럽 국가들과 별반 다르지 않다. 하지만 현재 진행 중인 지정학적 재편과 남반부 국가들의 주장은 '드골-미테랑주의(샤를르 드골과 프랑수아 미테랑이 지지했던 외교 원칙으로 프랑스의 전략적 독립과 비동맹, 핵무기 보유를 핵심으로 한다-역주)' 방식과는 상반되는 상황이다.

장 드 글리니아스티 ▮ 전 러시아 주재 프랑스 대사

도덕적·지적 명성과 경제적 영향력, 군사력은 지배 강대국의 이익을 쉽게 충족시킬 수 있게 해 준다. 미국을 비롯한 서구권 국가들은 그렇게 자국의 영향력을 이용해 왔고 때론 남용하기도 했다. 하지만 소련 역시 오랫동안 핵무기를 등에 업고 군사력과 해방 논리를 바탕으로 이데올로기적 영향력의 혜택을 누렸다. 그러자 서구권 국가들은 그들의 자유를 형식적인 것으로, 경제는 자본주의로, 외교 정책은 제국주의로 규정지었다.

역학 관계가 서구에게 유리하게 바뀐 것은 소련과 유럽 국가, 미국, 캐나다가 1975년에 체결한 헬싱키협정 이후였다. 최종 협정문은 국경선 불가침 원칙(소련이 바라던 불변성 원칙이 아님. 소련은 협상을 통하거나 민주적 결정으로 도출된 사항이라도 모든 변경사항을 배제하기를 바랐음)을 확인하고, (소련에 필요한) 경제 협력과 사상·정보·사람의 자유로운 이동(이것이 그 유명한 '제3 바스켓'이다)을 강조했다.(1) 헬싱키협정은 실제로 소련 해체의 시작을 알렸다. 소련의 이데올로기적 정당성은 점차 흐려지고 경제적 지배력은 약화됐고 이후 베를린 장벽까지 무너졌다.

현재 우크라이나와 가자지구에서 벌어지고 있는 일들은 동일한 역학 관계의 변화를 나타내고 있다. 그 변화는 이미 해당 사태가 벌어지기 전부터 시작됐으며 역사

적 변곡점으로 볼 수 있다. 군사적·경제적·가치론적 면에서 서구 세계가 영향력을 상실하고 있는 것이다.

1953년 한반도에서 양측의 대결은 '무승부'였다. 하지만 서구는 1945년 이래 남반부(베트남, 아프가니스탄 등)에서 대부분 패배했고, 승리를 거두었을 때(2003년 이라크와 2011년 리비아)조차 서구의 개입은 혼란을 초래했다.(2) 유일하게 성공을 거둔 경우는 몇몇 '경찰' 작전(1965년 도미니카 내전이나 1989년 파나마 침공 등)이나 제1차 걸프전(1990~1991) 때처럼 유엔 결의안 등으로 국제적으로 널리 정당성을 인정받았던 임무 정도다. (테러리즘 근절, 마약 거래 근절, 인도주의적 개입이나 지정학적 고려 등) 동기야 다양하지만 위 사례에서는 막강한 서구라는 공통적인 감정이 존재했다. 하지만 서구 정부는 매 경우 실질적인 승리가 없고 해당 작전이 더 이상 '지속 가능'하지 않다고 판단했고, 그래서 몇 년이 지나면 철군 협상을 했다. 1975년 베트남이나 2021년 아프가니스탄에서처럼 패주(敗走)로 끝난 미군 철수는 예산이나 선거를 고려해서 정치적으로 내린 결정이기도 했지만, 무엇보다도 승리를 거두기가 불가능하다고 판단한 결과이기도 했다.

최근 사건을 보더라도 역학 관계가 변했다는 사실을 잘 알 수 있다. 이란의 지원을 등에 업은 예멘 후티 반

<구멍을 조심하라>, 2021 - 칼둔 하자진

군이 홍해에서 선박을 공격했지만 서구권 국가들은 이를 제압하지 못했다.(3) 전 세계 해운 교역 컨테이너의 20% 가 수에즈 운하를 지나는 상황에서 컨테이너 운송에 큰 차질이 빚어졌으며 이집트 경제도 큰 타격을 받았다. 서구권 국가들은 10년 전부터 끊임없이 전쟁이 벌어지고 있는 예멘에 지상 개입을 배제하고 홍해를 오가는 선박에 미사일 방어 장치를 장착하면서 피해를 줄이려고 노력했다.

하지만 미국과 영국이 가진 기술 및 군사적 위력은 이란이 지원한 미사일과 드론으로 무장한 반군에게 큰 효과를 내지 못했다. 후티 반군이 제시한 정치 조건인 가자지구 휴전만이 지금의 불안정한 상황을 종식시킬 유일한 타개책일 것이다. 이제 서구가 쉽게 개입했다가 철수하는 시대는 지났다. 남반부에 속하는 많은 국가가 이란이나 터키산 드론 등의 군사 기술을 보유하고 있기 때문이다.

효과 없는 제재

서구는 가치 전쟁에서도 패하고 있다. 2023년 10월 7일 하마스가 저지른 살육을 보고 남반부의 여론은 다소 충격을 받았지만(인도는 이스라엘에 대해 동정을 표한 몇 안 되는 국가다), 관심은 금세 가자지구에 쏟아진 대규모 폭격에 쏠렸다. 희생된 가자지구 주민 3만 4,000명 중 70%가 여성과 아동이라는 사실과 굶주림과 전염병의 징조, 인도주의적 지원 방해, 치밀하게 계획된 유산 파괴 등으로 인질 문제는 뒷전으로 밀려났고, 이스라엘은 공세를 이어나가는 데 몰두했다.

유엔 안보리 내 미국의 외교적 입장은 확실히 변했다. 미국은 휴전을 촉구하는 결의안에 거부권을 행사했다가 임시 휴전 결의안(러시아와 중국 거부로 부결됨)을 제출했다가 결국 2024년 3월 25일에 휴전과 인질석방을 촉구하는 결의안을 (기권을 통해) 인정했다. 이에 이스라엘은 실망을 금치 못했다. 민주당 유권자들과 정권 안정을 걱정하는 일부 아랍 정권의 압력과 영상의 폭력성 등 여러 요소가 원인으로 작용했겠지만, 서구의 가치가 흔들리고 있다는 느낌은 변하지 않았다.

블라디미르 푸틴 러시아 대통령이 우크라이나 전쟁 범죄 혐의로 빠르게 기소되고, 국제형사재판소(ICC) 검사장이 가자지구 인근까지 왔지만 묵묵부답으로 응한 것을 보더라도 서구권의 가치가 흔들리고 있음을 알 수 있다. 남아프리카공화국이 국제사법재판소(ICJ)에 이스라엘을 제소한 뒤 이스라엘에게 인도주의적 구호물 반입을 허용하라는 명령이 내려진 것도 남반부가 미국의 주요 동맹에 맞서 얻어낸 전례 없는 도덕적 승리로 볼 수 있다.

하지만 여전히 미국은 이스라엘에 군수품을 전달하고, 유럽과 서구 매체들은 팔레스타인의 인도주의적 상황에 상대적으로 신중한 태도를 보이는 것은 '이중잣대'라고 생각을 더 확고하게 만들었다. 서구의 도덕적 영향력 상실을 가속하는 것 말고는, 서구가 강조하는 인권 존중 관련 권고사항이 설 자리는 점점 더 좁아지고 있다.

경제면에서도 상황은 더 나아 보이지 않는다. 오랫동안 G7 국가들은 중국이나 시리아, 베네수엘라 등 특정 국가의 정책이 마음에 들지 않으면 엄청난 제재를 가했다. 쿠바에 대한 미국의 금수 조치는 매년 유엔 총회에서 회원국들이 거의 만장일치로 비난하고 있음에도 불구하고(2023년 미국과 이스라엘만 반대표를 던졌고 우크라이나는 기권했다) 60여 년이 지난 지금까지도 여전히 시행 중이다. 유엔 안보리에서 (이라크와 이란, 북한의 경우) 통과된 몇몇 제한조치들은 경제적 효과와 달리 정치적 효과는 항상 미미했고, 그래서 해당 국가 국민에게는 재앙을 초래하는 경우가 많았다.

하지만 우크라이나 침공 후 러시아에게 가해진 1만 5,000개의 제재는 달랐다. 러시아에 대한 조치들은 개수가 많고 조직적이었지만 전쟁을 향한 러시아의 노력을 꺾지도 못했고, 러시아의 정책을 변화시키지도 못했으며 특히 경제적으로도 효과가 없어서 서구를 놀라게 했다. 모든 예측과 달리 러시아는 신속하게 경제 성장률을 회복했다. 국제통화기금(IMF)에 따르면 2023년 러시아의 경제 성장률은 3.6%로 미국의 경제 성장률보다 높았다.

그에 반해 유럽연합은 사실상 불황에 빠졌다고 볼 수 있다. 러시아의 실질 소득은 10년 만에 처음으로 증가했으며 투자심리도 회복되고 인플레이션과 재정적자는 조절되고 있다.(4)

위와 같은 긍정적인 상황은 전쟁 경제 덕도 있지만 제재 조치에 참여하지 않은 남반부 국가가 많기 때문이다. 교역과 재정, 기술상 지배력은 더 이상 서구의 전유물이 아니다. 러시아는 남반부 국가들 위주로 경제를 전향했다. 러시아와 중국 간 교역은 이제 위안화로 이루어지며 다른 국가들도 이를 따르고 있다. 이제 국제은행간통신협회(SWIFT) 결제망 시스템에서 중국국제결제시스템(CIPS)으로 대체하는 것이 가능해졌다.

러시아중앙은행이 서구 금융기관에 예치한 3,000억 달러 규모의 자산이 동결되자 많은 국가가 자산의 다양화(금, 통화 다양화, 위안화뿐만 아니라 확장세를 보이는 디지털 위안화 등)를 꾀하게 됐다. 전 세계 GDP의 27%를 차지하고 있는 브릭스 회원국(브라질, 러시아, 인도, 중국, 남아공, 이집트, 아랍에미리트, 에티오피아, 이란)은 자체 통화를 만들려고 작업 중이다. 금융 네트워크가 많아지면서 서구의 독점이 무너지는 현상은 이제 거스를 수 없다.

현재로서 프랑스의 외교 정책은 급변하는 국제 관계에 크게 신경을 쓰지 않는 것처럼 보인다. 프랑스는 여전히 많은 서구와 유럽 연대 메커니즘에 갇혀 있기 때문에 뾰족한 수가 없다. 군사적으로 후티 반군에 맞서는 해양 동맹을 맺었지만(프랑스가 지휘하고 있음) 동맹국인 영국이나 미국처럼 예멘에 폭격을 가할 생각은 없다. 정치적으로 우크라이나에 대한 군사 지원은 동맹국의 지원 규모를 넘어섰고, 마크롱 대통령은 지상군 파견을 배제하지 않는다고 언급했다.(5)

가치적인 면에서 가자지구 주민에 대해 프랑스가 절제된 태도와 침묵을 취하는 것은 작년 10월 7일 이스라엘과 함께 연대를 외쳤던 모습과도, 올해 4월 13일 이란의 공격 이후 보였던 모습과도 상반된다. 하마스가 학살을 저지른 이튿날, 마크롱 대통령이 반(反)하마스 연합이라는 생각을 경솔하게 꺼냈고(프랑스 외교부는 이에 놀란 듯 보였다) 아랍 세계가 들썩였다. 대부분 하마스가 잔혹하기는 해도 팔레스타인 저항세력의 일부라고 생각하고 있었기 때문이다.

점점 더 '서구주의적인' 입장

중동을 잘 아는 많은 외교관은 상부에 제출하는 보고서에서 남반부와 아랍세계에서 프랑스의 특이점을 찾기 어렵다며 실망감을 토로했다.(6) 경제적 관점에서 볼 때 서구와 유럽이 실시하는 제재 정책에서도 프랑스의 특이점은 찾아보기 어렵다. 2015년 핵 프로그램을 중단하는 조건으로 미국과 이란은 핵 합의에 도달하면서 대이란 제재가 해제됐지만, 이후 도널드 트럼프 대통령은 일방적으로 해당 합의를 파기했다. 하지만 프랑스는 해당 합의를 지킬 능력이 없거나 지킬 의지가 없었다. 프랑스는 공개적으로 반대와 유감을 표했지만 결국 기류를 따랐다. 미국은 이란과 러시아나 다른 지역에서 해당 합의를 준수하기를 바라며 2차 제재를 가했지만, 프랑스는 현지에 진출한 자국 기업과 투자를 보호하지 못했다. 그리고 유럽연합 이사회에서 제재 대상 국가들과 비군사적인 관계를 유지하는 제3국가들에게 가하는 미국식 조치에 찬성표를 던졌다.

이란은 시리아 다마스쿠스 이란 영사관 폭격에 대한 보복으로 이스라엘에 대규모 공격을 감행했다. 프랑스는 진정을 호소했지만 그 대상은 이란을 향한 것으로 보였고, 스테판 세주르네 프랑스 외교부 장관은 이란 대사를 소환했다. 프랑스는 트럼프 대통령이 재집권할 가능성이 있는 미 대선을 앞두고 유럽을 설득하기보다는 국제무대에서 특정 목소리를 듣고 싶어하는 것 같다. 프랑스는 미국의 압박과 독일을 제외한 대부분의 연합국들의 불편함에도 불구하고 중국과 우호적인 관계를 고수하고 있다. 과거 마크롱 대통령은 러시아에 우호적인 태도를 보이는 브라질을 비난했지만, 2024년 3월 말 해외 순방 당시 브라질과 관계를 회복했다.

세계는 세력에 따라 여러 극으로 분열될 일만 남았고, 프랑스는 제자리를 찾기 위해 고군분투하고 있다. 우크라이나 침공으로 인해 프랑스의 외교는 '서구주의적인' 입장으로 굳어졌고 '드골-미테랑주의' 유산과는 더 멀어졌다. 하지만 세계가 남반부에 유리하게 변하고 있는 상황에서 '드골-미테랑주의' 원칙이 가지는 의미는 다시 커지고 있다. **ID**

글·장 드 글리니아스티 Jean de Gliniasty
전 러시아 주재 프랑스 대사(2009~2013). 프랑스 국제관계전략연구소(IRIS) 소장. 『une diplomatie déboussolée 나침반 잃은 외교』(L'Inventaire, Paris, 2024) 저자.

번역·이연주
번역위원

(1) Philippe Devillers, 'La conférence d'Helsinki : sécurité et coopération 헬싱키회의: 안보와 협력', <르몽드 디플로마티크> 프랑스어판 1973년 7월호

(2) Anne-Cécile Robert, 'Origines et vicissitudes du "droit d'ingérence" '개입할 권리'의 기원과 변천', <르몽드 디플로마티크> 프랑스어판 2011년 5월호.

(3) Tristan Coloma, 'Les houthistes défient Washington 미국에 도전하는 후티 반군들', <르몽드 디플로마티크> 프랑스어판 2024년 3월호.

(4) Cf. Agathe Demarais, '10 points sur les sanctions 제재에 관한 10가지 사항', 2024년 1월 18일, https://legrandcontinent.eu

(5) Serge Halimi et Pierre Rimbert, 'Les nouveaux chiens de guerre 마크롱의 우크라이나 파병에 박수치는 언론인들', <르몽드 디플로마티크> 프랑스어판 2024년 4월호·한국어판 2024년 5월호.

(6) Georges Malbrunot, Conflit Israël-Hamas : des ambassadeurs au Moyen-Orient manifestent leur inquiétude 이스라엘-하마스 분쟁: 중동지역 대사들이 우려를 표명하다', <르피가로>, Paris, 2023년 11월 13일.

아프간 내전에서 승리한 탈레반 정권의 과제

이제는 정의가 아니라, 빈곤 타파가 우선

3월 말, 탈레반 정권은 간통한 여성에 대한 공개 처형으로 투석 척살형을 부활하겠다고 발표했다. 탈레반 정권의 군사기지 재정비로 미국과 아프가니스탄의 협상은 중단되었다. 미국 대선을 몇 달 앞둔 현재, 백악관은 아프가니스탄의 인권보다는 미국의 내부 정치 여론을 우선 고려하고 있다.

아담 바츠코 ▌탈레반 전문가

2021년 8월, 탈레반이 주요 도시를 점령하고 서구의 군대들이 철수한 후, 아프가니스탄 이슬람 토후국이 재집권했다. 전쟁에 승리한 탈레반 과도 정부는 서구 연합국의 지원을 받았던 이전 정부보다 덜 부패했다고 평가받지만,(1) 탈레반이 설립한 미숙한 기관들은 국민의 요구에 부응하지 못하고 있다. 계속 증가 추세인 아프가니스탄의 인구는 3000만 명에 이르고, 수십 년간의 전쟁으로 국민은 더욱 빈곤해졌다.

정권을 쟁취하기 전에 탈레반은 정의 문제에 집중했었다. 정의라는 면에서 보면 탈레반은 무능함과 부패로 국민의 원성을 샀던 하미드 카르자이, 아슈라프 가니 전 대통령 정부보다는 나았다. 그러나 수많은 정치적·사회적·경제적 문제들을 등한시하며 대처하지 않았던 탈레반 반군 전략은 더 이상 통용되지 않는다.

아프가니스탄 국민은 이제 단순히 탈레반에게 토지 문제 해결을 간청하거나 도둑질, 살인을 고발하지 않는다. 국민은 가족을 먹이고, 아이들을 교육하고, 치료를 받고, 직업을 구하는 등의 기본적인 필수사항을 보장해달라 요구하고 있다. 지금까지 아프가니스탄 지도자들이 무시했던 일들이다. 따라서 새로운 카드가 필요하다. 보수적이며 가부장적인 이데올로기에 유일하게 호의적인 농촌 지역을 통제할 수 없다면, 도시 지역과 하자리스탄의 시아파 지역, 특히 탈레반 재집권에 반대하는 자들은 더더욱 통제가 불가능하다.

통치 한계 인식한 탈레반

43년간의 전쟁, 20년간의 족벌주의, 부패한 정부를 겪으며 상처만 가득 남은 나라에 탈레반이 새로운 정부를 세웠다. 아프가니스탄 역사상 가장 큰 규모의 국제 사회 개입이 있었지만, 아주 적은 인프라만이 구축되었고 투입된 자금의 3/4만이 아프가니스탄으로 들어갈 수 있었다. 서구가 하청에 재하청을 주고, 작업 비용을 청구했기 때문이다. 아프가니스탄에 투입된 자금 대부분은 사실상 전 정부의 실력자들이 횡령했다. 2021년 8월 15일 수도 카불이 함락되기 전, 아슈라프 가니 정부의 예산은 60억 달러에 달했다. 이 예산은 대부분 국제 사회의 원조로 이루어졌다. 또한 공공 서비스 중 상당수는 협동 프로젝트와 서구 국가의 지원을 받은 NGO 단체들이 지원했었다.

이러한 상황 속에서 탈레반은 행정기관의 규모를 서서히 줄이며, 관세 수입에 의존하고 있다. 관세는 지난 수십 년간 대거 횡령되었다. 또한 탈레반 정권은 이전에는 무시했던 소매상에 대한 과세에도 신경을 쓰며, 트럭 암거래, 휴대폰 충전, 파키스탄으로의 석탄 수출에 대한 세금을 인상했다. 원조가 중단되자 새 정권의 2022년 예산은 26억 달러로, 전보다 2.6배 줄어들었다. 2021년 9월까지 직책을 유지했던 공무원 상당수는 그 후 급여를 지급할 예산 부족으로 사직해야만 했다.

탈레반 정권은 역사적인 기근이 나라를 덮쳤을 때도 절대적인 통치 기능의 한계를 깨달았다. 최근 몇 년간 반복되는 가뭄으로 기근은 충분히 예측 가능했었다. 아프가니스탄 국민의 95%는 빈곤선 아래에서 살고 있으며, 인구의 절반은 적절한 끼니를 잇지 못하고 있다. 게다가 서구의 개입으로 상당히 개선되었던 유일한 두 분야인 교육과 보건에서도 급격한 퇴보가 일어났다. 국민이 학교와 병원에 대한 열망을 크게 표현했음에도 불구하고, 탈레반 정권은 이 문제에 대해 정치적으로 숙고하지 않았다.

심지어 전쟁 기간인 2000년대 말, 학교와 병원 인프

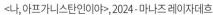

<나, 아프가니스탄인이야>, 2024 - 마나즈 레이자데흐

라에 대한 공격을 멈추게 할 정도로 국민의 압력은 거셌다. 탈레반은 통제하에 서구의 출자자가 학교와 병원에 재정지원 하도록 놔두었고, 건물에 국기를 걸고, 지침을 바꾸도록 하는데 그쳤다. 정권을 잡은 후 탈레반은 교육과 보건이 우선순위가 아니었음에도, 서구 국가들과 연계된 기관들의 철수에 대해 변명해야만 했다.

행정기관 개편에 딜레마

강경한 탈레반 정권은 행정기관을 개편했다. 내전에서 승리한 후 판사들과 믿을 만한 이슬람주의 간부들을 재판소 대신 새 장관과 주지사들을 보좌하는 데 임명했다. 전 정부의 공무원들과 이슬람주의 간부들이 유기적으로 결합하는 일은 쉽지 않다. 발흐(Balkh) 주의 새 검찰총장은 이들과 함께 일해야 한다는 걸 한탄한다.

한쪽은 행정기관의 기능과 프로세스를 아는 전직 판사들로 부패하고 충성심이 부족할 수 있고, 다른 한쪽은 충성도와 정직함은 의심의 여지가 없는 탈레반 판사들이지만, 관리직으로서는 능력이 부족하다. 관리직 부족이 지속될 위기 속에서, 행정기관들은 정부 경험을 가진 소수의 이슬람 법학자를 서로 끌어들이기 위해 경쟁했다.

새 정부의 또 다른 우선 과제는 국제 사회의 인정을 받는 일이다. 탈레반은 사실상 국가에 대한 맹목적 숭배를 토대로 존속되었다. 탈레반 정권은 1990년대처럼, UN과 전 세계 국가에 대사를 파견하는 등 현대사회의 주권을 상징하는 모든 것을 갖추고 싶어 한다. 그런 면에서 무엇보다 인권과 국경 문제에 신경 쓰는 정부, 테러와 이민 문제에 대해 협력국과 공조할 수 있는 정부처럼 보이려고 노력 중이다. 내전 승리 후 행해진 반대파 숙청에 비하면, 정권 초창기에 국민에게 가한 탄압은 제한적이었다. 탈레반 정권의 초기 노력은 갈수록 심각해지는 기근 문제를 해결하기 위해 아프가니스탄 유엔 지원단에 협력했다는 점에서도 엿볼 수 있었다.

그러나 이러한 참여 전략은 결국 실패로 끝났다. 패배에 충격을 받은 미국은 아프가니스탄을 고립시키려고 했다. 미국은 아프간 중앙은행이 미연방은행에 예탁한 자금을 몰수했고, 국가개발기구의 활동을 막았으며, 서구의 자본과는 무관한 NGO 단체들의 활동을 막는 등의 제재를 가했다.

미국의 태도는 근본적으로 미국의 국내 정치 상황을 고려한 것이다. 바이든 정부는 이러한 조치가 아프가니스탄 이슬람 토후국을 추락시키지 못하고, 국민에게만 타격이 갈 거라는 사실은 무시했다. 그 여파가 어떠하리라는 것은 이라크 사담 후세인 정권에 가했던 제재의 실패를 통해 충분히 알 수 있다. 2024년 11월 예정된 미국 대선 운동에서, 바이든은 상대 대선 후보 예정자인 트럼프에게 국제 문제에 관한 어떠한 공격의 빌미도 제공하고 싶지 않아 한다.

탄압 전략 선택한 탈레반,
아프간 국민들이 대가 치러

정권을 인정받을 전망이 없는 탈레반은 전투에서도 엄격한 무슬림 방식을 적용하기를 원하고 타협할 줄 모르는 젊은 병사들로 군사기지를 재구축했다. 2022년부터 탈레반은 언론을 검열하고 언론인과 반대파를 체포하거나 죽이며, 탄압을 강화했다.

특히 페미니즘 운동가들이 타깃이었다. 여성 해방 시위는 폭력적으로 진압되었고, 많은 이들이 사라졌다. 탈레반은 여성의 활동을 제한했고, 무엇보다 교육받고 직업을 가질 기회를 가로막았다. 탈레반은 남성 보호자 없이 여성이 혼자 돌아다니는 것을 금지했고, 공원 같은 공공장소의 출입을 금지했다. 여성은 여성 간호사와 여성 의사에게서만 치료를 받을 수 있다. 그러나 당국의 허가를 받은 여성 의료진은 거의 없다. 강경책의 또 다른 신호는 탈레반은 무슬림 율법의 가장 폭력적인 형벌의 부활을 약속했다는 점이다. 현재로서는 형벌이 확대되어 1990년대처럼 언론에 조명되는 것을 피하고 있다.

그럼에도 불구하고 탈레반의 지배는 단기적으로 공고해졌다. 탈레반은 주변 국가들, 즉 중국, 러시아, 페르시아만 국가들로 시선을 돌렸다. 이 국가들은 아프가니스탄과 외교 관계를 수립하며 사실상 아프가니스탄 이슬람 토후국을 인정했다. 서구와는 달리, 이 국가들은 40년이 넘는 무장 전쟁 이후 지역의 안정을 위해서 현재 정권과 교섭해야 한다고 생각한다. 탈레반 반대파의 핵심 지지국이었던 인도조차, 2023년 11월 붕괴한 아슈라프 가니 정권의 대사관의 문을 닫고 아프가니스탄에 새 대사관을 열려한다. 2024년 1월, 중국의 시진핑 주석은 공식 석상에서 다른 대사들과 함께 탈레반 대사가 제출한 신임장을 받았다. 이는 유엔 안보리 이사국이 공식적으로 아프가니스탄 이슬람 토후국을 인정한 첫 사례이다. 중국이 이러한 상징적인 조치를 취하지 않았더라도, 러시아는 마약 퇴치 및 중앙아시아 테러 퇴치를 위해 탈레반 정권과 계속해서 협력하고 있다.

탈레반 정권은 새로운 세수 확보를 위해 채굴 분야 투자에 기대를 걸고 있다. 과거 정권이 한 번도 시도하지 않았던 지하의 잠재적인 광물 채굴 프로젝트를 시작했다. 2023년 1월, 중국 신장중앙아시아 석유가스사(CAPEIC)는 3년간 아프간 북부의 아무다리야강 유역에서 석유를 채유하는 프로젝트에 5억4,000만 달러를 투자하기로 약속했다. 6개월 후 탈레반 정부는 중국, 이란, 터키, 영국 기업들과 금과 철 채굴 프로젝트에 65억 달러의 계약을 맺었다고 발표했다. 언론에서는 정기적으로 아프가니스탄 광맥의 가치가 몇 조에 이른다고 말하지만, 현실적으로는 불확실하다.

1970년대 말 소련의 지질학 탐사를 참조한 이 허무맹랑한 수치는 2010년 〈뉴욕타임스〉가 언급한 적이 있다.(10) 그러나 그 타당성은 매우 불확실하다. 게다가 광산 투자는 인프라와 수십 년간의 정치적 안정성과 공공 안전을 필요로 하지만, 탈레반 정권은 갖추지 못했다. 일례로 CAPEIC는 첫 3년 동안 약속했던 1억 5,000만 달러 중 5,000만 달러만 투자했다. 현재 아프가니스탄의 외교 노력으로는 그들이 꿈꾸는 만큼의 현금 유동성을 조달하지 못하고 있다. 그래도 논의와 계약서 서명만으로도 정권의 신뢰도는 상승하고, 권력의 지속에 도움이 된다.

탈레반 정권은 무엇보다 반대 조직체가 없다는 점에서 득을 보고 있다. 유일하게 이라크 레반트 이슬람국가만이 산발적인 공격과 테러를 계속해서 저지르고 있다. 1980년대 공산당 간부의 자손들인, 전 정부의 지지자들 특히 교육받은 계층은 망명을 떠났다. 탈레반 체제에 반대하여 국외에서 집결, 투쟁하기 위해서이다. 나라를 잃고, 평판을 잃은 그들은 종교적인 면에서 더 이상 심각한 위협이 아니다.

대학 출신과 종교 학교 출신 간의 40년간의 무장 충돌은 탈레반의 승리로 종결되었다. 양자 모두 아프가니스탄 사회의 지도자가 되고 싶어 했다. 그렇지만 내전은 해결하기 어려운 사회적 투쟁으로 자리를 옮겨, 미디어와 외교적 차원에서 이루어지고 있다. 전 정권 지지자들은 탈레반과 이슬람주의자들을 야만인이라고 하고, 이들은 전 정권 지지자들을 국제 사회의 개입에 협력한 배신자라고 비난하며, 외세의 점령을 말한다. 스페인의 프랑코파 또는 물라(이슬람 종교학자 – 역주)가 장악한 이란에서 그랬던 것처럼, 이러한 충돌은 오랜 기간 지속될 수 있으며, 이로 인해 국외로 추방당할 수도 있다. 탈레반 정권이 권력을 유지하기 위해 탄압 전략을 선언한 만큼, 결국 국민이 가장 큰 대가를 치르게 된다. ⒧Ⓓ

글·아담 바츠코 Adam Baczko
국립과학연구소(CNRS-CERI) 연구원. 저서로는 『La guerre par le droit. Les tribunaux Taliban en Afghanistan 법의 전쟁. 아프가니스탄의 탈레반 재판소』(CNRS Éditions, 2024)가 있다.

번역·김영란
번역위원

*본 기사는 위 저서에서 발췌하여 편집되었습니다.

(1) Adam Baczko, Gilles Dorronsoro, 'Comment les talibans ont vaincu l'Occident 탈레반은 서구를 어떻게 이겼나', <르몽드 디플로마티크> 프랑스어판, 2021년 9월
(2) Serge Halimi, 'Mourir pour Hamid Karzaï? 하미드 카르자이를 위해 죽는다?', 르몽드 디플로마티크 프랑스어판, 2009년 11월, 연대표 'Cinq décennies de fureur 분노의 50년', <르몽드 디플로마티크> 프랑스어판, 2021년 9월
(3) James Risen, 'U.S.Identifies Vast Mineral Riches in Afghanistan', <New York Times>, 2010년 6월 13일, https://www.nytimes.com

과테말라 대학, 신자유주의 유토피아의 제조 공장

신자유주의 국가들을 언급할 때 과테말라를 떠올리는 사람은 거의 없다. 그런데 중앙아메리카의 이 작은 나라 중심에 자리한 한 사립대학교가 신보수주의자들 사이에서 국제적인 명성을 얻고 있다. 죽음의 부대(정치 활동가, 반체제 인사, 정치적 숙적 등을 비밀리에 즉결 처형하거나 납치하는 무장단체를 일반적으로 이르는 말-역주)에서 활동했던 옛 단원이 자신의 전투를 다른 방식으로 이어가고자 설립한 학교다.

미카엘 포주르 ▌기자

마 야인들의 묘비와 꽃들이 이어진 '비석의 통로'를 따라 프란시스코 마로킨 대학교(UFM) 안으로 들어갔다. 16세기 과테말라의 주교였던 프란시스코 마로킨의 이름을 딴 사립대학교이다. 길 아래쪽으로는 멋진 세단 여러 대가 주차장에서 휴식을 취하고 있었고, 기숙사를 지나니 "자유의 집에 오신 걸 환영합니다!"라는 현수막들이 걸려 있었다.

'생동감 넘치는' 축제 분위기의 과테말라시티 중심지에서 떨어져 있는 이 대학교에는 수도에서는 찾아보기 힘든 평온함이 깃들어 있었다. 콘크리트 건물로 뒤덮인 수도에서는 흔치 않은 중후한 붉은 벽돌 건물은 정원의 무성한 초목들과 잘 어울렸다. 이곳에서는 약 3,000명의 학생이 경제학, 법학, 국제관계학, 영화, 시각예술, 심리학, 교육학, 영양학 등 열다섯 가지 전공을 공부한다. 산카를로스 국립대학교의 경우, 2023년 기준, 전국 여러 캠퍼스에서 약 23만 명의 학생이 41개 단과대에 재학 중이다.

자유 광장, 목가적인 연못이 내려다보이는 루트비히 폰 미제스 도서관, 애덤 스미스 광장, 자유주의 소설가 에인 랜드에 경의를 표하는 프리드리히 하이에크-밀턴 프리드먼 강당 등 교내 시설에 붙은 이름들도 강렬한 인상을 주었다. 유토피아가 실현된 자유주의 사원에 들어온 것 같은 착각마저 들었다. 실제로 이 학교 학생들은 프리드리히 하이에크의 자유 윤리 및 사회 철학 수업을

1학년 필수 과목으로 들어야 한다.

캠퍼스로 이어지는 두 개의 길 중 하나는 마누엘 아야우 길이다. 1925년 훌륭한 귀족 가문에서 태어나 2010년 사망한 마누엘 아야우는 면화, 석유, 세라믹 제품, 항구 건설 등으로 큰 재산을 일구었다.(1) 그는 1970년대에 국회의원을 지냈고, '죽음의 부대'와의 연관성 때문에 "조직 폭력 정당"으로 불린, 반공산주의 정당 국민해방운동(MLN)에 가입해 활동했다.(2)

마누엘 아야우는, '마로'라고도 불리는 이 학교의 설립자이다. 산카를로스 대학교의 "사회주의적 접근 방식"에 적대감을 품었던 아야우는, 사회주의적 접근 방식이 국민들 사이에 압도적인 지지를 얻는 것에 유감스러워하며 여섯 명의 친구와 함께 1958년, 경제사회연구소(CEES)를 설립했다.

"최고의 라틴 아메리카 대학교" vs. "학구적 측면에서는 삼류"

케인스 경제학이 지배적이고, 우파는 여전히 국가주의를 고집하고 있던 와중에 CEES는 전위적인 성향을 띠려고 노력했다. 신자유주의의 아버지라 할 수 있는 루트비히 폰 미제스에 열광하기 시작한 것이다.

아야우가 내세운 "자유 사회의 윤리적, 경제적, 법률적 원칙을 연구하고 전파한다"라는 CEES의 목표는 UFM

<과테말라의 국군의 날 행사에 참가한 미 대사관 직원들>, 1988 - 래리 타월

의 목표가 됐다.(3) 여러 경제 이론을 공부하고, 국제적 신자유주의 네트워크(리버티 펀드, 1978~1980년 아야우가 회장을 지낸 몽펠르랭회)에도 가입한 UFM 설립자들은 유명인사들(폰 미제스, 프리드리히 하이에크, 밀턴 프리드먼)을 과테말라로 초청해 이들의 사상을 언론을 통해 전파했다.

이러한 아야우의 네트워크 덕분에 대학교 개교 허가가 났고, 재정 지원을 통해 아야우의 프로젝트는 실현될 수 있었다. 1972년 초, 마침내 마로 대학교는 문을 열고 법학, 경제학, 기업 경영학 및 신학 등 네 개 전공을 가르치기 시작했다. 프리드먼은 UFM이 "몽펠르랭회, 자유시장 및 사유재산 원칙에 완벽하게 뿌리를 둔 최고의 라틴 아메리카 대학교이며, 라틴 아메리카 내에서 매우 큰 영향력을 행사하게 됐다"라며 기뻐했다.(4)

아가판투스, 유카, 종려나무로 장식된 길을 지나 고

급스러운 분위기의 '15구역'에서 다니엘 아에링을 만났다. 2008년, 고국인 스페인을 떠나 과테말라에 온 아에링은 저널리즘 학사학위와 국제관계학 석사학위밖에 없었지만, UFM 교수로 임명돼 2009년에서 2011년까지 학생들을 가르쳤다. 그는 솔직하고 신랄한 평가를 했다.

"학구적인 측면에서 이 학교는 삼류다. 그래도 수업당 학생이 7~10명에 불과해서 개인별 맞춤 수업은 잘 이뤄진다. 하지만 이곳에서는, 학생들은 고객이고 교수들은 개인 코치라는 말을 공공연히 듣는다." 프리드먼과 달리 아에링은 "UFM의 영향력은 아주 미미했고, 역동적인 지식의 장도 아니었다. 이론에 관해 이야기하지만, 아무것도 생산해내지 않는다"라고도 말했다. 정말일까?

UFM의 교수를 역임했던 경제학자 우고 마울 리바스를 만났다. 자신이 참여하고 있는 싱크탱크 사무실에 있던 그는 "UFM의 영향력은 크고, '워싱턴 합의(미국과 국제 금융 자본이 미국식 시장 경제 체제를 개발 도상국의 발전 모델로 삼게 한 합의-역주)'라는 근본적인 기반을 갖고 있다"라며 아에링과 정반대 주장을 했다. 또한, 1990년대 UFM의 제안으로 이뤄진 과테말라의 개혁들에 관해서도 설명하기 시작했다.

"에너지 부문 민영화, 통신 부문 자유화, 국립 은행의 대출 금지, 관세 및 소득세 인하, 자유 외환 거래 등 UFM이 없었다면, 나처럼 이 개혁을 주도한 이들조차, 개혁이 가능하다고 생각하지 못했을 것이다."

취재진이 후안 알베르토 푸엔테스 나이트 전 재무부 장관(2008~2010, 중도좌파)에게 질문했을 때, 전 장관은 "이곳에는 세계은행의 압력이 없다. 개혁 시도는 민간부문에서 시작됐다. 그들의 제안은 미주개발은행보다 훨씬 더 급진적이었다"라고 인정했다.

부유한 동네를 벗어나 무너져가는 벽과 갈라진 보도가 즐비한 '2구역'으로 향했다. 이곳에는 시사잡지 〈엘옵세르바도르〉를 만드는 학자들의 독립 단체가 있다. 이 단체의 총괄 코디네이터인 페르난도 솔리스는 "UFM의 영향력은 호르헤 세라노 엘리아스 대통령 시절(임기 1991~1993년)에 두드러졌고, 알바로 아르수 대통령 정부(임기 1996~2000년)에서 민영화 계획과 함께 구체적으로 드러났다"라고 설명했다.

싱크탱크라면서 시대에 뒤진 지식만 전달

원칙적으로는 정부를 경계했던 아야우는 늘 정치계와 연결고리가 있었고, 1994년에는 정부의 민영화 위원회 위원장으로 임명되었다. "1990년대부터 기업가들이 정치계로 뛰어들었고, UFM은 과테말라의 주요 싱크탱크로 자리매김했다." 2000년대 말, 아야우는 한발 더 나아가 '프로레포르마' 프로젝트까지 추진했으나 실패했다. "의원들을 종신 임명하는 '능력주의' 상원 설립, 법률에 유효기간 설정, 정당 체재 재검토 등 아야우는 '하이에크식'으로 권력을 통제하는 방법을 찾으려 했다." 자신의 생각을 숨기지 않았던 아야우는 "민주주의를 절대적인 목표로 생각하지 않는다. 자유와 마찬가지로 민주주의 역시 궁극적 목표가 아니다"라고도 말했다.(5)

UFM 교수 대부분이 학교의 강의 수준이 우수하다고 말했고, 마울은 제자 중 일부 학생들이 프랑스의 그랑제콜 고등상업학교(HEC), 하버드, 버클리 대학교 등으로 진학했다는 사실을 강조했지만, UFM은 국제 대학교 순위에서 높은 순위를 차지하지 못한다. 교수 자격으로 박사학위를 요구하지도 않고, 학생들에게 박사과정 공부를 권유하지도 않으며, 연구에 투자하지도 않기 때문이다. UFM을 포함해 여러 대학교에서 강의하고 있는 가브리엘 사바레타(가명)는 이것이 문제라고 지적했다. "연구가 동반되지 않는다면, 학문은 정체되고, 교수들은 시대에 뒤진 지식만을 전달한다."

'10구역'에 위치한 고급 쇼핑센터의 한 서점에서 UFM 졸업생이자 교수였던 루시 로드리게스를 만났다. 그녀는 2006년 몽펠르랭회 총회에서 UFM 대학을 알게 됐다. 낙수 경제와 '호모 에코노미쿠스'의 신화를 버리고 돌아온 그녀의 평가는 혹독했다. "UFM에는 학문적 엄격함이 없다. 교수들은 표면적인 이론에만 멈춰있다. 경제 개념들을 왜곡하고, 어떤 종류의 문제든 상관없이 해결책은 민영화와 자유화라 말한다. 그 결과, 학생들은 비판이나 분석 없이, 이미 정해진 견해를 그대로 받아들이게 된다." 로드리게스는 모순도 지적했다. "UFM에서는 국가의 역할을 제한하자고 말하면서 국가와 경쟁할 수 있는 대상을 도입하는 것에 관한 이야기는 하지 않는다." UFM에는 금기 사항도 있다. 아에링에 따르면, "특정 자본주의가 누리는 특권 및 국가와의 관계에 대해 지적했더니, 학교 측에서 내 강의 시간을 줄여버렸다. 독과점을 보호하는 반(反)자유주의법과 반(反)경쟁법에 대해서도 UFM에서는 이야기하지 않는다."

아야우는 "우리는 장기적으로는 사상이 세상을 지배한다고 확신했다. 프란시스코 마로킨 대학교의 책임자들과 친구들이 이 목표를 이루기 위해 택한 방법은 우리의 미래 지식인 지도자들을 제대로 교육하는 것이었다"고 설명했다.(6) 신고전파종합 경제학자인 에드거 밸셀 역시 "UFM은 과두정치를 섬기게 될 미래의 기업지도자 또는 정치지도자를 생산해낸다"라고 설명했다. 이 주장에 부합하는 상징적인 인물은 바로, UFM에서 기업 경영학을 전공한 후 경제대학 학과장을 지냈던 호세 라울 곤살레스 메를로다. 그는 2012년, 유력 가문인 노벨라가에서 소유한 시멘트 분야 독점 기업 '세멘토스 프로그레소'의 총괄 책임자 자리에 올랐다.

자유주의에만 관심이 있는 대학교

파블로 메넨데스(가명)는 UFM이 부상한 것은, 1980년대 공립대학교의 발전에 대한 반발이라고 추측했다. "공립대학교에는 다양한 계층의 사람들이 모였다. 어떤 이들에게는 처음으로 좌파의 사상을 접하게 되는 곳이었다. 바로 그 때문에 엘리트와 좌파 사상 혹은 진보주의 사상의 연결고리를 끊어야 했다. 이것이 바로 UFM의 존재 이유다. UFM은 대학교가 아니라 종교학교나 마찬가지다!"

다니엘 아에링은 "마로킨 대학교는 과테말라에 관심이 없다. 자유주의에만 관심이 있을 뿐이다!"라고 비꼬았다. UFM에서는 여전히 외국인 교수들과 스페인 출신 총장을 채용하고(7), 파나마(2017)와 마드리드(2018)에는 분교를 설립했다. 또한, 프리드리히 하이에크, 밀턴 프리드먼, 페루의 세계적 작가 마리오 바르가스 요사, 바츨라프 클라우스 전 체코 대통령, 미국 경제학자 제임스 뷰캐넌, 호세 마리아 아스나르 전 스페인 총리, 로널드 레이건 대통령의 고문을 지낸 트로이 케네스 크리브 주니어 등 최고 권위자들에게 명예박사학위를 수여했다.

이런 사실들만 봐도 UFM은 항상 국제 자유주의 네트워크와 연결돼 있었다는 점을 알 수 있다. UFM이 초청했던 유명인사 중에는 칠레의 호세 피녜라 에체니케(아우구스토 피노체트 정부 시절 장관, 고 세바스티안 피녜라 전 대통령의 형제), 그리고 하비에르 밀레이 아르헨티나 대통령이 영향을 받았다고 말한 세 명의 학자 즉, 스페인의 자유주의 경제학자 헤수스 우에르타 데소토, 아르헨티나의 알베르토 베네가스 린치, 마르틴 크라우세도 있다. UFM이 "가장 훌륭한 라틴 아메리카의 경제학자 중 한 명"이라고 소개했던 하비에르 밀레이 대통령 역시 대통령에 당선되기 전인 2018년 7월, UFM에서 개최한 케인스 경제학에 반대하는 여러 콘퍼런스에 참석했다.

즉석에서 취재진의 가이드를 자처했던 롤란도 O.(가명)는 우리가 캠퍼스와 몽펠르랭 산책로를 걷는 동안 UFM의 역할을 이렇게 요약했다. "우리의 성공은, 실수와 잘못된 결정을 피하는 것이다." 그러나 50년 전, 아야유가 생각했던 이 대학교의 사명은 과테말라에 만연한 빈곤을 퇴치하는 것이었다. 과테말라는 여전히 아메리카 대륙에서 가장 높은 빈곤율을 나타내고 있다. "빈곤이 줄지 않는 상황이 답답하지 않은가?"라고 롤란도에게 묻자, "시간이 좀 더 지나면 아야우의 사상이 승리할 것이다"라는 대답이 돌아왔다. **ld**

글·미카엘 포주르 Mikaël Faujour
기자, 국제예술평론가협회(AICA)회원. 중남미의 정치와 예술 등에 관한 기사를 보도하고 있다.

번역·김자연
번역위원

(1) Luis Solano, 『Guatemala, petróleo y minería en las entrañas del poder』, Infopress Centroamericana, Guatemala, 2005.
(2) Cf. Quentin Delpech, 'Des usages improbables de l'économie? 경제의 불가능한 용도?', Actes de la recherche en sciences sociales, Seuil, Paris, n° 184, 2010.4.
(3) Manuel Ayau Cordón, 'Mis memorias y mis comentarios sobre la fundación de la Universidad Francisco Marroquín y sus antecedentes', Universidad Francisco Marroquín, FISIC/IDEA, Guatemala, 1992.
(4) 로즈 프리드먼, 밀턴 프리드먼과의 인터뷰, 2002.10.15, https://newmedia.ufm.edu/
(5) 'The Peculiar Case of a U.S. Embassy Attacking a Free-Market Educator in An Underdeveloped Country', 온라인 열람 가능, https://muso.ufm.edu
(6) Quentin Delpech가 인용, op. cit.
(7) 가브리엘 칼사다 알바레스는 오스트리아학파 스페인 경제학자로 2013년부터 2021년까지 UFM 학장을 맡았다. 미제스 연구소 및 몽펠르랭회 회원이며, 스페인의 싱크탱크 '후안 데 마리아나 연구소'의 회장이자 설립자다.

<동일성의 환상>, 2021 - 힐러리 발루 _ 관련기사 92면

CULTURE

문화

EU 난민 통제에 영향을 끼친 인종주의 문학

지난 4월 10일, 유럽의회 의원들은 유럽연합(EU) 국경 통제를 강화하는 이민 및 난민 협약을 채택했다. 〈마니에르 드 부아르〉 최근호는 이방의 외국인이나 기후 난민의 유입이 두려워 바리케이드를 치고 살아가는 서구 세계를 조명한 바 있다. 이런 상상을 품게 된 데에는 한 문학 작품이 주목할 만한 역할을 했을 수 있다.

뱅상 베르틀리에 ▌작가

'백인 대체론(grand remplacement)'. 간단하고 효과적인 개념이다. 불과 몇 년 사이, 모든 나라의 민족주의자들이 사용하면서 현대 신화의 반열에 오른 이 표현은 어디서 비롯된 걸까? 이 질문은 '백인 대체론'과 관련한 두 가지 이야기를 들려주는 두 가지 답을 떠올리게 한다. 첫 번째는 순전히 사실에 근거한 이야기로, 인터넷을 검색해보거나 별로 추천할 만하지 않은 몇 작품만 조사해 봐도 자료를 쉽게 찾을 수 있다.

'백인 대체론'이라는 말을 처음 쓴 사람은 르노 카뮈(Renaud Camus)로 알려져 있다. 아방가르드 작가인 그는 1970~1980년대에 문단의 호평을 받았으나, 반유대주의 성향과 관련해 물의를 빚으면서 2000년 무렵 명성에 금이 가기 시작했다. 이때부터 그는 확실히 우경화된 모습을 보이기 시작했고, 실제로 한동안 그렇게 행동했다.(1) 하지만 이런 논란도 그의 지지자들이 소규모 커뮤니티를 형성하는 것을 막지는 못했다. 그는 2002년 '무해당(Parti de l'In-nocence)'을 창당했는데, 이 당은 '유해하다(nocence)'고 여겨지는 사람들에 관한 성명을 다수 발표하고, 주로 이민과 '국민의 변화'에 초점을 맞추었다.

'백인 대체론', 문학적 차원과 정치적 논리로 구성

이 신화의 이데올로기적 원형은 2009년 4월 르노 카뮈가 무해당의 온라인 포럼에서 반(反) 반인종주의자(anti-antiracistes)의 '말이, 좋은 말이 부족함'을 자신의 커뮤니티에 호소했을 때부터 이미 존재했다. "보다 효율적인 용어를 논쟁적으로 사용하는 것이 훨씬 적절하다고 봅니다. 좋은 의견 있습니까?"(2) 우리는 이 '성찰'의 결과가 어떠한지 잘 알고 있다. 즉 '백인 대체론'이라는 표현은 유희적이고 문학적인 차원(인종차별적 신조어의 집단적 창조)과 보다 정치적인 논리(가장 효율적인 표현을 찾는 것)를 엮어 만들어진 것이다.

물론 르노 카뮈가 외국인이 밀고 들어와 백인들의 서구가 사라질 거라고 최초로 예언한 사람은 아니다. 예를 들어 밧 예올(Bat Ye'or)의 『유라비아. 유럽-아랍의 축(Eurabia: The Euro-Arab Axis)』(Fairleigh Dickinson University Press, Vancouver, 2005)이나 크리스토퍼 콜드웰의 『유럽 혁명에 관한 고찰: 이민, 이슬람, 서구(Reflections on the Revolution in Europe: Immigration, Islam, and the West)』(Doubleday, New York, 2005) 같은 에세이들이 영향을 미친 것은 분명한 사실이다.(3) 그러나 프랑스에서는 대체로 문학이 인종차별주의 신화가 등장하는 데 중대한 역할을 했다. 이로써 '백인 대체론'의 또 다른 계보가 성립되었다.

19세기 말, 우리는 실제로 '황화론'이 유행했다는 사실을 알고 있다. 황화론은 유럽과 중국(또는 유럽과 아프리카) 관계를 뒤바꿔놓았고, 백인을 죄의식에서 벗어나게 함으로써 식민지화 조장에 기여했다.(4) 이 세기 말 신화는 여러 대중소설에 단초를 제공했다. 예를 들어 1900년에 앙리 드 누산(Henri de Noussane)은 연재소설『2000년의 중국과 유럽(La Chine et l'Europe en l'an 2000)』을 출간했다. 에밀 드리앙(Émile Driant)은 당리(Danrit)라는 필명으로 1894년에 발표한『흑인의 침략』으로 큰 성공을 거둔 뒤, 1904년에『황인의 침략』을 출간했다.

또한 퇴폐적 미학으로 황화론을 전복시킨 피에르 로티나 장 로랭의 작품에서도 비슷한 이야기를 읽을 수 있다. 장 로랭의『레 노론소프(Les Noronsoff)』(1902)에서 죽어가는 주인공은 "아시아인들이 미래에 침략해올 것"이라거나 "아틸라의 훈족과 칭기즈칸의 타타르족, 모든 황인종 유목민들이 니스 사람들을 죽이고, 약탈하고 훔치고 학살할 것"이라고 경고했다. 영불해협 너머에서도 같은 신화가 1912년 색스 로머(Sax Rohmer)의 악당 캐릭터 '푸만추'(Fu-Manchu) 박사의 탄생에 영감을 주었다.

1945년 이브 강동은『최후의 백인(Le Dernier Blanc)』이라는 기만적인 제목의 소설을 발표했는데, 여기서 그는 백인들이 서로를 몰살시키는 상황을 상상한다. '백인 소멸'이라는 주제는 제2차 세계대전 이후 끊이지 않고 등장했다. 작가 루이 페르디낭 셀린이 세상을 떠나고 8년 뒤인 1969년에 발표된『리고동(Rigodon)』은 독일 제3제국의 몰락을 다루면서, 이를 다른 인종의 침략을 받아 몰락한 비잔틴제국과 계속해서 연결 짓는다.

여기서 그는 황인종, '아프리카아시아인', 브레스트(유럽 대륙 서쪽 끝에 있는 프랑스 도시-역주)의 중국인들이 침략해올 것이라고 내다봤다. 모든 것이 "우리의 위대한 운송업자(Grands-Transitaires)"의 무관심 속에서 "2000년에는 백인이 사라질 것이고 근심할 일도 없을 것이다…." 이 표현은 1938년에 셀린이 출간한 소책자『시체들의 학교(L'École des cadavres)』에 나오는 '모든 종류의 고기를 실어나르는 운송업자', 즉 육탄(肉彈)을 거래하는 지도자들을 연상시키지만, 르노 카뮈가 생각해낸 '백인 대체론'과도 혼란스러운 방식으로 공명한다.

에밀 시오랑, "천년의 경계 끝에 문이 열린다"

그러나 셀린의 생물학적 인종주의는 공산주의에 대한 강박관념과 독립전쟁의 맥락에서 생각해야 한다. 1973년에 소설가 장 라스파유(Jean Raspail)는『성자들의 진지(Le Camp des saints)』에서 훗날 인도인들의 침략을 받는 서구사회를 묘사했는데, 식민지화에 대한 생각은 이때 이미 더 멀어진 것처럼 보인다. 이 공상 소설은 사실상 하나의 전환점을 의미한다. 이 소설의 형식이 '황인종', '흑인종' 혹은 '유대인'의 위험을 다룬 문학과 연결된다면(소설은 백인종의 소멸을 전쟁 장면을 통해 서사시적으로 극화한다), 그의 인종주의는 식민 정복을 선동하기보다는 이민 거부를 장려하는 기능을 한다.

라스파유는 그의 왕정주의자의 감수성으로 볼 때 당시 (인민전선의 경쟁 상대인) 새힘당(Parti des forces nouvelles)과 가까웠다. 이후 특히 실뱅 테송은 "죽어가는 태양의 불꽃 속에서 마지막으로 무언가를 응시하는 순간 삼켜지고 추락하는 세계에 대한 그의 미학"(5)에 경의를 표하며, 라스파유를 하나의 아이콘으로 추켜세웠다. 그러나 라스파유가 제국주의적 인종주의에서 반이민 인종주의로 옮겨가면서 정확히 미적 특징의 변화가 뒤따랐다. 즉 이제 인종주의 작가들은 식민지 현실과 전혀 다른 서사시적이고 극단적 비관론을 담은 줄거리의 소설보다는, 유럽 이외 지역으로의 이민 같은 실제 현상을 다루기 위해 논픽션 형식의 에세이를 더 선호하게 된다.

에밀 시오랑은 루마니아에서 보낸 젊은 시절, 파시즘과 반유대주의 성향의 철위대(la Garde de fer) 운동에 적극적으로 참여했다. 그는 환멸 어린 격언 덕분에 우아한 허무주의 에세이스트로 프랑스에서 명성을 얻은 뒤, 소위 '문명화된' 새로운 우파의 선구자인 알랭 드 베노이스트의 주장에 관심을 가졌다.(6) 1977년 그는 〈누벨 르뷔 프랑세즈〉에 '두 가지 진실'이라는 글을 발표했는데, 여기서 그는 지하철에서 마주친 이민자들의 풍경에서 영감을 얻은 인상을 적었다. "오늘날 이민은 이제 밀도 높은 이동이 아니라 연속적인 침투로 이루어진다. 사람들은 '영토'라는 개념에 비굴한 자세를 취하기에는 피를 너무 많이 흘리고 너무 탁월한 '원주민들' 사이로 조금씩 스며든다. 천년의 경계 끝에 문이 열린다…."

인종주의 신화를 없애는 것은 문학의 책임

리샤르 밀레(Richard Millet)는 반동적 성향 탓에 요즘은 주목을 못 받지만, 갈리마르 출판사에서 오랫동안 유명 대표 작가 자리를 지켰다. 그는 여러 차례 시오랑과 비슷한 무대 구성을 선보였다. 작가는 지하철이나 광역급행철도(RER)에서 "흑인, 마그레브인, 파키스탄인, 아시아인 및 다양한 혼혈인"(7)이 뒤섞인 군중 속에서 자신도 "유일한 백인"(8)(지적장애 프랑스인, 레즈비언, 레게머리를 한 청년이나 베일을 쓴 백인여성 제외하고)이었다고 묘사했다.

따라서 '백인 대체론'은 야만족 침략의 서사시적 수사(修辭)를 우수 어린 또 다른 침투로 대체하려 한다. 반면 소설이 상상을 위한 구조적 이야기를 만들어낸다면, 에세이 장르는 직관에 가치를 부여하는 데 적합하다. 예를 들어 질 들뢰즈는 1977년 6월 20일자 〈르몽드〉에서 다음과 같이 주장했다. "사상의 내용이 빈약할수록, 사상가가 중요성을 얻을수록, 발화 주체는 공허한 진술에 대해 스스로 중요성을 부여한다."

그렇다면 예를 들어 인구통계학자 미셸 트리발라처럼 공식 통계를 통해 '백인 대체론'을 합리화하려는 다양한 시도들이 존재하는 이상, 에세이스트가 사회과학 전문가의 합리적 사고에 접근하는 것을 막는 것으로 만족할 수 있겠는가? 확실히 이런 학술적 작품들은 국민의 변화가 있다 해도 그것이 내일을 위한 것이 아니거나, 혹은 공간적 분리 같은 다른 요소들을 고려하지 않고 숫자를 해석하면 그 숫자는 무의미하다는 점을 대부분 인정하는 경향이 있다.(9) 그러나 더 세세하게 짚어봐야 할 문제는 ('유럽 외 이민'으로 인한) '인구통계학적 변화'의 구체적 의미다.

그 이유는, 여기서는 숫자만으로는 부족하기 때문이다. 중요한 것은 민감한 정도다. 따라서 그 숫자를 어느 쪽도 인정하지 않기보다는, 반(反) 서사의 '대체론적' 신화에 반대해야 한다. 탈문명화를 선언하는 사람들에게 영화제작자로 사회학자였던 기 드보르의 아이러니로 답해야 한다. 즉 탈문명화는 기정사실이고, 이민자들에게는 그에 대한 책임이 없다고 말이다.(10) 금발머리의 소멸을 우려하는 사람들에게는, 배우 장 가뱅보다 국민연합의 조르당 바르델라와 더 닮은 스페인이나 이탈리아의 갈색머리가 금발머리를 이미 대체했다는 점을 일깨워줘야 한다. 사회학적 지표는 그들에게 정치적 의미를 부여하는 민감한 가치들과 불가분의 관계다. 이런 점에서 문학이 만들어낸 인종주의 신화를 되도록 많이 없애는 것은 여전히 문학의 책임이다. ⒹⒹ

글·뱅상 베르틀리에 Vincent Berthelier
작가. 『반동적 스타일. 모라스에서 우엘베크까지(Le Style réactionnaire. De Maurras à Houellebecq)』(Éditions Amsterdam, Paris, 2022)의 저자.

번역·조민영
번역위원

(1) Maurice T. Maschino, 'Les nouveaux réactionnaires 새로운 반동 세력', 〈르몽드 디플로마티크〉 프랑스어판, 2002년 10월호.
(2) 'Questions de vocabulaire 어휘에 관한 질문', 2009년 4월 5일, www.innocence.org
(3) Raphaël Liogier 라파엘 리오지에, 'Le mythe de l'invasion arabomusulmane 이슬람의 유럽 정복은 가능한가?', 〈르몽드 디플로마티크〉 프랑스어판, 2014년 5월호, 한국어판 2014년 7월호.
(4) François Pavé, 『Le Péril jaune à la fin du XIXe siècle : fantasme ou réalité? 19세기 말의 황화론: 환상인가 현실인가?』, L'Harmattan, Paris, 2013. Jacques Decornoy, 'Quand l'homme a peur de son nombre 인류가 자신의 숫자를 두려워할 때', 〈르몽드 디플로마티크〉 프랑스어판, 1990년 6월호.
(5) Emmanuel Fontaine, 'Retour des steppes, entretien avec Sylvain Tesson 초원으로의 회귀, 실뱅 테송 인터뷰', 〈Les Épées〉, n° 19, Asnières-sur-Seine, 2006년 4월. François Krug, 『Réactions françaises. Enquête sur l'extrême droite littéraire 프랑스의 반동. 문학계 극우파에 대한 조사』, Seuil, Paris, 2023에서 인용. Evelyne Pieiller, 'La réaction, c'était mieux avant 작가들의 반동, 옛 시절에 대한 향수?', 〈르몽드 디플로마티크〉 프랑스어판, 2023년 8월호, 한국어판 2023년 10월호.
(6) Alexandra Laignel-Lavastine, 『Cioran, Eliade, Ionesco : l'oubli du fascisme. Trois intellectuels roumains dans la tourmente du siècle 시오랑, 엘리아데, 이오네스코: 파시즘의 망각. 세기의 혼돈에 빠진 세 루마니아 지식인』, Presses universitaires de France, Paris, 2002.
(7) Richard Millet, 『Arguments d'un désespoir contemporain 이 시대 절망의 논증』, Hermann, Paris, 2011.
(8) Richard Millet, 『L'Opprobre. Essai de démonologie 타락. 악마학에 관하여』, Gallimard, Paris, 2008.

빅토르 델 아르볼, 『아버지의 아들』

떨칠 수 없는 악순환의 고리

위베르 프로롱조 ▌ 저널리스트, 탐정소설 작가

디에고는 평범한 40대 나이의 대학교수다. 사회적 출세의 전형과도 같아 보이던 그가, 정신질환을 앓고 있는 자신의 딸을 돌보던 간호사를 사흘간 고문한―그리고 마침내 살해한― 이유는 무엇이었을까?

스페인의 역사가이자 카탈루냐 자치 경찰 출신인 빅토르 델 아르볼의 작품을 접해본 이들이라면 그 답이 개인의 차원을 넘어설 것으로 확신할 수 있을 것이다. 『아버지의 아들(Le fils du père)』은 1936년부터 2010년까지 이어지는 20세기 스페인 사회 전체를 아우르고, 전쟁과 프랑코주의와 망명을, 그리고 그 배경에 깔린 빈곤, 이농, 그리고 끝없는 보복 등 국가를 낙인찍는 비극들을 삼대에 걸쳐 담아냈다.

현재 시점의 서술은 디에고가 재판 전 구금되어 있었던 정신병원에서 발견된 그의 메모를 통해, 과거 시점의 서술은 3인칭 관찰자의 시점을 빌려 저주받은 계보를 거슬러 올라가며 디에고와 그의 부친과 조부의 이야기를 불러낸다. 이들은 고통을 끌어안은 추악한 인물들이다. 디에고의 조모는 "이 집안의 사람들은 불행과 자멸이라는 바이러스에 감염돼 있다"고 말한다.

"그는 불행이란 사명을 띠고 태어난 인간"

이 소설은 바로 그 감염에 대한 이야기다. 그들을 감염시킨 '바이러스'는 조부에게서 부친으로, 그리고 다시 문화와 책에 대한 애정이 자신을 지켜줄 것이라 믿었던 표도르 도스토옙스키를 연구하는 디에고에게로 전해졌다. 모든 것은 내전이 한창이던 스페인의 엑스트레마두

에밀리 페르난데스·클로드 블르통 옮김, 악트 쉬드 출판, 2023, 368p

라에서 시작됐다. 마을의 대지주들에 맞서 반란을 일으키고 그들을 모욕한 매형을 두었다는 이유로 처벌을 받게 된 디에고의 조부는 이후 제2차 세계대전이 벌어지면

서 소련으로 보내졌다.

이처럼 전쟁 동안 자발적 혹은 강제적으로 모집된 스페인의 청년들은 '청색 사단'으로서 나치 독일군과 합류하여 전투에 뛰어들었다. 결국 그는 낙인만이 남은 몸과 마음으로 스페인에 돌아왔다. 그를 감염시킨 폭력의 씨앗은 이내 그의 아들에게 대물림됐고, 아들은 이를 더욱 심화할 뿐이었다.

"그의 조부가 옳았다. 행복이란 것은 상상과는 전혀 다르기 마련이다. 행복은 너무나 나약하고 덧없다. 반면 불행은 그에게 완벽하리만큼 딱 들어맞았다. 마치 신뢰할 수 있는 단단한 검은 바위와도 같은 것이었다. 그는 그야말로 불행이라는 사명을 띠고 태어난 인간이었다."

마을을 떠나 바르셀로나로 향한 그의 아들은 하류사회를 헤매다가 그곳에서 다른 일에 휘말려 결국 외인부대에 입대하게 된다. 그곳에는 빈곤과 치욕이, 아비들의 절대 권력과 증오가, 학살당한 어린이들이, 파괴된 여인들이 있었다.

"그는 자신의 가족사가 모든 죄인을 옭아매어 아무도 벗어날 수 없게 만드는 악순환의 고리라는 생각을 떨칠 수가 없었다. 마치 태양 주위를 영원토록 공전하는 지구처럼 말이다. 빌어먹을 동심원 같으니!"

저자는 이러한 불행의 세습을 논하기 위해 현재에서 과거로 거슬러 올라가며 이야기를 엮어가는데, 그 안에서 아들들의 모습이 서로 겹쳐져 누가 누군지 분간할 수조차 없게 된다. 이는 『사무라이의 슬픔(La Tristesse du Samouraï)』이나 『죽음의 무게(Poids des morts)』에서도 찾아볼 수 있는 빅토르 델 아르볼의 특징 중 하나다.

추리 소설, 가족사 소설, 그리고 실제 역사까지 여러 장르를 탁월하게 넘나드는 그의 작품은 프랑스에서는 이미 일곱 권(전권 악트쉬드(Actes Sud) 출판)이 번역되어 출간되어 있으며, 강렬한 이번 소설을 통해서도 이미 훌륭한 작가들이 다수 약진하고 있는 스페인의 추리 소설계에서 그가 얼마나 큰 영향력을 지니고 있는지 확인해 볼 수 있다. ᴸᴰ

크리티크M 7호
『몸몸몸, 자본주의의
오래된 신화』
권당 정가 16,500원

글·위베르 프로롱조 Hubert Prolongeau
저널리스트, 탐정소설 작가

번역·김보희
번역위원

크리올리티의 결정체

섬사람과 흑인의 정체성, 그리고 바그너

알리오샤 왈드 라소브스키 ▮작가

앤틸리스 제도 출신의 시인이자 철학자였던 에두아르 글리상은 문학이 물리적·정신적 차원의 새로운 경계의 시학을 안겨주며, 소설을 쓴다는 것은 서로를 자석처럼 끌어당기는 현실과 상상 사이의 뜻밖의 연결고리들을 그려내는 것이라고 보았다. 오늘날 앤틸리스의 여러 작가들이 보여주고 있는 연결고리야말로 바로 이러한 결정체이다.

프랑스 노르망디 출신의 아버지와 앤틸리스 과들루프섬 출신의 어머니 사이에서 태어난 제니퍼 리샤르는 기존 출간작인 『우리의 왕국은 이 세상에 없다(Notre royaume n'est pas de ce monde)』와 『자유의 길(Le chemin de la liberté)』(이상 알뱅 미셸 출판)에 이어 첫 추리소설 『긍정을 뜻하는 부정(Un non qui veut dire oui)』을 통해 독자들을 소앤틸리스 제도 중앙에 위치해 있는 마리갈란트섬으로 데려간다.(1)

이야기는 "바스테르에서 사기를 일삼다가 대도시로 향한" 강도 벨포르 퀴라세가 수감된 생마르탱드레의 교도소에서 시작된다. 그는 군경 출신의 아들 아르샹주에게 강간죄로 수감된 다른 재소자의 무죄를 입증해달라고 부탁한다. 이에 "뜨겁게 달군 쇠로 찍은 낙인과도 같은 이름"을 지닌 아르샹주('Archange'에는 대천사라는 뜻이 있음-역자)는 조사에 착수했고 마침내 선조들의 땅인

과들루프로 떠난다.

과들루프 푸앵타피트르에 도착한 그는 사라졌던 감각들을 되찾는다. 한 상인이 그에게 계피와 바닐라를 입힌 케이크를 내놓았을 때 그는 거절하는 시늉을 한다. 하지만 그것은 "긍정을 뜻하는 부정"이었다. 갈색빛 해초들과 독한 술, 거짓과 배신 사이에 이르기까지, 아르샹주는 환경과 사회문제의 고발은 물론 "뼛속까지 썩어버린 정치인"들을 비난하며 포기하지 않는다.

한편 크리올리티 운동(크리올의 문화적 요소가 담긴 문학과 어학의 가치를 높이자는 운동. 라파엘 콩피앙, 차트릭 샤모아조, 그리고 『크리올리티 찬사(Éloge de la créolité)』(1989)를 쓴 장 베르나베가 주동했다)의 창시자 중 한 명인 라파엘 콩피앙은 소설『긴 손톱의 그랑종글(Grand-Z'Ongle)』을 통해 다양한 인물들을 그려냈다.

미용사 테르튈리앙, '동방의 마력'이라는 가게를 운영하는 시리아 출신 압달라, 마르티니크의 모른발라이에서 온 의대생 다미앙, 거친 말투의 방데 출신 크리올 아이메릭 신부, 군것질거리나 연 따위를 파는 중국인 상인 호상 등도 여기에 포함된다.(2) 책 속에서는 주사위 던지기, 가장 행렬, 라쟈(브라질의 카포에라와 비슷한 마르티니크의 전통 무술) 경기, 그리고 전통 주술 등이 생명을 얻는다.

등장인물들의 중심에 섬의 대주술가이자 보이지 않는 존재들을 다스리는 '그랑종글'이 있기 때문이다. 터무니없을 정도로 긴 손톱이 달린 그의 두 번째 손가락은 실제로 다른 이들을 위협하는 무기로 쓰이는 한편 '악마 아들의 화신-왕국'에서는 밤이 되면 그 누구도 자신의 진짜 정체성을 알 수 없게 된다. 콩피앙이 '허구적 자서전'이라고 설명하기도 한 이 소설은 유명한 주술가의 일대기를 담아내며 저자 자신이 믿는 '주술적 차원의 크리올 종교'를 드러낸다.

롤랑 브리발의 액자식 소설『리하르트 바그너의 마지막 나날들(Les derniers jours de Richard Wagner)』은 영감을 잃은 한 작가가 발견한 편지들의 내용을 전하는 이야기다.(3) 과거 앤틸리스 제도에서 노예로 있다가 1848년 노예제 폐지 이후 해방되어 유럽으로 건너간 바르나베 모렐이 마르티니크에 남아있었던 그의 누이와 주고받은 편지들이었다. 1882년 바르나베는 리하르트 바그너의 하인으로 일하기 시작한다. 곤돌라를 타고 베네치아의 그 웅장한 벤드라민 궁전에 도착한 그는 바이로이트에서 온 자신의 주인을 밤새워 보살폈다. 바그너의 곁에는 장인인 프란츠 리스트, 아내 코시마가 있었다.

그런데 어느 날 바그너가 길 한복판에서 휘청거리다가 하인에게 몸을 기댄 그때부터 두 사람의 관계에 변화가 일어났다. 경멸과 무시로 일관하던 바그너가 이 흑인 하인에 대해 우정을 가지고 그를 점점 신뢰하기 시작한 것이다. 그리고 편지를 통해 이러한 사실을 알게 된 작가는 출판사의 무관심에도 불구하고 이 이야기를 세상에 알리기로 결심한다. "흑인의 정체성", "섬사람의 정체성", 그리고 반유대주의자였던 바그너의 변화 등 모든 연결고리가 서로를 끌어당긴 것이다. LD

글·알리오샤 왈드 라소브스키 Aliocha Wald Lasowski
저서 『제임스 본드에 관한 다섯 가지 비밀』, Max Milo, 파리, 2020.

번역·김보희
번역위원

(1) Jennifer Richard, 『긍정을 뜻하는 부정 Un non qui veut dire oui』, Caraïbéditions, Petit-Bourg (Guadeloupe), 2023, 336 pages, 17.25 euros.
(2) Raphaël Confiant, 『그랑종글 : 보이지 않는 것들의 주인 Grand-Z'Ongle : Le maître de l'invisible』, Caraïbéditions, 2023, 432 pages, 21.30 euros. 저자의 다른 저서로는 다음이 있다 : 『샤를 보들레르의 어두운 뮤즈 La Muse ténébreuse de Charles Baudelaire』, Gallimard, coll. « Folio», Paris, 2023.
(3) Roland Brival, 『리하르트 바그너의 마지막 나날들 Les Derniers Jours de Richard Wagner』, Caraïbéditions, 2023, 416 pages, 21.30 euros.

장 콕토와 그의 연인, 장 데보르드

질 코스타즈 ▌기자, 피에르 마크 오를랑상 위원회 회장

장 콕토 서거 60주기를 맞아, 서점 진열대에는 증언
집과 수필집, 개정판 도서가 가득 쏟아졌다. 그러
나, 이 가운데 갑자기 튀어나온 것은 없다. 이 '아편의 시
인'(1)은, 흐르는 세월에 흐려진 불빛 속에서도 반짝인
다. 장 콕토가 가장 흥미롭게 여기며 추구했던 것들은 그
의 친구들과 연인들 사이에서 찾을 수 있다.

작가 장 콕토와 배우 장 마레의 오랜 교류를 그린 만
화(2)가 있다. 이 만화책의 출간은 아름답고 경이로운 이
벤트다. 그림 작가 모란 마자르와 스토리 작가 이자벨 보
티앙은 풍부한 참고자료들, 때로는 신문기사에서 발췌한
내용들을 바탕으로 작업을 진행했다. 사건들과 인물들에
대한 깊은 이해를 통해, 이야기 속에 담긴 자유로움을 잘
살려냈다. 잔잔하면서도 또렷한 환희의 순간들을 강렬한
색상의 대비를 통해 각기 다른 느낌으로 구성하며, 격정
적인 동성애를 표현했다.

이 이야기는 마레가 콕토와 함께 연극 공연을 하겠
다고 공언했고, 실제로 공연을 시작한 1937년부터 펼쳐
진다. 그들은 전쟁(1939~1945년 제2차 세계대전) 전후
몇 년 동안, 참으로 열정적인 삶을 살았다. 이 앨범이 완
성되는 1944년은 시인 막스 자콥이 드랑시의 포로수용
소에서 사망한 해다. 콕토는 자콥을 구출하려 했으나 실
패했고, 결국 자콥은 해방을 보지 못한 채 죽었다. 한 쌍
의 연인을 중심으로 펼쳐지는 이야기인 만큼, 그들의 강
렬한 개성과 격렬한 논쟁이 폭발했던 시절이 하나의 장
이 돼 펼쳐진다.

콕토의 이전 파트너 중 잘 알려지지 않은 편인 장 데

Olivier Charneux
Le Glorieux
et le Maudit
Jean Cocteau-Jean Desbordes: deux destins

ROMAN Seuil

한쪽은 자신의 영광을 지켰고, 다른 한쪽은 자신의 용기를 따라 극단적인 결정을 하게 된다. 콕토는 나치에 협력한 언론사가 가장 싫어하는 작가로 찍혔으나, 나치는 그에게 관대했다(이에 대해, 나치 독일에서 공공작품으로 유명했던 건축가이자 조각가인 아르노 브레커는 어떤 반응을 보였을까, 박수를 쳤을까?).

레지스탕스 활동 중에 결혼한 데보르드는 1944년 붙잡힌다. 그는 나치의 잔혹한 고문에도 굴하지 않고, 단 한 마디 정보도 발설하지 않은 채 38세로 생을 마감했다. 데보르드와 콕토 이야기를 바탕으로 나온 두 번째 책은 올리비에 샤르뉴가 쓴 소설『축복받은 자와 배척당한 자』(4)이다. 이 소설에서는 그 몇 년의 시간을, 그 엄청난 이야기들을 풀어놓는다. 샤르뉴는 젊은 작가와 시인이 서로에게 매혹되는 순간들을 묘사한다.

콕토는 자신과 결별한 데보르드가 겪은 시련 속에서, 한 인간으로서의 그의 강렬한 목소리를 발견한다. 이 사랑의 춤과 작별 인사는 언제나 은총과 함께 기록된다. 보네와 샤르뉴에 의해 재평가된 데보르드는, 확실히 이전보다 위대한 모습이 된 것이다. ⅠD

보르드는, 이 앨범에서 살며시 모습을 드러낸다. 그러나 그에 대해, 그리고 격렬한 그들의 관계에 대해 '시인의 왕자(Prince des poètes, 프랑스에서 다양한 국적의 프랑스어를 사용하는 시인에게 비공식적으로 주어지는 명예로운 호칭-역주)'라는 찬사를 더해 관심을 보인 책이 두 권 더 있다.

이와 관련한 세부 내용은 예술사가인 마리조 보네(3)가 편집한 콕토와 데보르드의 대화(서간문집) 안에 담겨있다. 주된 내용은 이 두 사람이 주고받은 편지들로 구성된다. 이 편지들에서 콕토와 긴밀한 사이가 될 매우 젊은 데보르드를 만날 수 있으며, 특히 희곡 분야에서 두드러지는 그의 탁월한 필력을 엿볼 수 있다. 또한 데보르드가 그의 어머니에게 보낸 편지, 저술가 모리스 삭스의 말 등도 있다. 그리고 특히 이 시대를 재편성할 만큼 중요한 내용은 끝부분에 있다. 그들은 결별했고, 이후 거리를 둔 채 다시는 만나지 않았다.

글·질 코스타즈 Gilles Costaz
기자, 피에르 마크 오를랑상 위원회 회장

번역·김진주
번역위원

(1) 장 콕토는 30세였던 1919년, 16세의 미소년 시인 레몽 라디게(Raymond Radiguet, 1903~1923)를 만나 열정적인 관계를 맺는다. 그러나 라디게는 불과 4년 후 20세의 나이로 급사한다. 연인의 갑작스러운 죽음에 절망한 장 콕토는 아편에 빠지고, 이후 아편 중독을 치료하기 위해 집필한 작품이 『Les Enfants terribles 무서운 아이들』(Bernard Grasset, 1929)이다.(-역주)

(2) Isabelle Bauthian et Maurane Mazars, 『Jean Cocteau et Jean Marais - Les choses sérieuses 장 콕토와 장 마레, 진지한 이야기』, Steinkis, Paris, 2023년.

(3) Jean Cocteau, "Je t'aime jusqu'à la mort 나는 죽을 때까지 너를 사랑해". 『Correspondance avec Jean Desbordes, 1925-1938 장 데보르드와의 대화 1925~1938년』(Albin Michel, Paris, 2023년)와 『Jean Desbordes, Les Forcenés 장 데보르드, 광란자들』(Interstices Éditions, Bon-Encontre, 2022년) 이 두 책에서 찾을 수 있음.

(4) Olivier Charneux, 『Le Glorieux et le Maudit. Jean Cocteau - Jean Desbordes : deux destins 축복받은 자와 배척당한 자. 장 콕토 - 장 데보르드 : 두 개의 운명』, Seuil, Paris, 2023년.

우리는 본능적으로 인종차별주의자일까?

에블린 피예에 ▮〈르몽드 디플로마티크〉기자

"우리는 본능적으로 인종 차별주의자이다."

인간 본성에 관해 이런 식으로 말하는 극우파에 매료된 유권자의 주장이 아니다. 정신의학자인 세르주 티스롱이 한 말이다.(1) 이 말을 듣는 순간 우울감이 밀려온다. 그러나 계속 우울해할 필요는 없다. 앞서 언급한 '인간 본성'은 그 반대의 측면도 갖고 있기 때문이다.

인간이 "자신과 유사한 존재와의 연결을 우선시하도록 진화론적으로 프로그래밍"되었다 할지라도, 뇌를 단층 촬영해 본 결과 인간에겐 이를 위한 해결책이 내재해 있다. 바로 공감 능력이다. 이 능력이 그렇게 자랑할 만큼 대단한 것은 아니다. "다양한 종이 자신의 생존 가능성을 높이기 위해 개발한 적응 방식" 중 하나이기 때문이다. 이를 통해 인간은 "더욱더 사회적이고 협력하는 방향"으로 나아갈 수 있다.

그런데도 충분히 많은 사람이 이런 다정한 방식을 따르지 않는다는 사실은 못내 아쉽다. 게다가 우리가 원하는 것만큼 공감하는 태도는 "본능적으로" 나오지 않는다. 이를 해결할 방법은 공감 능력을 "증폭"시키는 것이다. 인간으로서의 본능, 다시 말하자면 우리 유전자에 새겨진

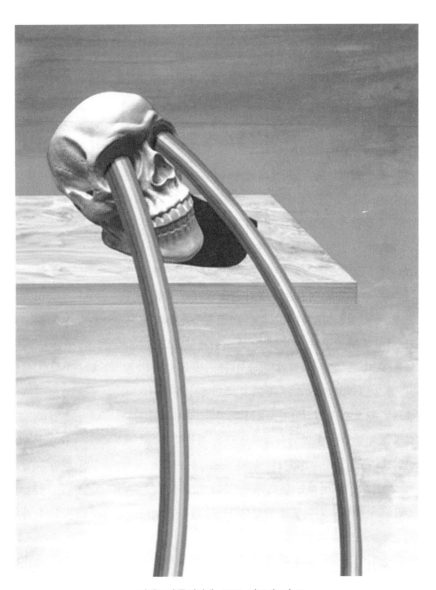

<이제 그만 좀 징징대>, 2018 - 파트리크 휴즈

이 좋은 본성이 때로 안타깝게 쇠퇴한 경우에 이를 개선하는 것이다. 그것이 우리 상식에도 맞는 방법이다.

이를 위해서는 우선 '공감'이라는 용어가 무엇을 의미하는지 정확하게 짚어볼 필요가 있다. 공감이라는 용어는 '감정 이입'을 뜻하는 독일어 'Einfühlung'에서 유래한다. 독일 철학자인 로베르트 피셔가 1873년 그의 박사 학위 논문에서 미학 분

석을 위해 처음으로 사용한 용어로 알려져 있다. 이후 정신분석학에서 이 용어를 사용했고 그다음은 사회학에서, 결국 오늘날 모두가 이 용어를 사용하고 있다.

필립 K. 딕 작가 소설을 즐겨 읽는 독자들에게 공감이란 오래전부터 익숙한 개념이었다. 그의 소설 속에서 로봇은 어느 곳에서나 등장하는 익숙한 존재다. 이 로봇과 인간을 원칙적으로 구별할 수 있는 것, 그것이 바로 공감이다. 그러나 이것만으로는 여전히 흐릿하다.

게다가 공감이라는 용어는 양극화, 자아도취, 정교분리원칙과 함께 사람들이 구글에서 가장 많이 검색하는 단어다. 『라루스 사전』은 간결하게 "타인의 입장에 서서 타인이 느끼는 것을 이해하는 직관적 능력"이라고 정의하고 있다. 프랑스의 『대백과사전(Encyclopaedia Universalis)』에서는 이 "내재한 능력"을 세 가지 측면에서 말하고 있다. 감정, 인간 고유의 인지, 그리고 "동기"다.

프랑스 공영 라디오 방송 〈프랑스 앵테르(France Inter)〉는 2019년 12월 11일 자신만의 정의를 내놓았다. "올바른 반응으로 여겨지는 것이 무엇인지 분석할 수 있는 인지적 기능"이다. 이 기능의 목적은 "항상 대립, 시기, 질투를 유발하지 않고 대화"하기 위해서, 그리고 "협력과 호의"에 힘을 보태기 위해서다. 그리고 이것은 모방, 감정 그리고 인지라는 세 가지 측면에서 이루어진다. 세르주 티스롱 정신의학자는 간결하지만, 구체적인 연구 결과를 내놓았는데, 요약하자면 공감은 생물학적 측면에 뿌리를 두고 있는 "선천적인 능력"으로 "부드러운 사회적 분위기"를 형성하는 데 도움을 준다. 남은 문제는 이 공감이 구체적으로 어떻게 활성화되는지 아는 것이다.

공감이 모든 것의 해결책이 될 수 있나?

프랑스 교육·청소년부는 이를 위해 노력하고 있다. 그리고 학교 폭력을 예방하려는 방안으로 학생들에게 공감을 가르치기로 했다. 학교 폭력으로 인한 어린 학생들의 자살 문제가 무시할 수 없는 수준에 이르렀기 때문이다. 학교 폭력 예방 "프로그램"이 1월부터 6월까지 시범운영되어 평가를 마친 후 9월 개학하는 시기부터 전국 초등학교로 확대될 예정이다.

가브리엘 아탈 전(前) 프랑스 교육부 장관에 의하면 교사들에게 배포되는 교육 자료 서두(2) 내용은 다음과 같다. 이 교육은 "공동체 생활, 자존감, 타인 존중에 필수적인 능력 함양을 돕기 위한" 목적으로 마련되었다. 더 나아가 "본 교육의 목표는 학생들의 사회적·심리적 능력을 강화하는 것이다. 연구에 따르면 중독 증상 완화, 폭력 성향 감소, 건강 및 복지 향상, 학업 성취도 향상, 자신 및 타인과의 관계 강화 같은 긍정적 효과가 있다."

우리는 이 "연구"가 무엇인지 알 수 없으나, 이 교육 도구 개발에 참여한 유일한 기관은 프랑스 공중보건 기관인 것으로 보인다. 학생들은 게임, 토론, 마임 등을 하면서 "자기 자신을 '판단'하지 않고 자신과 더 유연한 관계"를 맺게 된다. 그리고 "타인의 감정을 이해"하게 된다. 이러한 과정 가운데 때때로 생각지도 못한 가치가 높은 평가를 받는다는 사실에 놀라기도 한다. 예를 들어 "권력 카드놀이"를 하면서 겸손이 큰 미덕임을 깨닫게 되는 것이다. 확실히 겸손이 "공동체 생활"에 큰 도움이 되는 것은 부정할 수 없는 사실이다.

이런 교육·청소년부의 정책은 1993년부터 덴마크에서 시행한 실험에 기반을 두고 있다. 덴마크에서도 "학생들 특히 중학생, 고등학생들의 행복한 학교생활이 무너지고 있다."(〈프랑스 퀼튀르(France Culture)〉, 2022년 11월 9일) 2017년 덴마크는 학교 폭력에 대항하여 강경한 법안을 발표했다. 그러나 이런 법안이 얼마나 효과 있는지는 생각해 볼 문제다. 특히 주어진 모델에 따라 개개인의 선과 악을 정의하고, 판단하고 고치고, 스스로 판단하고 고치게끔 부추기는 이런 시도가 이론의 여지가 있는 것은 아닌지 자문하게 된다.

자기 자신 그리고 타인과 평화로운 관계를 맺도록 만드는 미래 시민 교육과 상관없는 다른 영역에서 공감을 어떻게 활용하는지 살펴보면 그 모순성이 여지없이 드러난다. 공감을 가르친다고 하면서 공감이라는 개념을 마치 간단한 프로젝트처럼 취급한다. 당신의 감정 자산의 생산성을 최대한 뽑아내라는 식이다. 88유로 21센트로 조이크(JoyK)라는 브랜드의 공감 인형을 살 수 있다. 이 인형의 목적은 "인형과 인형을 구매한 사람 사이의 감정적 연결"이다. 〈알츠하이머 해결책(Alzheimer Solutions)〉이라는 사이트에 의하면 이 헝겊으로 만들어진 인형은 "노인의 팔 안에서 마치 진짜 아기와 같은 역할을 할 수 있다." (심지어 심장 소리도 옵션으로 선택 가능하다) 이는 "감정적 표현을 도와주고" "기억을 깨우는" 효과가 있다고 한다.

〈포브스〉는 공감은 "필수적인 가치"로 회사 대표에서부터 직원에 이르기까지 이 능력을 개발해야 한다고 말한다. 그리고 "연구에 의하면 리더십에 있어서 가장 중요한 능력"(3)이라고 강조한다. 공감이야말로 "대가족"이 되는 경영 전략에 원천이 되는 능력이라는 것이다. 기업 입장에서 조금 더 솔직히 이야기해 보자면, 프랑스 공공 투자은행 비피아이프랑스(Bpifrance)는 이 "공감이라는 카드"가 고객의 입장을 잘 이해('파악'이라는 단어는 너무 적나라해서 피했다)할 수 있는 방법이라고 조언한다.(4) 담당 부서에서는 "고객의 행동에 영향을 미치는 요소들을 분석"한다. 이들은 "고객은 무엇을 생각할까? 고객은 무엇을 느낄까? 고객은 무엇을 듣는가? 고객은 무엇을 두려워하는가?"와 같은 질문에 답하려고 애쓴다. 이 대답을 아는 사람들, SNS, 인터넷 게시판, 더 나아가 AI까지 동원하여 이 질문의 답을 찾고 있다.

과연 공감이 모든 것의 해결책이 될 수 있을까? 이 야만적인 세상에 약간의 상냥함을 더하는 정도가 아닐까? 프랑스 경제지인 〈레제코(Les Echos)〉는 2022년 7월 22일 해고에 관한 기사를 다루면서 "절차와 공감을 적절히 조합하는 방법"을 배운다면 상황이 즉각 개선될 것이라고 말했다. 함께 사는 법을 배워야 하고, 충돌을 피해야 한다고 말하면서 그 예시로 파업 노동자들이 절차를 따라야 한다고 주장했다. 가브리엘 아탈은 파리교통공사(RATP) 노동자들이 파업하자 "일하고 싶어도 일할 수 없는 모든 프랑스인에 대해 공감 능력이 전혀 없다"라면서 분노했다.(〈르 피가로(Le Figaro)〉, 2022년 11월 10일) 에마뉘엘 마크롱 대통령은 프랑스 철도청(SNCF)의 "파업 노동자들은 공감 능력이 전혀 없다"라면서 큰 충격을 받았다고 말한 바 있다.(〈프랑스 앵포(France Info)〉, 2022년 12월 22일) 그러면 정말 이들은 이기주의적이고 자기밖에 모르며 타인의 감정을 헤아릴 수 없는 중대한 죄를 범하는 사람들일까? 파업할 권리를 제한하고자 하는 국회의원들이 자신들의 제안을 정당화하기 위해 그 발판을 마련하고 있는 것은 아닌가?

공감의 물결과 범죄자의 마력 사이에서

분명한 것은 "과학적으로" 인증받은 이 공감이라는 개념에 이것저것이 달라붙어서 이중적으로 이용될 여지가 있다는 점이다. 앞에서는 모두에게 도움이 되는 "보편적인 행동"을 위하여 공감이 필요하다고 말한다. 그러나 정작 뒤에서는 자기 자신과 공동체에 해가 되는 개인의 "악덕"을 고발하는 수단으로 공감을 이용하고 있다. 인류의 번영 그리고 전반적인 안정이 필요하다는 명분으로 공감이라는 틀에 가두기 위해 노력한다.

이는 기존의 흐름에 거부하고자 하는 움직임을 다른 의도가 있는 것처럼 호도하며 하고자 하는 말을 삼키게 만든다. 정치적 혹은 사회적 투쟁을 이타주의의 부족으로 동일시하며 깎아내리는 것이다. 이 투쟁은 단지 개인적인 문제라면서 기묘하게 문제 방향을 틀어버린다. 물론 이것은 오래전부터 사용한 낡은 수법인데, 상당히 성공적으로 현대화했다. 이 수법은 어느 곳에서나 사용될 수 있다.

2023년 11월 28일에 실린 〈르몽드〉 기사에 따르면, 특히 프랑스 문화계에서 이스라엘보다 가자지구를 지지하는 움직임은 정치적으로 심사숙고한 결과가 아니다. "창조의 핵심 요소인 공감"이 기묘하게 비틀린 결과다. 조심해야 한다! 공감이라는 어둠에 빠질 수 있다! 공감에 빠지면 단순히 일을 그르치는 수준이 아니라 아예 무력해질 수 있다. 공감이라는 단어의 정확한 반의어가 없다고 해도 공감과 반대 선상에 있는 존재는 있다. 폭력성을 표출하는 존재, 바로 사이코패스다. 그리고 이 사이코패스가 우리를 매료시키고 있다.

연쇄 살인범을 다룬 프로그램이 승승장구하고 있는 것도 이런 흐름과 관련이 있다.(5) 연쇄 살인범은 타인을 자기 뜻대로 조종하는 놀라운 지능을 지닌 경우가 많다. 식인이라는 주제도 상당히 인기 있는 소재다. 〈다머(Dahmer)〉는 넷플릭스에서 큰 인기를 끌었고, 영화 〈양들의 침묵(The Silence Of The Lambs)〉에 등장하는 한니발 렉터는 그야말로 모든 식인 캐릭터의 기준으로 굳건히 남아있다. 〈나르코스(Narcos)〉, 〈그리셀다(Griselda)〉처럼 마약 거래자들이 진정한 '보스'로서 제멋대로 행동하는 드라마는 대성공을 거두고 있다.

공감의 물결과 거대한 범죄자가 뿜는 마력이 조화를 이룬 놀라운 결과다. 정부의 권력은 계속 확장 중이고 권력은 개인화되고 있다. 역사를 그저 "위대한 인물"의 이야기 정도로 축소하는 흐름 속에서 벌어지는 신자유주의 폭력이 난무한다.

증오를 증오하라는 반복적인 권고와 좋은 시민의 조건은 투쟁을 거부하는 것이라는 압박 속 상상의 세계에서는 아슬아슬한 긴장 상태가 이어진다. 이 세상에서는 사회적 투쟁을 거부해야 좋은 시민이 되고, 그렇지 않게 되는 순간 사회 질서를 교란하는 자요, 위험한 병자이자, 더 나아가 범죄자가 되어버린다.

그러면 좋다. 이런 모순을 해결하기 위한 대책은 명백하다. 지배적인 이념을 완전히 없애버리거나 코에 뿌리는 스프레이를 개발하는 것이다. 자연적으로 분비되는 호르몬인 옥시토신을 흡입하면 공감 능력이 향상된다고 한다.(6) 이것이야말로 과학적인 방법이고 연구는 현재 진행 중이다. 🄻🄳

글·에블린 피예에 Evelyne Pieiller
〈르몽드 디플로마티크〉 기자

번역·이정민
번역위원

(1) Serge Tisseron, 『L'Empathie 공감』, PUF-Que sais-je ?, Paris, 2024.
(2) 'Kit pédagogique pour les séances d'empathie à l'école 학교 공감 프로그램을 위한 교육용 도구' », ministère de l'éducation nationale et de la jeunesse, 2024년 1월, https://eduscol.education.fr
(3) Tracy Brower, 'Empathy Is The Most Important Leadership Skill According To Research', <Forbes>, New York, 2021년 9월 19일.
(4) 'Utiliser la carte de l'empathie pour développer son entreprise 회사 발전을 위해 공감이라는 카드 활용하기', https://bpifrance-creation.fr
(5) Laurent Denave, 『L'Inhumanité. Serial killers et capitalisme 잔인성, 연쇄살인마와 자본주의』, Raisons d'agir, Paris, 2024.
(6) Marcel Hibert, 'Ocytocine mon amour 옥시토신, 나의 사랑', <humenSciences>, Paris, 2021.

유토피아의 구현

에블린 피예에 ▮〈르몽드 디플로마티크〉 기자

19세기는 무장봉기와 전복적 사고의 시대였다. '공산주의'라는 단어가 처음 생겨났고, 페미니즘 문제가 불거졌으며, 실질적 평등의 확립을 위한 시스템이 마련되었다. 샤를 푸리에, 피에르 조셉 프루동, 에티엔 카베, 카를 마르크스 등으로부터 깊은 영향을 받은 이들이 빼앗겼던 프랑스 혁명의 정신을 계승하고자 행동하고 논의하기 위한 조직망을 결성했다.

피에르 르루, 공유재산 공동체 시도

그러나 결국 대부분 감옥에 갇히거나 망명길에 올라야 했고, 공식적인 역사는 이들을 되도록 희미하게, 나아가 아예 보이지 않게 가렸다. 피에르 르루 (1797~1871)라는 인물이 잘 알려져 있지 않은 것도 바로 이 때문이다. 인쇄공인 동시에 위대한 사상의 주창자인 그는 오랫동안 조르주 상드의 지지와 함께 경배마저 받은 인물로, 『인류에 관하여(De l'humanité)』(1840)를 비롯한 에세이들로 선풍적인 인기를 끌기도 했다.

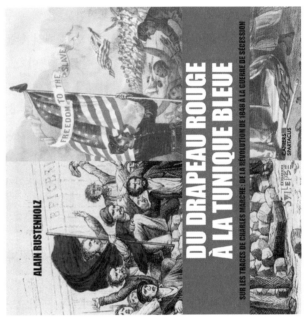

그런 그의 학문이자 종교였던 '공산주의'는 박애주의를 기반으로 하는 사회적 이데올로기로 공유재산체제를 다시금 촉구하는 것이었다. 그는 1844년부터 1848년까지 프랑스 크뢰즈주에 위치한 부삭 지역에서 가족들과 새로운 형태의 공동체를 시도하기도 했다. 비록 지나치게 형이상학적이라는 평가를 받을 수도 있었지만(한편 피에르 르루는 윤회론도 두려워하지 않았다), 이 공동체는 농업 혁명 구현, 언론을 통한 정치 이념 확산, 임금의 평등화, 직접 민주주의 실현 등을 고안하며 '또 다른 사회'를 가꾸는 하나의 실험이었다. 뤼도비트 프로베르가 일요일 연회와 토론회, 애찬식 등을 언급했던 것도 바로 이 공동체에 대한 것이었다.(1) 하지만 1848년이 되면서

이 시도는 끝나고 말았다.

훗날 르루는 의원으로 선출되었지만 1851년에 런던으로 망명했다가 영불해협 저지섬으로 몸을 옮겼다. 그는 무력 사용에 결코 찬동하지 않았다. 하지만 제2공화국 초, 일개 노동자가 과도정부의 관심을 끌 수 있었던 것은 분명 그의 손에 총이 들려 있었기 때문일 것이다.

무장 파업의 투사 샤를 마르슈

르루에게 '노동권'을 법적으로 인정해줄 것을 요구하기도 했던 이 노동자의 이름은 바로 샤를 마르슈였다. 마르슈는 무장 파업, 민중회 등에서 활동을 이어갔고, 6월 봉기에 참여하였다가 망명했다.

다른 이들이 그러했듯이 마르슈 역시 미국으로 향했다. 당시 미국은 피에르 르루의 형제이기도 한 쥘 르루가 에티엔 카베의 '이카리아 공동체' 중 한 곳에서 활동하기도 했고, 마르슈의 동료들이 정치 운동을 벌이기도 한 곳이었다. 이후 마르슈는 미국 남북전쟁 동안 연방 편에서 활동했다. 알랭 뤼스텐홀즈는 놀랍고도 난해한 이 인물의 일대기를 전기로 묶어내 공산주의 신조가 지닌 영향력에 대해, 그리고 공산주의 운동가들의 지적 용기에 대해 폭넓게 그려냈다. 그리고 그 내용은 감정을 움직이게 한다.(2)

모리스 라샤트르, 자유지상주의적 사회주의 전파

모리스 라샤트르(1814~1900)도 이토록 뜨겁고도 웅장한 흐름에 빠지지 않았다. 열성적인 반교권주의자인 라샤트르는 민중 교육에 큰 관심을 갖고 있었다. 그는 다수의 사전을 출간했는데, 그 내용이 교묘하게 당국의 신경을 거스른 탓에 여러 차례 감옥에 갇히기도 했다. 결국 라샤트르는 망명길에 올라 수년간 프랑스를 떠나 있어야 했다.

중요한 점은 그가 공산주의 금지가 일반화되던 시기에도 르루나 카베, 루이 블랑 등을 내세웠다는 사실이다. 그는 외젠 수의『민중의 신비』등을 출간했고, 카를 마르크스의『자본론』(제1권)의 번역본을 펴내기도 했다. 라샤트르는 아무것도 두려워하지 않았다. 심령술과 동종요법의 원리를 옹호했고, 자유지상주의적 사회주의를 주장했으며, 코뮌을 지지하는 등 그는 결코 굽히는 법이 없었다. 잊히지 않아야 할 인물이 분명하다.(3) **lb**

글·에블린 피예에 Evelyne Pieiller
<르몽드 디플로마티크> 기자

번역·김보희
번역위원

(1) Ludovic Frobert, 『Quelques lignes d'utopie. Pierre Leroux et la communauté des imprimeux à Boussac (1844~1848) 유토피아에 관하여 : 피에르 르루와 부삭 지역의 인쇄공 공동체(1844~1848)』, Agone, Marseille, 2023, 235 pages, 18 euros.
(2) Alain Rustenholz, 『Du drapeau rouge à la tunique bleue 붉은 깃발부터 푸른 옷까지』, Editions Syllepse, Paris, 2023, 156 pages, 12 euros.
(3) François Gaudin (sous la dir. de), 『Avec la rouge bannière! 붉은 깃발을 들고!』, préface de Jean-Yves Mollier, Editions Lambert-Lucas, Limoges, 2023, 168 pages, 30 euros.

튀르키예, 쿠르드, 한국, 유럽, 중남미...
"친구여, 우리는 형제다!"

성일권 ▌〈르몽드 디플로마티크〉한국어판 발행인

이스탄불 출장을 다녀온다고 하니, 몇몇 지인들은 걱정 반 농담 반으로 "유혹적인 쿠르드 집시 여인들을 경계하라", "쿠르드 테러리스트를 조심하라"라고 일러준다. 결론부터 말하자면 멋진 쿠르드인들과 '흥겨운' 춤을 추었고, 집시 여인이나 테러리스트들을 만나지는 못했다.

지난 5월 24~25일 이스탄불에서 창간 70주년을 기념하는 〈르몽드 디플로마티크〉(이하 르디플로) 발행인 연례 모임을 다녀온 뒤 스마트폰의 사진들을 넘기면서 이스탄불에서의 낮과 밤을 떠올려본다. 아침 9시부터 오후 6시까지 9시간(점심시간에도 토론은 계속되었다)이나 진행된 열띤 토론, 로마 문명과 오스만 문명이 모자이크된 이스탄불 시내의 산책, 시내 곳곳에서 밤낮으로 마주친 길 강아지와 고양이들의 나긋한 표정, 그리고 유럽과 아시아를 가르는 보스포루스 해협의 선상 파티와 멋진 사람들과의 '살가운' 춤….

르디플로 튀르키예판이 주최한 연례 편집회의가 튀르키예 언론인협회 프레스 박물관에서 세계 30여 개 국제판 발행인이 참석한 가운데 개최되었다. 튀르키예는 그리스·로마 신화의 배경이기도 하고, 로마 문명과 이슬람 문명의 교차 지역이며 유럽과 아시아의 공존 공간이어서 필자는 마치 신화와 역사, 지정학의 산 증인이 된 것 같아 출발 전부터 가슴이 쿵쿵거렸다.

이스탄불 직항 대신에 두바이 경유 티켓을 구입한 덕택에, 7시간 정도의 체류 시간을 이용해 최첨단 현대도시로 꼽히는 두바이 시내를 둘러볼 수 있었다. 유목민 베두인인들이 세운 아랍에미리트 연합국은 두바이, 아부다비 등 7개의 토후국으로 구성되어 있고, 이들은 서로 다른 군주가 통치하며 이 군주 중 1명이 전체의 대통령으로 선출되는 독특한 정치 시스템으로 운영된다.

아랍에미리트는 세계 6위의 석유 매장량, 세계 7위의 천연가스 매장량을 바탕으로 교육, 복지, 도시 디자인, 인프라 건설확충에 막강한 돈을 쏟아부어, 특히 최근엔 관광업과 금융업의 중심지로 각광을 받고 있

유럽과 아시아를 가르는 보스포루스 해협, 금세라도 제우스와 헤라, 이오가 튀어나올 것 같다.

참석자의 발언을 경청하는 프랑스어판의 안세실 로베르 국제이사,
브누아 브레빌 프랑스어판 발행인, 튀르키예판의 아이쿠트 퀴추카야 발행인(왼쪽부터).

다. 사막의 동굴이나 움막집에서 떠돌이 생활하던 유목민 출신의 베두인 부족들이 석유 쓰나미로 졸지에 부유한 국가가 되어, 돈벼락을 맞은 토착민 140만 명이 780만 명의 외국인 노동자들을 건설노동자, 청소부, 가정부, 안전요원 등으로 부리는 현실을 직접 목격하니 오일머니의 위력을 새삼 느끼게 된다.

아랍에미리트 국민들은 모든 교육을 무료로 받고, 취업을 하면 평균 1억 원이 넘는 연봉을 받으며, 결혼하면 결혼 축하금에 결혼 유지금까지 수천만 원을 받지만, 젊은이들은 공부나 일하기를 꺼린다. 반면에 인근 빈국에서 건너온 외국인 노동자들은 대부분 100만 원 이하의 적은 돈을 받으며 이곳 사람들이 꺼리는 일을 하고 있다. 두바이 알시프의 구시가지 올드타운 인근의 고층빌딩 공사현장에서는 허름한 옷차림의 노동자들이 바삐 움직이고, 그 옆으로 하얀 전통의상을 입은 베두인인 가

족이 유유히 지나고 있다. 마치 팍스 로마나시대의 로마 풍경을 보는 듯했다. 로마인들이 안락한 생활을 위해 자신들보다 훨씬 더 많은 외국인 노예들을 부리며 온갖 사치를 누렸지만, 결국에는 무너지지 않았던가? 아랍에미리트의 영광이 오래가길 바라면서도 왠지 거드름 피우는 베두인 사람들이 로마인 같다는 생각이 절로 들었다. 우리도 베두인 사람들처럼 살려면, 대통령의 말씀대로 동해 밑을 얼마나 파야 할까?

극우로 선회하는 '유사'민주주의국가들

이스탄불의 첫날 밤엔 잠이 오지 않아 호텔 인근의 동네를 몇 바퀴 돌고, 인근 보스포루스 해협의 산책길을 걸으며 이곳에서 사랑싸움을 벌인 그리스 신화 속의 제우스와 헤라를 떠올렸다. 밤안개가 해협을 휘감으면서, 산책로의 의자에 앉아 그

리스의 주신(主神) 제우스가 이곳에서 아름다운 이오와 바람을 피우다가 눈치 빠른 아내 헤라의 발걸음 소리에 깜짝 놀라, 암소로 변신시킨 이오가 금세라도 잔잔한 물결을 뚫고 튀어오를 것만 같아 한참 동안 잔잔한 바닷물결의 물망에 빠졌다.

해협에 맞닿은 아시아와 유럽의 해안을 바라보면서 혼돈의 국제사회를 이끄는 현실 속의 제우스는 누구이고, 그에 맞서는 헤라 역은 누구이며, 두 신들의 보이지 않은 다툼 속에 이리저리 쫓기는 이오는 누구일까 생각해 봤다.

해마다 르디플로 본사 및 국제판 발행인이 모이는 연례회의의 올해 행사에는 르디플로 창간 70주년과 맞물려 각 대륙의 거의 모든 발행인이 참여했다. 회의 첫날, 8시간 진행된 편집회의에서 튀르키예는 물론, 우크라이나, 러시아, 이스라엘, 미국과 중국, 일본과 한국, 그리고 프랑스, 독일, 이탈리아, 핀란드, 네덜란드 등 많은 국가들의 우경화를 걱정하는 목소리가 나왔다.

브누아 브레빌 프랑스어판 발행인은 기조연설을 통해 프랑스를 비롯해 유럽 전역에서 불고 있는 극우 바람을 소개하고, 그 요인을 진단했다. 냉전 이후 미국의 독주로 인해 국가들마다 미국식 신자유주의 정책, 즉 국제기구와 국제 및 사회연대의 가치를 무시한 채 오로지 '돈'만을 최우선시하는 이기주의적 경제·사회정책을 주요 어젠다로 채택하면서 지구적 우경화 현상이 일어났고,

최근 벌어진 두 전쟁 이후 경제난, 실업난, 이민자 급증 등 가중된 불안심리가 극우 확산으로 이어지고 있다는 지적이었다.

참석자들은 또 기후 온난화, 환경오염, 기아, 도시화, 농촌 인구소멸, 이민, 인권, 제노사이드, 소수민족의 소멸 등 지구적으로 해결해야 할 문제들이 산적해 있는데 유엔(UN) 같은 국제기구는 강대국들의 극단적 이기주의에 휘둘려 어떠한 해결책을 내놓지 못하고 있다고 목소리를 높였다.

브레빌 발행인이 우려한 대로, 6월 6~9일 치러진 유럽의회 선거에서는 극우 성향 정당들이 대거 급부상했다. 유럽의회는 유럽연합(EU) 입법기관으로, 향후 유럽의 극단적 우경화에 대한 우려의 목소리도 나온다. 투표 결과, 프랑스, 이탈리아, 독일 등 주요 국가에서 극우 성향 정당들이 약진했다. 프랑스의 극우 정당 '국민연합(RN)'은 약 32%의 득표를 얻어 단일 정당으로는 최초로 30% 이상 득표율을 기록했다. 집권 여당인 '르네상스당

(RE)'은 15% 득표율에 그쳤다. 이에 에마뉘엘 마크롱 대통령은 선거 직후 의회 해산을 선포하고 6월 30일에 조기 총선을 치르겠다고 밝혔지만, 극우 정당이 승리할 경우 그의 리더십은 크게 흔들릴 수 있어 오히려 조기 총선이 자충수가 될 수 있다는 우려도 나온다.

하지만 극우 정치세력의 급부상에 대한 근원적인 원인은 유권자를 배제한, 각국 정부의 비정상적 정책에 있다고 르디플로 발행인들의 상당수는 입을 모았다. 수년째 지속되어온 '명분 없는' 우크라이나 전쟁 지원, 제노사이드를 저지르는 이스라엘의 팔레스타인인 대량 학살에도 아랑곳없는 이스라엘 지지, 이에 더해 전쟁 장기화에 따른 이민자 증가, 경제난과 실업난, 사회정책 후퇴에 따른 유권자들의 분노가 극우라는 극단적 선택으로 이어지고 있다는 진단이 나왔다.

세계 정치를 쥐락펴락하는 미국과 중국, 러시아의 편 가르기식 우경화도 극우 세력의 급부상에 크게 일조하고 있다. 특히 미국은 자국이 주도하는 국제질서에 '맹

선상파티에서 발언하는 안세실 로베르 프랑스어판 국제이사.

종'할 것을 요구하며, 유럽, 북미, 오세아니아, 동남아시아, 그리고 한국을 포함한 동아시아를 정당성 없는 이스라엘 전쟁과 우크라이나 전쟁에 휘말리게 함으로써 각국에 호전적인 분노와 증오를 부채질하고 있다. 유엔이나 유럽연합(EU) 같은 국제기구는 지금과 같은 신냉전에서 아무것도 할 수 없는 무력감을 보여주고 있다.

필자의 자리 왼쪽 편에는 이곳에 오기 전부터 몇몇 지인이 '데인저러스(dangerous)' 하다고 경고한 쿠르드 여인이 그의 쿠르드 동료들과 함께 앉아, 필자의 호기심을 한껏 자극했다. 처음 만난 사람에게 절대 먼저 말을 걸지 않는 필자는 단순히 눈인사만 건넸는데, 쿠르드 여인은 잠시 쉬는 시간에 거침없이 내게 질문을 던졌다. 아주 유창한 프랑스어로 말이다. 첫 마디부터 '반말(tutoyer)'로 마치 친한 친구에게 말하듯 친숙하게 말을 걸어왔다. 여기서는 프랑스어를 생략하고 그냥 우리말로 옮겨 본다.

"너, 한국인이지. 요즘 한국은 북한과 어떻게 지내?"

"그럭저럭 지내. 전쟁이 일어나지 않을 정도로. 넌 쿠르드인 맞지?"

"당연하지. 나는 나잔드야. 쿠르드어판에서 일하고 있어. 여기 내 동료들이야."

우리는 이렇게 간단한 인사를 했고, 속개된 회의에 집중했다. 프랑스어판 발행인 브누아 브레빌의 매끈한 프랑스어도 너무 빨라 쫓아가기 힘든데, 각 대륙에서 온 발행인들의 '유사' 프랑스어를 알아듣기란 쉽지 않아 휴대폰 녹음을 하다가, 노트에 깔끔하게 정리하는 나잔드의 필기 실력에 깜짝 놀랐다.

튀르키예인들과 쿠르드인들의 상충적인 공존

토론은 계속 이어졌다. "권력자들은 자신들의 권력 강화를 위해 스스로 국가이성의 총합이 되어 국민들의 삶과 의식을 옥죄이고 있다. 권력자들은 자신들을 비판하고 조언하는 의견들에 더 이상 귀 기울이지 않는다. 민주주의적인 절차인 투표를 거쳐 권력을 잡았지만, 권력자들은 정작 민주주의에 관심이 없다."

"악이 더 큰 악을 불러오는 방식으로 작동하며, 반민주적인 권력은 계속 유지되고 강화된다. 볼로디미르 젤렌스키 우크라이나 대통령은 임기가 지난 5월 20일 끝났어야 했지만, 러시아 침공으로 발령한 계엄령을 근거로 대선을 치르지 않으며 대통령직을 계속 유지하고 있고, 블라디미르 푸틴 러시아 대통령도 지난 5월, 전쟁 분위기에 편승해 5선에 성공했고, 역대 이스라엘 최장 임기를 기록 중인 베냐민 네타냐후 이스라엘 총리도 호전적인 전쟁 분위기로 자신의 실정을 무마하고 있다."

"대선을 몇 달 앞둔 미국의 유력후보인 민주당 후보 조 바이든 대통령과 공화당 후보 도널드 트럼프 전 대통령의 선거 전략에도 '전쟁 메뉴'는 빠지지 않는다. 두 전쟁을 부추기고 지원한 바이든 대통령은 선거를 의식해 뒤로 빠진 상황에서, 트럼프 전 대통령은 자신이 즉각 전쟁 중지에 나서겠다고 자신하지만, 선거용 레토릭일 가능성이 높다."

"냉전 이후 미국은 세계 제1위의 무기 수출, 분쟁 확대, 그리고 민감한 분야에서의 국제 갈등을 제멋대로 증폭시켜온 게 사실이다. 국제사회에서 미국의 신뢰도가 현격하게 떨어지고 있지만, 강대국의 지위를 유지하고 싶어 군사, 경제적으로 이웃 나라를 무리하게 압박한다."

"미국의 방산업계가 사상 최고의 호황을 맞고 있다. 우크라이나·가자지구 전쟁 발발 후 유럽 국가들과 한국 등 아시아 국가들이 국방력 강화 및 우방국 지원을 위해 무기 수요 늘리기에 나섰기 때문이다."

"친구여! 우리는 형제다", "평화를 위해!"

마라톤 회의가 끝난 뒤 선상 디너 파티를 하는데, 튀르키예판의 발행인 아이쿠트 퀴추카야(Aykut Küçükkaya)가 필자를 포옹한 뒤, "친구여! 우리는 형제다"라며 쿠르드어판의 나잔드와 그의 남자 동료 빌랄을 내 옆자리로 부른다. 튀르키예의 쿠르드족 탄압이 날로 심하고, 튀르키예내 2,000만 명에 달하는 쿠르드족들이 정치적, 문화적 권리를 요구하고 있고, 쿠르드 무장조직이 간헐적인 테러를 벌이는 상황에서 튀르키예판 발행인 그리고 쿠르드어판 발행인과 나란히 자리를 같이할 수 있다는 게 묘한 기분을 준다. 우선, 우리는 "평화를 위해!"라며 잔을 높이 들었다. 필자는 둘을 바라보며, "서로 친해?"라고 1차원적 질문을 던졌다. 둘은 서로 포옹하며, "당연하지"라며 웃었다.

나잔드는 "튀르키예의 일반 국민들은 서로 다른 민족이나 인종과 사이좋게 지내지만, 정치권은 서로에 대한 증오를 내세운다"라고 지적했다. 제네바에서 통역 및 번역가로 활동하는 그녀는 쿠르드어는 물론이고, 튀르키예어, 프랑스어, 영어, 독일어, 네덜란드어 등 6개 언어를 자유자재로 말하는 다중언어 사용자이지만, 쿠르드어로 말하고 필기할 때가 가장 편하다고 말했다. 튀르키예 당국의 간섭을 피해, 독일 뒤셀도르프에 서버를 두고 있는 쿠르드어판은 유럽 각지에서 활동하는 번역자와 필자의 재능기부로 운영되고 있으며, 르디플로 프랑스 본사가 재정지원하는 연대자금을 연간 2~3만 유로씩 받고 있다.

그녀에 따르면 쿠르드족은 튀르키예, 이란, 이라크, 시리아 등에 4,500만 명이 분산되어 거주하는 산악 민족이며, 특히 튀르키예에 가장 많은 2,000만 명이 살고 있다. 민족 국가가 아직 건국되지 않은 소수민족 중에서 인구수가 가장 많은 편이다. 이라크 북서부 유전지대에 쿠르드의 자치 국가형태가 존재하지만, 유전에 욕심을 내는 이라크 정부의 압박을 받고 있다.

쿠르드족들은 튀르키예인들과 오랜 기간 공존하면서 살아온 까닭에 사실상 외모나 문화적으로 둘을 구분하기가 쉽지 않다. 아이러니한 것은 먼저 이곳에 거주하던 쿠르드족들의 터전을 빼앗은 오스만 튀르키예인들이 로마제국의 비잔틴 문명을 무너뜨린 뒤 지배자로 나섰다는 점이다. 튀르키예내 쿠르드인들은 차별로 인해 상대적으로 어렵게 살고 있다. 신은 베두인족처럼 쿠르드족에게는 왜 석유 황금을 안겨주지 않았을까?

선상에는 재즈와 튀르키예 음악의 선율이 흘러나오고, 칵테일 한잔의 취기에 밀려 르디플로 참석자 모두가 손과 손을 잡고 '국제연대'의 춤을 추었다. 몸치인 필자를 제외한 모두가 유연하게 춤을 잘 추었지만, 단연 돋보이는 것은 참석자 모두를 즐겁게 하는 리듬감 있는 빠른

쿠르드어판 발행인 나잔드가 흥겨운 춤을 리드하고 있다.

스텝과 격렬한 허리 놀림을 내세운 쿠르드어판 동료들의 흥겨운 춤이었다. 모진 환경 속에서도 국가주의의 노예가 되지 않고 자유로운 영혼의 방랑인으로 쾌활함을 잃지 않으며 살고 있는 쿠르드인들이야말로 진정한 코스모폴리탄이 아닐까 하는 생각이 들었다. 우리는 손에 손을 잡고, 르디플로 국제판의 연대를 다짐하며 기념사진을 찍었다. 2025년 연례 모임은 파리에서 열린다. 🆔

글·성일권

<르몽드 디플로마티크> 한국어판 발행인. 일간 신문 기자로 10여 년 활동하다가 지적 한계를 느껴 파리로 건너가 유럽 정치사상 연구로 정치학 박사학위를 받은 뒤 2008년 10월 국제월간 <르몽드 디플로마티크> 한국어판(www.ilemonde.com)을 창간해, 지금까지 발행인을 맡고 있다.

영화 '킴스 비디오' 스틸컷 ⓒ네이버 영화 _ 관련기사 123면

CORÉE

한반도

평양의 전략적 단절

누가 한반도 평화를 위협하나?

2024년 1월, 김정은 북한 국무위원장의 시정연설 이후 서구 국가들은 심각한 우려를 표했다. 전략적 단절을 선언한 북한은 대한민국을 위협하며 군사 공격을 준비하는 듯 보였다. 이와 같은 상황에 대한 서방의 분석은 여태껏 그래왔듯 다른 분쟁 당사국들의 책임을 고려하지 않는 시각이 주를 이뤘다.

마틴 하트–랜스버그 ▌경제학 명예교수, 미국 한국정책연구소 이사

한반도에서 군사적 충돌이 벌어질 가능성은 충분하다. 하지만 대부분의 언론과 전문가들이 내세우는 이유 때문은 아니다. 최근 들어 언론과 전문가들은 평소보다 훨씬 더 위협적인 태도를 보이는 북한이 우크라이나 전쟁을 틈타 한국을 공격할 가능성이 있다고 주장했다.

1월 16일, 프랑스 일간지 〈라크루아(La Croix)〉는 "김정은은 전쟁 준비를 마쳤다고 밝혔다"라고 보도했다. 미국의 저명한 두 전문가는 현 한반도 상황은 한국 전쟁이 발발했던 "1950년 6월 이후 그 어느 때보다 위험하다"라고 진단했다.(1) 미국 행정부 고위 관계자들 역시 이러한 분석에 동의했다. 지난 1월, 〈뉴욕타임스〉에 실린 한 기사에 따르면 미국의 일부 고위 관리들은 "노골적인 적대 정책으로 전략을 전환한" 김정은 북한 국무위원장이 "향후 몇 달 안에 어떤 행태로든 한국에 대한 군사적 행동을 취할 것"이라고 확신했다.(2)

2024년 1월 15일 최고인민회의에 참석한 김 위원장의 시정연설은 북한을 경계하는 이들의 우려를 부채질했다.(3) 김 위원장은 한국을 "주적"으로 지칭하고 "평화 통일을 위한 모든 연대기구"의 폐지를 촉구하는 한편 "공화국의 민족역사에서 '통일', '화해', '동족'이라는 개념 자체를 완전히 제거해버릴 것"을 지시했다.

오랫동안 추구해온 평화 통일이라는 목표와의 단절을 선언한 북한은 (2001년 세워진 30m 높이의 구조물로 프랑스·북한 친선협회의 로고로 쓰인) 조국 통일 3대 헌장 기념탑을 철거했으며 미사일 발사에 더욱 열을 올렸다. 서구의 관점에서 보면 이 모든 행보는 김 위원장이 군사 작전을 준비하고 있다는 설을 뒷받침한다. 하지만…

김 위원장의 시정연설은 준 선전포고처럼 묘사됐지만 실은 '공화국의 부흥발전과 인민들의 복리 증진을 위한 당면과업에 대하여'라는 제목에서 알 수 있듯이 무엇보다 경제에 관한 내용이 주를 이뤘다. 김 위원장은 금속, 화학, 기계, 에너지를 비롯한 핵심 부문에서의 사업을 성공적으로 추진시켜 "나라의 경제 전반을 안정적이며 지속적인 발전 궤도에 확고히 올려세우는 것이 중요"하다고 강조했다. 북한의 경제난을 무력으로 응징해야 할 '적'의 탓으로 돌린 것이 아니라 당국의 책임을 일부 인정한 것이다. 예를 들어 "수도와 지방, 도시와 시골 간 생활 수준의 큰 격차"를 지적한 김 위원장은 이러한 상황은 "'사회주의 건설의 전면적 발전' 이념에 반한다"라고 강조하며 향후 10년간 20개 군에 신규 공장, 보건 및 교육 시설, 주택을 건설하는 계획을 제시했다.

안보환경 악화가 북한의 입장변화를 유발

김 위원장은 연설문 말미에서 대외정책, 특히 대한

<리틀 김>, 2016 - 천민정

민국에 대한 새로운 입장을 정립하며 이는 북한의 안보 환경 악화의 결과라는 사실을 강조했다. "전쟁이라는 선택을 할 그 어떤 이유도 없으며 따라서 일방적으로 결행할 의도도 없지만 일단 전쟁이 우리 앞의 현실로 다가온다면 절대 피하려 하지 않을 것이며 우리의 주권사수와 인민의 안전, 생존권을 수호하기 위한 철저한 준비를 거쳐 완벽하고 신속하게 임할 것이다."

구체적인 자료를 살펴봐도 북한이 전쟁의 광기에 사로잡혀 있다는 주장보다 안보환경 악화가 북한의 입장 변화를 유발했다는 주장이 더 설득력 있다. 미국과 한국은 2023년 한 해에만 42차례의 연합 군사훈련을 실시했다. 일본이 합류한 한미일 연합 군사훈련의 횟수도 10회에 달한다. 대부분 세 동맹국의 핵 공격이나 평양의 정권 전복 같은 분쟁 악화 시나리오에 근거한 이 훈련들은 모두 북한을 겨냥했다.(4)

동 기간 핵탄두 탑재가 가능한 미 공군 폭격기가 총 7차례에 걸쳐 한반도 상공을 비행했다. 이 중 몇 차례는 미군 B-1 폭격기가 한국 또는 일본 공군 전투기의 호위를 받으며 북한의 대공 방어 시스템을 시험하기도 했다. 지난해 7월에는 미 공군 정찰기가 8일간 북한의 배타적 경제수역 상공을 비행해 북한으로부터 항의를 받았다.(5)

북한이 더욱 우려하는 부분은 한미일 군사협력 강화다. 2023년 8월, 캠프 데이비드에 한국과 일본 정상을 초대한 미국은 일본과의 군사협력에 거부감을 보이던 한국을 설득해 3국 군사협정 체결을 성사시켰다. 한미일 3국은 전례 없는 실시간 '군사 정보 공유' 체계 구축, 탄도미사일 방어 협력, 연례 합동군사훈련 실시를 비롯한 전반적인 군사협력 강화에 합의했다.

이로부터 3개월 후, 한국 및 유엔군사령부(UNC) 회원국 국방장관 회의가 최초로 개최됐다. 미국의 초청으로 서울에 모인 국방장관들은 북한의 "도발"에 대응하기 위해 유엔사의 군사적 준비태세를 강화하기로 결의했다.

김 위원장의 시정연설이 있기 약 1년 전, 윤석열 대한민국 대통령은 국방백서에서 북한을 "주적" 목록에 포함시키도록 지시했다. 2023년

12월 비무장지대를 방문한 윤 대통령은 또한 "도발을 당하면 즉각 보복 대응하고 나중에 보고할 것"을 한국군 장병들에게 주문했다.(6)

북한 지도부가 이러한 상황을 심각하게 받아들이지 않는다면 그것이 오히려 경솔한 태도가 아닐까? 미국의 대외정책에 부응하도록 설계된 한미일 군사동맹에 한국이 참여함으로써 한국의 외교와 군대가 미국 또는 일본의 우선순위에 더욱 종속되는 효과를 낳지는 않을까? 한미연합

군사령부(한미연합사) 사령관은 이미 한국군의 전시 작전 통제권을 갖고 있다. 다시 말해, 북한의 시각에서 보면 한국은 점점 더 신뢰할 수 없는, 더 나아가 적대적인 협상 파트너가 될 위험이 있다.

이러한 상황은 김 위원장의 시정연설을 다르게 해석해야 한다는 주장을 뒷받침한다. 즉, 북한의 입장 변화는 북한이 극단으로 치닫고 있기 때문이 아니라 역내 새로운 군사적 현실을 반영하고 협상 상대국들의 정책이 불러올 예상치 못한 결과와 관련된 위험을 경고하는 것이다.

김 위원장의 발언은 장기적으로 북한에 도움이 될 것인가? 평화 통일을 위한 노력을 지지하기 위해 북한이 만든 다양한 연대기구에 대한 지원을 유지하면서 남한과의 공동 사업에 대한 참여를 신중하게 줄여나가는 정도에서 만족할 수는 없었을까? 북한의 평화통일 연대기구 해체 결정으로 한반도 비무장화와 남북관계 개선을 위해 노력하는 한국 활동가들은 특히 난감한 처지에 놓였다. 통일 또는 적어도 남북관계 정상화를 지지하는 한인 디아스포라는 이제 몇 안 되는 대화 채널을 잃었다. 한국의 정치 환경마저도 불안정한 상황이다. 지난 4월 총선은 여당의 패배로 끝났고 윤 대통령은 매우 낮은 지지율로 고전 중이다. 차기 한국 정권은 남북관계 개선에 좀 더 협조적인 모습을 보일 것으로 기대할 뿐이다.

평화를 위협하는 것은 북한인가?

한반도는 위험한 악순환에 빠져들고 있다. 2023년 12월, 미국의 핵추진 잠수함이 부산항에 입항해 동맹국 방어에 대한 미국의 결의를 드러냈다. 다음날, 북한은 대륙간 탄도 미사일 시험 발사로 대응했다. 한국과 미국은 이를 북한의 '도발'로 비난했다…

김 위원장의 시정연설 며칠 후인 지난 1월, 한미일 3국은 미국 핵추진 항공모함이 참여한 대규모 해군 연합 훈련을 실시했다. 〈AP통신〉은 이를 "역대 최대 규모의 해군 훈련", "무력 과시"로 묘사했다.(7) 이틀 후, 북한은 최신 무기로 소개한 수중 핵무기 체계 '해일-5-23'을 시험했다.

2024년 3월, 미국과 한국은 정례 연합훈련인 '자유의 방패(Freedom Shield)' 훈련을 실시했다. 이번 훈련에는 호주, 캐나다, 프랑스, 그리스, 이탈리아, 영국을 비롯한 12개 유엔사 회원국이 최초로 참가했다. 미국과 일본은 "1960년 미일 상호 방위 조약 이후 양국 안보 동맹을 최고 수준으로 격상"하기로 결정했다고 발표했다.(8) 이 죽음의 무도는 한 발짝만 잘못 내딛어도 대규모 역내 분쟁으로 번질 수 있다. 이러한 상황을 종식시키려면 긴장 유발이 북한의 책임이라는 시각에서 벗어나 역내 이해당사자로서 역시나 주도권을 쥐고 있는 미국의 태도에 주목할 필요가 있다.

소련 해체 이후 북한은 항상 미국과 직접적인 협상을 시도했다. 북한은 종전 선언과 평화 협정 체결을 통해 미국과의 관계 정상화를 희망한다. 하지만 미국은 여러 가지 이유로 이를 거부한다.

북한의 위협은 미국의 군산복합체에 이롭게 작용하며 특히 고가의 무기 체계에 대한 자금 지원과 중국과 이웃한 일본과 한국 내 미군 주둔 및 미군 기지 유지를 정당화하는 근거로 활용된다. 그 결과 미국은 북한이 언제, 어떻게 핵 프로그램을 중단하고 폐기할 것인지 논의할 목적이 아니면 북한과의 만남을 거부한다.

1958년 한반도에 핵무기를 도입한 나라는 북한이 아니라 미국이다. 북한이 핵확산금지조약 원칙을 위반하며 자체 핵 프로그램을 가동하기 수십 년 전부터 핵무기는 반복적으로 북한을 위협하는 수단으로 사용됐다. 이제 북한은 미국이 주도하는 과잉 무장 적국으로 구성된 동맹을 상대해야 한다. 미국과 한국의 국방비 지출은 각각 9,000억 달러, 400억 달러에 달한다. 반면 미 국방부의 추산에 의하면 북한이 국방비에 할당할 수 있는 예산은 40억 달러에 불과하다. 북한의 입장에서 보면 일방적인 비핵화는 자살행위나 다름없다. 그런데도 평화를 위협하는 것은 북한이라고 말할 수 있는가? ⒧ⅅ

글·마틴 하트-랜스버그 Martin Hart-Landsberg
한국 및 동아시아에 관한 다수의 저서를 집필한 경제학 명예교수, 미국 한국정책연구소 이사

번역·김은희
번역위원

(1) Robert L. Carlin & Siegfried S. Hecker, 'Is Kim Jong Un Preparing for War?', <38 North>, Washington, 2024년 1월 11일, www.38north.org

(2) Edward Wong & Julian E. Barnes, 'U.S. Is Watching North Korea for Signs of Lethal Military Action', <New York Times>, 2024년 1월 25일.

(3) 'Respected Comrade Kim Jong Un Makes Policy Speech at 10th Session of 14th SPA', https://kcnawatch.org/에서 연설문 영문 번역본 전문 확인 가능.

4) 장창준, '한반도 전쟁 위기 : 과거의 반복인가, 새로운 국면인가', <민플러스>, 2024년 1월 24일, www.minplusnews.com

(5) Lee Minji, 'Kim's sister warns U.S. military will face 'very critical flight' in case of "repeated intrusion"', <연합뉴스>, 2023년 7월 11일, https://en.yna.co.kr

(6) Kim Han-joo, 'Yoon orders military to retaliate first, report later in case of enemy attacks', <연합뉴스>, 2023년 12월 28일, https://en.yna.co.kr

(7) Kim Tong-hyung, 'The US, South Korea and Japan conduct naval drills in a show of strength against North Korea', <AP News>, 2024년 1월 17일.

(8) Demetri Sevastopulo & Kana Inagaki, 'US and Japan plan biggest upgrade to security pact in over 60 years', <Financial Times>, London, 2024년 3월 24일.

7월의 〈르몽드 디플로마티크〉 추천도서

『서울의 심연』
탁장한 지음 | 필요한책

『서울의 심연』은 체험으로 얻은 생생한 기록들로 각자의 이해관계와 가치관이 다른 빈곤 현장 당사자들의 이야기를 통해 '누구나 알지만 제대로는 몰랐던 빈곤'의 실체에 대해 최대한 가까이 다가가고자 한 노력의 결과물이다.

『10대와 통하는 생활 속 법률 문해력』
서창효, 서치원, 유승희, 조영신, 최정규 지음 | 나유진 그림 | 철수와영희

SNS, 노동, 범죄, 인권, 환경권, 정치, 교육, 손해배상, 독도에 이르기까지 다양한 분야를 주제로 청소년들이 실생활에서 겪게 되는 법률문제를 법조문과 판례를 통해 이해하기 쉽게 다루고 있다.

『기후 변화가 전부는 아니다』
마이크 흄 지음 | 홍우정 옮김 | 풀빛

저자 마이크 흄은 기후 변화가 전부는 아니라고 말한다. 모든 것을 기후 탓으로 돌리고 싶은 유혹, 즉 인류의 사회적·정치적·생태적 현상에 대한 지배적인 설명이 '변화하는 기후'임을 주장하며 모든 것을 이에 종속되게 만드는 '기후주의(Climatism)'를 경계해야 한다고 제안한다.

『톨스토이 평화론』
이문영 지음 | 미래의창

이 책은 우리가 몰랐던 톨스토이를 다룬다. 죽는 날까지 하나의 톨스토이로 완결되지 못한 두 톨스토이의 이야기를 담았다. 톨스토이를 둘러싸고 벌어지는 현재의 풍경부터 복잡하기 짝이 없는 전쟁의 현실까지, 톨스토이와 러시아를 이해하는 단초가 되어줄 것이다.

『이스라엘에 대한 열 가지 신화』
일란 파페 지음 | 백선 옮김 | 난다

유대인 학자 일란 파페는 자신의 책을 "균형 잡힌 책이 아니며 오히려 이스라엘과 팔레스타인 당에서 식민지화되고, 점령당하고, 억압받는 팔레스타인인들을 대신해 권력의 균형을 바로잡으려는 또 하나의 시도"로 평가한다.

『산재일기』
이철 지음 | 아를

『산재일기』는 산업재해와 관련 있는 17명의 인물, 20여 차례의 만남, 50여 시간 분량의 목소리를 바탕으로 만들어진 작품이다. 작가는 정부가 발표하는 산업재해 통계 뒤에 가려진 노동자들의 절망과 아픔, 남겨진 이들에게 여전히 계속되고 있는 삶과 투쟁을 핍진하게 드러낸다.

『젊치인을 키우고 있습니다』
뉴웨이즈 지음 | 위즈덤하우스

만 39세 이하의 정치인을 키우는 정당 밖 인재팀, '뉴웨이즈'가 2021년부터 지방선거와 총선을 겪으며 고군분투한 실험과 도전의 기록이다. 한국 정치 생태계에 새로운 길을 내는 뉴웨이즈의 다양한 활약상을 통해 우리의 정치가 어떻게 변하고 있는지, 그 시작을 살펴본다.

『교양으로 읽는 세계 사상사 지도』
허원중 엮음 | 전왕록, 전혜진 옮김
| 시그마북스

『교양으로 읽는 세계 사상사 지도』는 고대부터 현대까지, 유대교, 불교, 유교, 그리스 문명, 중세 종교 이데올로기, 자본주의, 공산주의 등 인류사상의 변화를 한 권의 책, 한 페이지의 지도 위에 그려냈다.

『녹색평론』
(2024년 여름호 통권 제186호)
녹색평론사 편집부 지음 | 녹색평론사

이번 186호에서는 기후위기 시대를 무사히 건너가기 위한 키워드의 하나로 공공성에 초점을 맞추었다. 의료, 금융, 교통 등 사회 각 분야에서 왜 반드시 공공성의 강화가 필요한지, 그런 변화를 가져오기 위해서 어떤 전략과 정책수단이 필요한지에 대해서 살펴보고자 했다.

『아마존 디스토피아』
알렉 맥길리스 지음 | 김승진 옮김 | 사월의책

이 책은 '에브리씽 스토어', '에브리웨어 스토어'로 불리는 거대기업 아마존이 미국의 경제적 불평등을 심화하고, 지역적 격차를 더욱 벌리고, 노동자를 죽음으로 내몰고, 세금을 회피하고, 정치와 민주주의마저 타락시키는 그 현장을 속속들이 파헤친 탐사 르포의 결정판이다.

『예술과 공통장』서평

예술가들이 만든 대안적 공간 '공통장'의 의미

박서현 ▪도시연구자

서울 목동 오아시스 프로젝트와 문래예술공단 랩 39의 공통장

책 『예술과 공통장』은 예술가들의 공통장을 다룬다. 공유지, 공유재, 공동자원, 공통재 등으로 번역되는 commons를 책에서는 '공통장'으로 번역한다. 책에서 말하는 공통장은 집합체 주체가 재화로서의 공통재(common goods)를 생산하는 활동(공통화, commoning)으로 이루어진 체계이다(11, 46쪽). 책에서 검토하는 예술가들의 공통장은 오아시스 프로젝트(이하 오아시스)와 문래예술공단의 프로젝트 스페이스 LAB39(이하 랩39), 서울시창작공간 중 특히 문래예술공단이다.

오아시스는 2004년 중순 목동 예술인회관을 점거한 예술가 집단의 이름이자 이들이 수행한 프로젝트의 이름이었다(24쪽). 랩39는 오아시스를 함께 한 몇몇 구성원들이 2007년 문래동 3가에 만든 공간의 이름이었다(25쪽). 2008년 서울시의 창의문화도시 마스터플랜에 따라 서울시 곳곳에 만들어진 공간으로서, 문래예술공장은 문래예술공단에 만들어진 서울시창작공간이었다(28쪽).

오아시스와 랩39의 예술가들의 활동은 임금이 주어지는 노동이 아니었다. 그럼에도 삶을 재생산하는 데 기여한 이들의 활동은 비참함이 아닌 어떤 대안적 가능성을 실현하는 것이었다(7쪽). 이 가능성이 다름 아닌 이들의 활동이 만들어낸 공통장, 예술가들의 공통장이었다. 공통장이 비시장적인 동시에 집합적인 방식으로 삶을 재생산하는 대안적인 삶의 양식을 구현했기 때문이었다(13쪽).

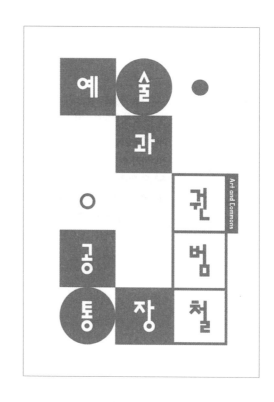

생각해볼 것은 공통장이 어떤 기묘한 공존의 산물이자 교전의 현장이라는 점이다. 그것은 도시 정부의 경쟁력, 발전을 위해서 예술가들의 활동을 통해 생산되는 공통장을 도시 정부가 전유할 필요가 있기 때문이다(10, 15쪽). 도시 정부는 공통장을 도시의 발전 전략에 종속시키려 한다. 물론 그렇다고 예술가들이 이러한 전략에 그저 종속되는 것은 아니다. 오히려 예술가들은 도시 정부의 전략을 이용하면서 예의 대안적 가능성을 모색하고 실천했다.

책은 대안적 가능성을 모색하면서 공통장을 만들어낸 예술가들의 활동과 도시 정부에 의한 공통장의 전

유라는 문제틀로 공통장을 독해한다. 이러한 점에서 책은 '계급 관점'을 도입하여 공통장을 독해한다. 공통장을 갈등과 투쟁의 장으로 이해하는 것이다(31쪽). 공통장은 그것을 전유하려는 힘과 대안을 모색하는 힘들이 충돌하는 장이다.

책이 공통장을 분석하면서 '전략 공통장'과 '전술 공통장'을 구분한 것은 공통장에서 각축하는 저 힘들의 동학을 읽어내기 위함이었다. 구체적으로 책은 공통장이 지배 전략의 도구일 수도 있고 기존 질서의 대안일 수도 있다고 본다. 전자가 전략 공통장이라면, 후자는 전술 공통장이다. 예술가들의 공통장을 전유하려는 전략 공통장 안에서 그리고 그것에 맞서서, 이러한 전유를 넘어서기 위한 대안적 실천을 통해 삶의 재생산을 추구하는 것이 전술 공통장이다(89쪽). 오아시스와 랩39가 전술 공통장이었다면, 문래예술공장이 전략 공통장이었다.

우리 모두의 문제로서의 공통장의 생산과 그 전유

그런데 일부 예술가들이 만들어낸 오아시스와 랩39만이 공통장인 것은 아니다. 오히려 책은 공통장의 생산과 그 전유의 문제를 일부 예술가들만의 그것이 아닌 우리 모두의 문제로 제기한다. 오늘날 도시가 공장으로서 공통재가 끊임없이 생산되는 장소이기 때문이다(115쪽). 도시에서 우리 모두는 사회적 협력을 통

랩39와 랩39 옥상 ⓒ예술과도시사회연구소

해 공통재를 생산한다. "공통장의 생산자는 예술가만이 아니다. 도시에서 일어나는 수많은 마주침 속에서 우리는 모두 삶-노동자다(374쪽)." 도시에서 우리는 어떤 대안적 삶, "다른 삶의 기초를 놓는 실천을 위해서 (…) 어떤 공통장을 생산할" 가능성을 갖는다(374쪽). 물론 이러한 생산은 우리의 일종의 자기 변화가 없으면 가능하지 않다. 이러한 점에서 우리는 다름 아닌 "어떤 우리가 될 수 있는지 깨달을 필요가 있다(374쪽)."

이처럼 공통장의 생산과 전유의 문제는 문래동이라는 서울시의 특정 지역에서 활동하는 예술가들만의 문제가 아닌 우리 자신의 문제이다. 오늘날 공장이 된 도시, 사회에서 우리는 모두 공통재를 생산하는 사회적 노동자이다. 중요한 것은 예술가들이 공통장을 전유하려는 힘에 맞서

대안적 가능성을 모색하고 실현했듯이, 우리 역시 우리가 함께 만든 공통장, 공통의 부를 되찾기 위한 싸움을 시작할 수 있다는 점이다(354쪽).

물론 이러한 싸움은 결코 쉽지 않다. 왜 그럴까. 책에서는 그 이유와 관련하여 불안의 문제를 지적한다(304쪽). 불안정성이 우리를 불안하게 만든다는 것은 분명하다. 그리고 불안이 삶의 재생산에 기여하는 공통장을 만들고 지키며 가꾸기보다는, 예컨대 안정적 재생산을 위한 임금 노동을 추구하게 만든다.

분명한 것은 우리에게는 어떤 역전의 가능성이 있다는 점이다. 공통장의 생산이 그에 대한 전유에 우선하기 때문이다. 전략 공통장, 문래예술공장이 전술 공통장, 오아시스에 의존하듯이(35쪽), 공통장의 생산이 그에 대한 전유에 앞선다. 잉여

가치를 생산하는 노동이 없다면 자본 증식이 불가능한 것처럼, 공통장의 생산이 그에 대한 전유에 앞선다. 이러한 점에서 공통장을 생산하는 우리가 결코 무력하지 않다는 점에 유의할 필요가 있다.

물론 불안정한 노동을 하는 예술가들이 그렇듯이 불안정한 삶 속에서 우리가 노상 불안을 느낀다는 것은 분명하다. 중요한 것은 예술가들이 보여주었듯이 우리 불안정 노동자들의 심리적이고 물리적인 안전망으로서 공통장을 만들고 지키며 키워갈 필요가 있다는 점이다(281쪽). 분명 이러한 활동은 불안과 대면할 용기를 필요로 한다(281쪽). 이는 공통장이 안정적 재생산을 위한 임금 노동의 장소가 아니었다는 점에서 그러하다.

공통장이 무엇보다 더 중요한 것은 이러한 장소가 아님에도 그것이 저 용기의 원천일 수 있다는 점 때문이다. 책에서 말하듯이 용기가 타자와 상호작용하면서 창발하는 기운이라면(281쪽), 공통장을 서로 함께 만들어가는 활동 속에서 용기가 창발될 수 있을 것이다. 문래예술공단이 어느 정도 용기가 창발하는 장소였듯이 말이다(281쪽).

공통장의 생산이 그에 대한 전유에 언제나 우선한다는 것

이러한 점에서 필요한 것은 "혁명 이후에 도래할 어떤 세계를 기다리는 것이 아니라 지금 여기에서 새로운 삶을 구성하는 실천(212쪽)", 지금 여기에서 공통장을 만들고 지키며 가꾸는 실천이다. 물론 구체 현실에서 이러한 실천들 중 하나는, 전략 공통장 안에서 그리고 그것에 맞서서 전술 공통장이 존재했듯이, "공공영역에서 공통화의 지평을 넓히고 공공성을 공통성으로 재전유하는(228쪽)" 활동이다. 공공성에 내재한 공통성을 확장하는 시도였던 오아시스처럼(229쪽), 공공기금을 투쟁의 자원으로 재전유하면서 문래예술공장을 공통의 공간으로 바꾸는 활동이 바로 이러한 실천의 하나였다(368쪽).

이러한 활동 속에서 오아시스는 누구나 참여할 수 있는 네트워크 형태를 띰으로써 예술 활동을 특정인의 전유물이 아닌 다른 삶을 꿈꾸는 누구라도 행할 수 있는 공통의 것으로 바꾸는 식으로(226쪽), 또 작업실이라는 사적 공간을 벗어나 예술 활동을 지역에서 공통화하는 식으로(252쪽), 예술 개념의 변형과 확장을 가져왔다(226쪽). 이처럼 이들 예술가들은 어떤 작품만이 아닌 사회적 관계와 삶의 형태를(263쪽), 새로운 삶의 형태를 생산했다.

다시 말해 이들 예술가들은 전술 공통장에서 어떤 대안적 삶의 방식으로서의 예술 활동을 구현했다. 물론 이는 어떤 한 사례, 전략 공통장 안에서 그리고 그에 맞서서 존재했던 전술 공통장의 한 사례, 서울시에 존재한 공통장의 한 사례이다. 그럼에도 이 사례가 우리에게 말해주는 것, 이 사례를 다루는 이 책이 우리에게 말해주는 것은 무엇보다도 우리에게 이러한 재전유의 가능성이 있다는 점이다. 우리가 협력적으로 생산한 공통장을 우리는 재전유할 수 있는 것이다. 공통장의 생산이 그것의 전유에 앞서며 공통장의 전유가 그 생산에 의존하는 한에서 우리에게는 공통장을 재전유할 수 있는 힘이 있다.

이러한 점에서 유의할 것은 우리가 결코 왜소하지 않다는 점이다. 그리고 우리가 생산한 공통장에 의존하는 한에서 공통장을 전유하려는 "저들"은 우리가 통상적으로 생각하는 만큼 결코 강하지 않다는 점이다. 우리에게는 공통장을 만들고 지키며 키워갈 수 있는 힘이 있으며, "저들"은 우리의 이 힘에 의존하고 있다. 아마도 이 점이 공통장을 계급 관점에서 각축하는 힘들 사이의 갈등과 투쟁의 장으로 독해하는 책이 우리에게 주는 교훈 중 하나일 것이다. ⒟

글·박서현
제주대학교 공동자원과 지속가능사회 연구센터 학술연구교수

<킴스 비디오(Kim's Video)>(2023)를 통해 살펴보는 해적질의 현재

사라진 해적들은 어디로 갔는가?

김윤진 ▮영화평론가

〈**킴**스 비디오〉는 장르 상 다큐멘터리로 분류된다. 그러나 〈킴스 비디오〉가 현실을 있는 그대로 기록하는 작품인가 하면, 그렇지는 않다. 영화의 후반부에 등장하며 '킴스 비디오'의 복원에 결정적인 역할을 하는 사건은 사전에 연출된 극적 사건이다. 동시에, 그것은 현실에서 일어난 실제 사건이기도 하다. 따라서 '과거의 유령들'을 소환해 방치된 소장품을 해방하는 감독의 시도는 어딘가 아슬아슬함을 불러일으킨다. 자칫하면 실제로 도둑이 될 뻔했기 때문이다!

마치 '법 위에 선' 듯한 감독의 시도는 과거에 해적판을 암암리에 유통했던 킴스 비디오의 운영 방식을 떠올리게 한다. 무엇이 이들을 위험한 행동으로 이끄는가? 아니, 무엇이 이들이 위험을 감수하게 만드는가? 이들을 향해 제기된 질문은 영화를 보면서 방향이 바뀐다.

실제 범행의 현장이 될 뻔했던 장면을 목격하는 관객은 감독과 미묘한 공범 의식을 공유하고, 이를 통해 한 가지 사실을 깨닫게 된다. 우리 중 누구도 '해적질'로부터 자유롭지 않다는 사실을 말이다. 그렇다면 질문은 이

영화 '킴스 비디오' 스틸컷 ⓒ네이버 영화

렇게 바뀌어야 한다: 무엇이 '우리'가 위험을 감수하게 하는가?

〈킴스 비디오〉라는 과거 복원 프로젝트

〈킴스 비디오〉는 실제로 1980년대에 뉴욕 이스트빌리지에서 운영되었던 비디오 대여점 킴스 비디오의 방대한 소장품을 추적하는 이야기를 담고 있다. 지금처럼 인터넷이 활발하게 이용되지 않았던 80년대에

세계 각지의 영화를 구할 수 있었던 킴스 비디오는 뉴욕 영화광들의 성지였다. 그곳에 들어가면 "금광에 들어가는 기분"이었다거나 "이상한 영화를 볼 수 있는 유일한 장소"였다는 말로 그곳의 당대적 위상을 가늠해볼 수 있다.

보고 싶은 영화를 쉽게 찾아볼 수 없었던 당시의 영화광들에게 해적판은 구하기 어려운 영화를 때맞춰 접해볼 수 있는 유일한 수단이라는 점에서 인기를 끌었다. 그러나 아

무리 다수의 호응을 불러일으킨다고 하더라도 해적질은 엄연히 불법이라는 사실. 실제로 킴스 비디오는 FBI의 급습을 받거나 감독들로부터 소송을 당하기도 했다. 결과적으로 무죄를 받았지만, "법 위에 선 기분이었다"라고 당시를 회상하는 전 직원의 말은 의미심장하다.

데이빗 레드몬 감독 역시 킴스 비디오의 단골 회원이었다. 언제나 영화와 가까이 있고 싶었던 그는 킴스 비디오에서 집과 같은 안정감을 느꼈다고 체험담을 전했다. 영화는 바로 여기에서 시작된다. 과거에 있었던, 지금은 사라진 킴스 비디오를 향한 감독의 그리움(nostalgia)에서 말이다. 디지털 전환의 과정에서 직격탄을 맞은 킴스 비디오의 김용만 대표는 폐업을 결정하고 소장품을 기증한다는 공고를 낸다. 수십 개의 제안서와 기관들을 물색한 끝에, 그는 한 사회학자의 제안을 수락해 이탈리아 시칠리아의 소도시 살레미에 소장품을 기증하기로 한다.

국외 반출이라는 결정은 당시 직원들에게도 이해하기 어려운 것이었지만, 소장품 처분은 사실상 대표의 권한이다. 결과적으로 소장품은 살레미로 향했다. 그리하여 수년 후, 감독은 소장품을 만나러 이탈리아로 간다. 그리고 그곳에서 창고에 방치된 비디오테이프 더미를 마주한다. 건물 외벽에 걸린 킴스 비디오의 빛바랜 간판이 암시하듯, 방치된 소장품은 생각보다 복잡한 문제에 얽혀 있었다. 마피아를 비롯한 정치 세력

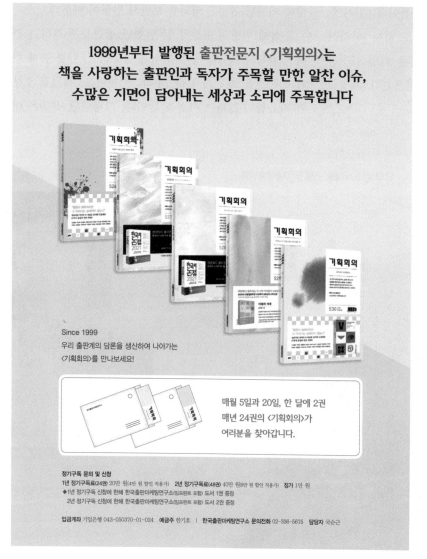

영화 '킴스 비디오' 스틸컷 ⓒ네이버 영화

과 얽혀 있던 것이다.

감독은 방치된 소장품을 구하기 위해 김용만 대표를 만나러 한국에 오지만, 어렵게 만난 그의 반응은 예상과 달랐다. "나는 손 뗐어요, 내 권한 밖이에요." 시간이 흘렀기 때문일까, 아니면 그도 사업가일 뿐인 걸까? 또는, 킴스 비디오를 접는 과정에서 그가 마음에 상처를 입었을지도 모르는 일이다. 결국, 감독은 스스로 방법을 찾아야 했다.

그리하여 그가 떠올린 것은 울라이의 단편 작업 〈예술에는 범죄가 가미된다(There Is a Criminal Touch to Art)〉(1976)와 실화를 소재로 한 영화 〈아르고(Argo)〉(2012)였다. 영화를 구하기 위해서 영화를 활용한다! 이것이 감독의 전략이었다.

감독은 살레미 시장에게 영화를 찍는다는 명목으로 소장품이 방치된 건물 내부의 촬영 허가를 받고, 그것을 실행에 옮긴다. 그러니까, 실제로 영화를 찍은 것이다! 짐 자무시, 찰리 채플린, 마야 데렌, 앨프리드 히치콕, 장 뤽 고다르, 아네스 바르다… 이름만 들어도 누구나 알 법

한 '영화의 유령들'을 소환해 벌인 한밤중의 기이한 행각은 고스란히 〈킴스 비디오〉에 담겼다. "영화를 찍어도 된다는 허가는 받았어요. 그 영화가 절도였죠."

인터넷으로 옮겨간 해적들

킴스 비디오가 운영되었던 방식과 〈킴스 비디오〉(라고 부르고 킴스 비디오 복원 프로젝트라고 읽는다)가 작동하는 방식은 상당히 닮아있다. 이들은 마치 "법 위에 선" 것처럼 행동한다. 허가 없이 영화를 복제해 유통하고, 허락 없이 비디오테이프를 실어 나른다.(1) 그러나 이들의 행동에는 분명 일반적으로 범죄라고 부를만한 것과는 다른 지점이 있다. 물론 저작권과 소유권을 위반하는 행위를 옹호하는 것은 아니다. 다만 실재했던 장소로서의 킴스 비디오와 그것을 둘러싼 이야기로서의 〈킴스 비디오〉에는 살펴볼 만한 지점이 있다.

왜 굳이 그것에 주목하느냐고? '해적질'로 통칭할 수 있는 이들의 행위는 비단 그들만의 이야기가 아니기

때문이다. 한국에도 과거 검열 등의 정책으로 국내에 개봉하지 못하는 영화들을 암암리에 유통하던 사례가 있었다. 굳이 과거로 거슬러 올라가지 않더라도, 해적질은 현재에도 여전히, 그것도 활발하게 이뤄지고 있다. 심지어 해적질은 불평등을 해소하는 하나의 방법으로 활용되기도 한다.

하이퍼링크를 따라 이동하는 웹 서핑이 일반화된 오늘날, 해적들은 인터넷을 무대로 활발히 활동 중이다. 쉽고 간편한 디지털 복제 기술에 기대어 영화, 드라마 등의 콘텐츠를 불법 복제해 유통하는 행위가 가장 흔하다. 이에 미국에서는 2011년에 온라인 해적 행위 방지법(Stop Online Privacy Act)이 발의되었다가 표현의 자유를 침해한다는 거센 비판에 직면해 보류된 바 있다. 그로부터 10년 이상 지난 현재, 온라인 해적질의 리더 격으로 비난받던 구글이 유튜브를 중심으로 콘텐츠 시장을 선도하고 있다는 사실은 주목할 만하다.

한편, 과학자 알렉산드리아 엘바키얀은 2011년 '사이허브(Sci-Hub)'라는 논문 무료 공유 사이트를 만든다. 고소를 당해 사이트 폐쇄를 통지받기도 했지만, 그는 주소를 옮기며 여전히 사이허브를 운영하고 있다. 또한, 예술가 케네스 골드스미스는 미디어아트, 실험영화 등 아방가르드 작업을 아카이빙하는 사이트 '우부웹(UbuWeb)'을 2023년까지 운영했다. 사이허브와 우부웹이 공통으로 내세우는 바가 정보의 자유로운 접근 및 이용 가능성이라는 점은 중요한 시사점을 제공한다.

비전문가 영화애호가를 자처하는 한민수는 저서 『영화 도둑 일기』에서 오늘날 인터넷에서 영화를 중심으로 이뤄지는 해적질의 실체를 파헤친다. 해적질이야말로 제도에 편입되지 못하는 영화를 보존하고 유통하는 최선의 수단이라는 그의 논의는 감독이 〈킴스 비디오〉의 말미에 던지는 질문과 겹친다.

"어떤 물건, 어떤 영화가 보관할 가치가 있는가?" 매년 쏟아지는 수많은 영화 중 보존되는 작품은 일부다. 그런데 보존할 영화를 선택하는 이들은 누구인가? 선택의 과정은 공정하고 투명하게 이뤄지는가? 영화와 관객이 만나는 접점이 주로 산업적·경제적 논리에 의존한다는 점을 고려하면, 이런 질문들은 쉽게 좌초되고 만다.

반면, 해적질이 영화를 향한 집착에 가까운 애정에서 기인한다는 점은 생각해 볼 만한 지점을 제공한다. 상업적 목적과는 거리가 먼 이들의 해적 행위가 가능한 이유 중 하나는 그들에게 영화가 현실 그 자체이기 때문이 아닐까. 영화를 일상의 일부로 여기는 경향은 VHS와 OTT로 영화를 경험하는 세대에게 공통으로 관찰되는 지점이기도 하다.

"나에게 영화는 현실이었다"라는 감독의 말처럼, '우리'에게 안전한 시공간은 (현실이 아니라) 오히려 영화 속 세계다. 그가 수많은 영화 클럽과 푸티지 영상을 뒤섞어 무엇이 현실(reality)이고 무엇이 허구(fiction)인지 구분할 수 없도록 〈킴스 비디오〉를 만든 것은 우연이 아닐 테다. ID

글·김윤진
영화평론가·미술비평가. 2023년 영평상 신인평론상을 수상하였고, 같은 해 GRAVITY EFFECT 미술비평상을 수상하였다.

(1) 영화에서는 내레이션을 통해 감독이 소장품 무단 반출 이후 어떠한 노력을 했는지 알려준다. 살레미와의 수년에 걸친 협상과 그 밖의 40여 개 기관과의 협의 끝에, 감독은 김용만 대표의 도움을 받아 과거의 킴스 비디오를 현재로 되살리는 데 성공한다.

Economy Insight

Economy Insight
economyinsight.co.kr Vol.163 2023.11

쇠퇴의 길 걷는 중국 대형마트
휴수지 대들림 어떻게 잠을까
중국서 맥 못 추는 할리우드 히어로
다털실 우리 사장은 사이코?
중국과의 디커플링은 몽상

챗GPT에 말했다 신약개발 부탁해

'중국·유럽의 창' 글로벌 경제월간지 〈이코노미 인사이트〉

글로벌 경제월간지 〈이코노미 인사이트〉는 '진보적 경제'를 향해 열린 창입니다

혼돈스러워 보이는 세계경제를 깊이 있게 이해하고자 하십니까? 한겨레가 발행하는 글로벌 경제월간지 〈이코노미 인사이트〉를 펼쳐보세요. 급변하는 세계경제 소식을 미국 중심의 시각이 아닌 유럽과 브릭스(BRICs)의 시각으로 전해드립니다. 〈이코노미 인사이트〉는 독일 〈슈피겔〉 〈차이트〉, 프랑스 〈알테르나티브 에코노미크〉, 중국 〈차이신주간〉, 영국 경제정책연구센터의 정책 포털(VoxEU.org) 등 세계적인 매체와 제휴를 맺고, 새로운 시각과 입체적인 분석으로 세계경제 소식을 전달해드립니다.

2010 ▶

▶ 2023

구독신청 및 판매 문의 1566-9585 | p-dokja@hani.co.kr 구독료 1년 150,000원 | 2년 240,000원(20% 할인) *약정한 구독 기간에 구독을 중단하면 할인 혜택이 없어지며 구독한 부수는 정가 기준으로 적용합니다